Luigi Moraldi
Nach dem Tode

LUIGI MORALDI

NACH DEM TODE

Jenseitsvorstellungen von den Babyloniern
bis zum Christentum

*Aus dem Italienischen
von Martin Haag*

BENZIGER

Der Titel der Originalausgabe lautet:
«L'aldilà dell'uomo»
© 1985 Arnoldo Mondadori Editore S.p.A., Milano
1ª edizione marzo 1985

© 1987 Benziger Verlag Zürich, Köln

ISBN 3 545 25061 X

Inhaltsverzeichnis

Vorwort

Für jeden von uns gibt es einen Moment, vor dem alles zunichte wird – selbst unser Name. Alle Aufmerksamkeit richtet sich auf ein Anderswo, ein zeit- und namenloses Anderswo, und all unsere Existenz wird gebannt von dem Augenblick des Endes.

Der Tod, herbeigesehnt oder gefürchtet, gewiß und unausweichlich, bedeutet nicht für jeden das gleiche, aber für jeden bedeutet er das Ende. Wir können ihm nicht ins Auge sehen, mit ihm ist kein Auskommen möglich. Doch wenden wir auch nur flüchtig unseren Blick ab von den Dingen, die uns täglich bedrängen, so spüren wir seine dauernde Gegenwart. Nie vermögen wir sie völlig zu leugnen.

Die Anmaßung, wir seien geschaffen nach Gottes Ebenbild und Gleichnis, bezeugt auf hohle Weise die sinnlose Hochachtung des Menschen vor sich selbst und zugleich seine vollkommene Unkenntnis Gottes.

Kann nichts uns versöhnen mit jener beharrlichen Gegenwart? Der Selbstmörder gibt sich der Täuschung hin, sich vom Untertan zum Herrn des Todes aufzuschwingen: «Ich warte nicht auf den Tod, ich gebe ihn mir selbst, als mein eigener Herr und Gebieter!» Welche Illusion!

Aber ist es denn sicher, daß in unserem Erdenleben sich

die ganze Kraft erschöpft, die wir in uns bergen? Dürfen wir nicht vielleicht doch auf eine Wiederkehr hoffen? Wartet nicht doch das Paradies auf uns? Es gibt wohl keinen Menschen, der sich nicht nach einer solchen Tröstung sehnt.

Gab es jemals eine Zeit ohne den Tod? Eine Zeit ohne Todesangst? Die Zeit ohne Tod existiert nur in den Gedankengebäuden der Philosophen und Theologen: für uns existiert sie nicht. Doch gab es Zeiten, da der Tod in anderer Weise «erlebt» wurde als heute. In der agrarischen Gesellschaft lebte der Mensch im Einklang mit der Natur, erfuhr sich selbst als Teil eines dauernden Stirb und Werde. Die Industriegesellschaft hat den Menschen dieser Wahrheit entrückt, ließ ihn ihren menschlichen und natürlichen Gehalt vergessen.

Das Nein zum Tod ist so alt wie der Tod selbst, doch nahm es in verschiedenen Epochen und Kulturen immer wieder verschiedenen Ausdruck an. Die Errungenschaften der Naturwissenschaft setzten ungeheure Hoffnungen frei, denen sich eine prahlerische metaphysische Indifferenz hinzugesellte, um den Tod zu besiegen, zumindest möglichst weit zu verdrängen. Im öffentlichen Leben wird ihm kein Platz mehr eingeräumt, der Erinnerung an die «lieben Verstorbenen» entzieht man sich so rasch wie nur irgend möglich.

Das Ansinnen, das Leben vom Tod zu trennen und diesen auszutilgen, wird somit zum Ausdruck einer ausschließlichen Option für das Leben. Sie bezeugt vor allem die Krise all dessen, was einst dem Leben dauerhaften Sinn verlieh. In ihr bekundet sich ein törichter Narzißmus, der nur das eigene Ich sieht und dabei fälschlich glaubt, das Ganze zu sehen, während er die Augen verschließt vor dem Universum, das ihn umgibt. «Es scheint, als zürne sich der Mensch ob seiner Sterblichkeit» (T. Tasso).

Unsere Privatisierung und Verdrängung des Todes, die beide in unserem vielgepriesenen Effizienzstreben wurzeln, begünstigen den zunehmenden Verlust jeder Dimension des Sakralen, jeder Bedeutung und Würde des Todes. Daher hat auch das Altern seinen Sinn verloren, wie sich in der rapiden Zunahme jener «Menschendeponien» zeigt, zu denen sich die Altersheime entwickelt haben.

Wir sind die Erben versunkener Hochkulturen; ihre Geschichte und ihre Überreste sind Anlaß dauernder wissenschaftlicher Bemühungen. Uns umgeben die Lehren dreier Weltreligionen: Judentum, Christentum, Islam. Was haben uns diese bewunderten Zivilisationen der Vergangenheit überliefert? Was sagen uns die ältesten Texte dieser Religionen zur Zukunft des Menschen? Es sei uns fern, aus Unbedachtsamkeit oder Selbstüberhebung hier Vollständigkeit anzukündigen. Ein solcher Anspruch wäre wohl kaum einzulösen.

Aus Kompetenzgründen beschränkt sich diese Untersuchung auf die Kulturen des Mittelmeerraumes. Starre chronologische Begrenzungen hingegen verbieten sich; die Textüberlieferung schreibt hier ein von Fall zu Fall verschiedenes Verfahren vor.

Die genannten Kulturen auf das Problem des Jenseits zu befragen bedeutet auch, ihren Pfaden zu folgen, um die Zukunft des Menschen mit ihren Augen zu erfassen, soweit dies eben möglich ist. Die Gesamtheit der schriftlichen Quellen aus unzähligen Kulturen überblicken zu wollen, um sie anschließend in wenigen Worten zusammenzufassen, erwiese sich jedoch als ein aussichtsloses Unterfangen.

Von jeder Zivilisation des antiken Mittelmeerraums – der Ägypter, Sumerer, Babylonier, Griechen, Römer, Juden, Urchristen, Muslims – habe ich nur bestimmte Texte ausgewählt. Als Maßstab diente dabei nicht so sehr ihr literarischer Rang, sondern ihre Bedeutung für das Thema unserer Untersuchung. Sie alle spiegeln getreulich das Ringen des menschlichen Denkens um das Rätsel des Jenseits wider in den Kulturen, denen sie entstammen. Diese Schriften, die ausnahmslos einen dauerhaften und beträchtlichen Einfluß auf die anderen Mittelmeerkulturen ausübten, beleuchten schließlich auch die Denkweise ihres jeweiligen Autors, der seine Kultur zugleich interpretiert und repräsentiert.

Die Auswahl wurde mit großer Sorgfalt getroffen. Der Hinweis scheint angebracht, daß, abgesehen von den Texten, die zu Recht als die «klassischen Quellen» gelten, wenig Material zu meinem Thema bereitsteht, vor allem weil es sich um Schriften handelt, in denen eine Kultur sich widergespiegelt sah und in welche die Nachkommen, Jahrhundert für Jahrhundert, mehr hineinlegten, als ihr ursprünglicher Wortlaut es erlaubte, die dennoch bis heute ein ungeschmälertes Ansehen besitzen.

Die gewissenhafte Prüfung so vieler Dokumente führte zu einem überraschenden Resultat: ihre Richtung und ihr Ziel verlaufen meist anders, mitunter völlig anders, als gemeinhin angenommen. Ich habe darum den Einzelstimmen Vorrang gegeben vor einem vermeintlichen Chor, den Soloinstrumenten vor einem mißtönenden Orchester. Zugleich habe ich der Versuchung widerstanden, voreilig Parallelen zu ziehen. Dagegen hat sich die Überzeugung verstärkt, daß jede Quelle – wie in der Musik jede Einzelstimme und jedes Instrument – ihr unverwechselbares Timbre, ihren charakteristischen Ausdruck, ihr eigenes kulturelles Umfeld besitzt. Die Ähnlichkeit mit anderen Texten erweist sich bei näherem Zusehen häufig als ein Trugschluß. Eine Welt und ein Weltbild trennen Vergil von Homer, die Sumerer und Babylonier von den Ägyptern, den Islam vom Judentum, die Griechen von den Christen.

Bei unseren Quellen handelt es sich nicht um wissenschaftliche Abhandlungen, sondern um Fragmente und Spiegelungen der Wirklichkeit; um so wertvoller sind sie für uns. Ob reife Werke oder tastende Versuche, sind sie nicht Ergebnisse des Augenblicks, sondern Zeugnisse jahrhundertelangen Nachdenkens über unser Thema. So gestatten sie denn keine eindeutigen Antworten, weit eher gewähren sie uns Raum zu neuen Fragen. Sich in dieser Welt zurechtzufinden ist für den Menschen keine leichte Aufgabe. Das Diesseits scheint der ihm gemäße Lebensraum, doch muß dies nicht unbedingt so sein. Thomas von Aquin, der große Philosoph und Theologe, behauptet: Je gründlicher wir die Mehrzahl der Individuen einer Gattung betrachten, um so tieferen Einblick in das Wesen der Gattung selbst erhalten wir.

Sogleich drängt sich ein ganzes Bündel gnostischer Fragen auf: «Wer sind wir gewesen? Wozu sind wir geworden? Wo waren wir vor aller Zeit? Wohin sind wir geworfen? Welchem Ziel eilen wir entgegen?» Dies sind Grundfragen, die den Menschen quälen oder bewegen – nicht erst in unseren Tagen, sondern schon zur Zeit der antiken Mittelmeerkulturen. Zahlreiche Antworten wurden gegeben. Die sich am selbstsichersten darbieten, sind kaum die durchdachtesten und repräsentativsten einer Zivilisation: sie wurden hier nicht aufgenommen, weil wir sie gestern wie heute mit gleicher Selbstverständlichkeit ahnen und formulieren können.

Jenseits der täglichen Unruhe und Angst hier auf Erden, wo alles in Hast und Eile geschieht, jenseits des qualvollen Strebens nach einem möglichst immer besseren Leben – ohne daß jemand es erkennen könnte, da niemand zu zeigen vermag, warum die anerkannten Lehren der Vergangenheit angesichts der heutigen Nöte ihre Gültigkeit verlieren –, jenseits aller Verschiedenheit klingt ein Leitmotiv an, das alle Mittelmeerkulturen, im Hinblick auf unser Thema, miteinander teilen. Dem aufmerksamen Leser wird es sicherlich nicht entgehen.

Der Blick auf das Ganze vermittelt den Eindruck einer aufsteigenden Treppe, die über verwitterte Stufen bis zu den Wolken hinaufführt. Doch für manch einen mag diese Treppe in die umgekehrte Richtung führen, vielleicht weil er mit der Erde eher vertraut ist und in ihr ein notwendiges Element der Läuterung vor dem Aufstieg sieht. Für andere wieder ist selbst der Himmel nur eine Zwischenstation des Aufstiegs. Der Mensch wurde gewahr, daß es zwischen Himmel und Erde mehr Dinge gibt, als er sich vorzustellen vermag, und das Leben unser Verstehen übersteigt.

All die Kulturen, die wir behandeln, legten denselben Weg zurück, betraten dasselbe Terrain. Zuletzt fand jede sich vor dieselbe Frage gestellt, und jede gab ihre eigene Antwort. Die Frage lebt auch heute noch fort, doch hat sie einen weiten Weg hinter sich. Und was könnte den Menschen antreiben, wenn nicht das Drängen dieser Frage, das er in sich verspürt?

Der Mensch sieht nur die Vergangenheit. Was immer um uns her geschieht, es ist vergangen, kaum daß wir es wahrnehmen. Zum Glück ändert sich die menschliche Sicht der Dinge. Die Probleme von heute erfassen vielleicht erst unsere Enkel in den rechten Dimensionen. Die Säulen des Herkules, die Grenzen unserer Erkenntnis, haben wir noch nicht erreicht, keine unüberwindlichen Schranken tun sich vor uns auf. Vielleicht sind wir im Begriff, in Demut, und vielleicht auch voller Schrecken, die geheime Ordnung des Universums zu erkennen, und unser zerbrechlicher Hochmut wird verstummen im Angesicht des Geistes, der den Kosmos regiert.

Und wenn jener Lazarus, von dem das Johannes-Evange-
lium spricht und der in uns allen lebt, nicht stürbe? In der
begrenzten Grenzenlosigkeit des Weltalls, versichert uns
Einstein, scheint alles möglich; jedes denkbare Ereignis
hat eine unermeßliche Wahrscheinlichkeit auf seiner
Seite. Im vielfältigen Tosen des Universums, in dem Don-
nern explodierender Sterne und dem Zischen sich kreu-
zender Galaxien vernehmen wir einst – früher oder später
– die Stimmen der Menschen, die vor uns waren: den
Schlag ihres Herzens, das Licht ihres Denkens. Verschlie-
ßen wir der Phantasie, der Mutter aller Wissenschaft,
nicht die Tür. All dies ist der Sinn der vorliegenden Studie.

Luigi Moraldi

Erster Teil

«Das Leben behielten die Götter für sich»

SUMERER, ASSYRER, BABYLONIER[1]

Als C. L. Woolley das reich bestückte Königsgrab in der alten Sumererstadt Ur[2] freilegte, begann die wissenschaftliche Erforschung der Inschriften und Texte. Sie sollte Aufschluß darüber geben, ob die Sumerer tatsächlich ihre Toten nicht allein mit ihrer persönlichen Habe für die Reise ins Jenseits versehen hatten, sondern auch mit einer imponierenden menschlichen Gefolgschaft: Sklaven, Ehefrauen, Konkubinen, Verwandte und so fort. Im Zugang der Räume zu beiden Seiten der Grabkammer fanden sich, zum Zug geordnet, ein königlicher Wagen oder Schlitten mit vorgespannten Ochsen oder Maultieren, Soldaten, Minister, Hofdamen, Harfenspielerinnen. Ihre Haltung drückte Ruhe und Gemessenheit aus. Die Grabfunde von Ur erwecken den Eindruck, daß es sich um freiwillige Opfer handelte, um Riten, die nur aus ganz bestimmten Jenseitsvorstellungen erklärbar sind. Die Vermutung liegt nahe, der Hof habe freiwillig den Tod seines Herrn geteilt, damit er im «Land ohne Wiederkehr» unwandelbar fortleben könne wie zuvor. Im alten Ägypten zierten die Wände der Grabkammern Bilder und Skulpturen mit Szenen aus dem Alltagsleben sowie Darstellungen all der Dinge, an denen sich die Pharaonen und Mächtigen des Reiches zeit ihres Lebens erfreuten. Ist es da nicht denkbar, daß in Ur gewissermaßen eine lebende Inszenierung dieser Bilder stattgefunden hat?

Eine überzeugende Erklärung des aufsehenerregenden Fundes konnte bisher nicht geleistet werden, noch wurde je ein literarisches Zeugnis zutage gefördert, auf das sich aufbauen ließe. Das Motiv liegt vielleicht in der Entstehungszeit des Königsgrabes von Ur, also um 2500 v. Chr. Die literarischen Zeugnisse, die auf uns gekommen sind, reichen aber nur bis etwa 2000 v. Chr. zurück. Die Erklärung wäre demnach chronologischer Art.

Niemand weiß, wo die Könige der dritten Dynastie aus dem dritten Jahrhundert vor Christus bestattet wurden. Die Quellen, die uns zur Verfügung stehen, lassen keine Rückschlüsse auf Opferriten der eingangs beschriebenen Form zu.[3]

Der Fund von Ur steht somit isoliert da, zumindest bis heute, bar jeglicher literarischer Zeugen. Manche, gleichfalls vereinzelte und dunkle Texte sprechen von der Ankunft verstorbener Helden im Jenseits mit Weihgeschenken, Opfergaben, Waffen und Kostbarkeiten für die Götter der Unterwelt. Jedoch fehlt jeder Hinweis auf ein Geleit durch Sklaven oder Familienangehörige. Diese werden vielmehr zu dem Hab und Gut gerechnet, das der Tote auf Erden zurücklassen muß.

Dies alles läßt die Vermutung zu, daß es in der Epoche, der unsere Texte entstammen (um 2000 v. Chr.), nicht oder zumindest nicht mehr Brauch gewesen ist, Helden und Herrschern ihr Gesinde ins Jenseits mitzugeben. Einige Texte geben ähnlich lautende Aufschlüsse, doch handelt es sich dabei leider nur um kleinere Tafeln in schlecht erhaltenem Zustand, die keinesfalls Sicherheit gewähren können.

Ein Beispiel bildet der Bericht von der Jenseitsfahrt des Königs Urnammu von Ur, datierbar um 2000 v. Chr. Er wird begleitet von einem Gefolge aus seiner Hausgemeinschaft und führt Geschenke für die Gottheiten der Unterwelt mit sich (unter denen die Götter Gilgamesch und Dumuzi besondere Erwähnung finden). Auch von einem Gastmahl im Totenreich ist die Rede. Aber dann folgt Urnammus Klage, jeder Rückweg in die Oberwelt sei ihm verschlossen: «Ein Sturm hat das Schiff in den Fluten begraben.» Gilgamesch macht ihn mit dem unerbittlichen Gesetz bekannt, das jede Rückkehr untersagt, und die göttliche Herrin der Unterwelt weist ihm seinen Aufenthaltsort zu. Nun stimmt auch der König in die Klagelieder ein, die in der Oberwelt für ihn angestimmt werden. Auch er beweint sein Hinscheiden, die vielen unvollendeten Pläne, die Trennung von Frau und Freunden.[4]

Der Text vom «Tod des Gilgamesch» gehört der gleichen Gattung an. Zunächst muß der Held Abschied nehmen vom Wunschbild der Unsterblichkeit: die Götter gewähren sie ihm nicht. Es folgt die Schilderung seines Todes, der Totenklagen und des Abstiegs in die Unterwelt mit vielen Weihegaben für die Gottheiten, die ihn nach seiner Ankunft im Totenreich zum König erheben werden. Viele Weggefährten seiner Totenfahrt werden namentlich genannt, aber folgt daraus wirklich, sie seien getötet und mit ihm bestattet worden? Verhielte es sich so, dann allerdings hätten wir den ersten Beleg für Menschenopfer, vergleichbar den Funden Woolleys. Der fragmentarische Zustand des Textes verbietet jedoch jede verbindliche Schlußfolgerung.[5]

Offenbar hatten die Sumerer keine sehr hohe Meinung vom Menschen und von seinem Los. Aus Erdklumpen geformt, getränkt mit dem Blut eines aufrührerischen Gottes, dient er ganz bestimmten und wenig reizvollen Zwecken. Ihm allein ist auferlegt, den Tod, der die Götter durch sein jähes Erscheinen bedroht hatte, auf sich zu nehmen. Mit diesem Erbe beladen, muß er den zahlreichen Gottheiten der Unterwelt dienen, ihnen darbringen, was ihre Göttlichkeit verlangt.[6] Der Mensch hat diesen Zustand der Abhängigkeit hingenommen: Der Wille der Götter wie auch ihre Gründe sind unerforschlich.

Inanna. All dies will nicht heißen, der Tod sei mit Gleichmut oder gar Freude aufgenommen worden. Er galt vielmehr schlicht als ein bitteres Fatum. Im Augenblick des Todes bleibt vom Menschen übrig, was man seinen «Schatten» nennen könnte. Er selbst aber befindet sich in einem gewandelten Seinszustand, der keinen Anteil hat an dieser Welt und ihn zum Abstieg ins Land «Kur»[7] zwingt. Dorthin gelangt der Verstorbene, nachdem er den «menschenverschlingenden Fluß» oder den Ozean durchquert hat, in einem vom «Mann des Bootes» gelenkten Nachen. Kur, das Totenland, ist ein Bezirk ohne Licht und ohne Hoffnung, ein Schattenreich. Dort gibt es nur Staub, Schmutz, salziges Wasser und bitteres Brot. In jeder sumerischen Stadt befanden sich Eingangstore zum «großen Fluß», der zum Lande Kur führen sollte. Dort hausten auch numinose Wesen oder «tote Gottheiten», wie Kramer sie nennt: Unsterbliche, die vom Rat der Götter ihres schlimmen Betragens wegen in die Unterwelt verbannt worden waren. Der berühmteste von ihnen war Dumuzi oder Tammus, der im Lied vom *Abstieg Inannas in die Unterwelt* als ein großes Opfer beschrieben wird.[8]
Unklar bleibt, warum die Liebesgöttin, die «Herrin des Himmels», die «Gewaltige der Höhe», beschließt, die Unterwelt zu betreten:

«Zur düsteren Behausung . . .
Zur Stätte des Eintritts ohne Rückkehr
Zum Weg, von dem keiner wiederkehrt
Zur Wohnung, da jene, die eintreten, für ewig das
Licht entbehren
Wo Staub ihren Hunger stillt, Lehm ihr Brot ist.»

18

Vielleicht wollte sie das Land Kur mit eigenen Augen sehen, vielleicht auch wollte sie ihre Macht vermehren und ihre Schwester Ereschkigal, die Königin der Unterwelt und «Herrin der Tiefe», aus ihrer Stellung verdrängen. Wohl weiß sie, daß Kur ein Land ist ohne Wiederkehr, und sie sieht sich vor, indem sie einen ihrer Jünger bittet, für sie bei den Gottheiten der Sumerer einzutreten, sollte sie nach drei Tagen noch nicht aus der Unterwelt zurückgekehrt sein.

Ihre Befürchtungen sind nur zu begründet. Sobald sie in Kur am großen Palast aus Lapislazuli anlangt, befiehlt sie dem Türhüter, die Eisenpforten zu öffnen, doch seine Vollmacht reicht dazu nicht aus. «Bist du die Königin des Himmels, dort, wo die Sonne aufgeht, warum willst du eintreten in das Land ohne Wiederkehr?» Bevor er öffnet, geht er fort, Ereschkigal um Erlaubnis zu bitten. Die Schwester befiehlt, ihr den Weg freizugeben; niemand darf aber bekleidet das Jenseits betreten. Eine nach der anderen werden ihr die sieben Hadespforten geöffnet. An jeder von ihnen muß sie einen Teil ihrer Kleider und Juwelen ablegen: «So will es das Gesetz der Herrin der Unterwelt», belehren sie die Pförtner. Sie gelangt zur Schwester, wird dem Urteilsspruch von sieben Richtern unterworfen und in einen entseelten Leichnam verwandelt.

Als die drei Tage um sind, nimmt ihr treuer Diener seine Zuflucht zu den Landesgöttern. Er klagt vor ihnen um Inanna, doch kein Gott tritt für sie ein, um sie zu retten. Endlich läßt sich ihr Vater Ea erweichen, der Gott der Einsicht, der Gott, der «die Speise des Lebens» und den «Trank des Lebens» kennt. Er gibt sein Wort, sie zum Leben zu erwecken und aus dem Totenreich zu führen. Nach einer Reihe von Täuschungsversuchen gelingt Inanna die Flucht aus Kur. Doch sieben böse Geister geben ihr Geleit, und der Befehl ihrer Schwester an den letzten der Pförtner verfolgt sie: «Kann sie dir niemanden nennen, der sie befreit und an ihre Stelle tritt, so führe sie zurück.» Im Verlaufe uns rätselhafter Geschehnisse, die der schlechte Erhaltungszustand des Textes nicht preisgibt, findet sich der Retter schließlich in der Person des Dumuzi (Tammus), «des Mannes, der seine Jugend liebt». Die Erinnerung an diesen unglücklichen Bräutigam fand ein breites Echo im Volk, und noch zur Zeit des Propheten Ezechiel gemahnte an ihn die Wehklage der Frauen in Jerusalem: «Dort saßen Frauen, die Tammus beweinten» (Ez 8, 14).[9]

Unser Gedicht enthält alle Grundelemente, die der Jenseitsvorstellung der ältesten sumerischen Kultur zugrunde liegen und in der Folge von den Zivilisationen der Semiten, Babylonier und Assyrer übernommen wurden. Die Bedeutung weniger des Mythos' als vielmehr der Realität, die man dem «Land ohne Wiederkehr» beimaß, wird auch dadurch deutlich, daß die Sumerer in einer langen Aufzählung der kosmischen Wesenheiten, der Grundkräfte des Universums, der beständigen harmonischen Erscheinungen[10] ausdrücklich und in festgelegter Reihenfolge den Abstieg ins Totenreich wie auch den Aufstieg aus dem Totenreich erwähnen.

Mythen zur Ergründung des Jenseits. Obwohl nur in äußerst lückenhafter Form überliefert, fügt sich hier die Jenseitsbeschreibung aus der Erzählung vom Traum eines Fürsten ein. Es handelt sich um einen politischen Text, nicht um einen religiösen; die Datierung bewegt sich um 700 v. Chr. Im Traum gelangt ein Fürst ins Totenreich, wo Nergal und Ereschkigal regieren. Den düsteren Ort erfüllen wilde Bestien, grausame Ungeheuer. Die Seele des Fürsten zieht strenge, aber gründliche Lehren aus Erfahrungen, die gewöhnlichen Sterblichen erst nach dem Tode möglich sind. Anscheinend begleitet ihn die Toten-

20

herrscherin Ereschkigal in Person, die ihm an einer bestimmten Stelle die glückliche Seele eines Königs (vielleicht Sanherib, 705 – 681) zeigt. Danach läßt sie ihn die ungleich weniger glückliche Seele eines anderen Herrschers sehen, der den Geboten des Gottes Schamasch nicht gefolgt war. Vermutlich handelt es sich um König Asarabdon, der von 680 bis 669 regierte. Zuletzt erwacht der Fürst, um eine seltene politische Erfahrung reicher. Dies ist die älteste, erhalten gebliebene Erzählung dieses Genres. Sie enthält alle Elemente, die später Gemeingut werden sollten: die Reise in Begleitung eines Führers, der Zusammenhang zwischen Erdenleben und gutem oder schlechtem Los im Jenseits, der politische Anlaß der Reise, die Erscheinung der beiden Seelen. Nur das Zwiegespräch fehlt.[11]

Glückseligkeit oder Strafe im Jenseits war kein Thema der Sumerer. Zwar glaubten sie an ein Leben nach dem Tod, doch maßen sie ihm geringen Wert bei. Das Erdenleben war für sie das höchste der Güter, der Tod das größte aller Übel, da er den Verlust jeden Gutes und das Ende aller Freude bedeutete. Der Tote galt als einsames, von allen verlassenes Wesen: nur wer im Krieg gefallen war oder der Vater von Söhnen konnte von Zeit zu Zeit auf ein wenig Erleichterung, «einen Schluck frischen Wassers» hoffen. Ein Dichter schrieb:

«Wie kann ein Sterblicher das andere Leben erlangen?
Wie ein Geschöpf des Todes die Unsterblichkeit?
Wie alle sterben, sterbe dereinst auch ich.
Ich werde sterben, denn sterblich bin ich.»

Mit Ergebung ertrugen die Sumerer ihr menschliches Geschick und ihre erzwungene Unwissenheit um den Ratschluß der Götter.[12] Sie glaubten zwar nicht, daß mit dem Tode alles aus sei, doch was nach dem Ende des Lebens übrig blieb, schien ihnen nicht wert, «Leben» zu heißen: das war nur noch ein unbestimmter Schatten.

Die Düsterkeit im Diesseits, die vielen Fragen ohne Antwort, die Rätselhaftigkeit des Jenseits und eine unbezähmbare Lebensbegierde – all dies spiegelt sich in drei Mythen, deren Helden auf der verzweifelten Suche nach dem Leben sind.

Über Etana, «der zum Himmel aufstieg», den mythischen König der Stadt Kisch, ist ein Text von vier Tafeln überliefert.[13] Er berichtet zunächst von einem Pakt zwischen einem Adler und einer Schlange. Der Adler besinnt sich jedoch anders und frißt die Schlange auf. Der Sonnengott, Schamasch, rächt dieses Unrecht, das der Schlange angetan wurde, und der Adler wird in eine finstere Höhle verbannt. Doch schließlich ergreift den Gott Mitleid mit dem Dahinsiechenden, und er lenkt Etanas Schritte zu ihm. Der König nährt ihn, heilt ihn, bringt ihn zu Kräften und weist ihm den Weg aus der Höhle, doch unter der Bedingung, das der Adler ihm helfe, «das Kraut der Zeugung» zu finden, da es im Himmel wächst. Allem Anschein nach bedrückt Etana die Sorge um einen Sohn, dem er sein Reich hinterlassen kann. Der entscheidende Augenblick naht: Etana läßt sich auf den Flügeln des Adlers nieder, und der Aufstieg beginnt. Stunde um Stunde steigt der Adler empor, doch plötzlich läßt er sich fallen. Etana stürzt zur Erde, doch er überlebt. Er erlangt nicht das ersehnte «Kraut der Zeugung» oder «Kraut des Lebens», sieht sich aber mit der Geburt eines Sohnes belohnt. Er verfehlt das Leben und gewinnt dafür die Unvergänglichkeit. War der Adler erschöpft, fürchtete der König, der Wohnstatt der Himmlischen zu nahe zu kommen? Oder symbolisiert das Unvermögen des Adlers, weiter aufzusteigen, die Grenzen der menschlichen Natur? Jedenfalls stellen die Götter, wie auch immer, das

Verlangen des Königs zufrieden und stillen seine Sehnsucht.

Adapa ist ein Frommer aus der Stadt Eridu. Eines Tages fischt er im spiegelglatten Meer, als von Süden her
ein Wind aufkommt. Adapa verflucht den Wind, sein
Fluch zerschneidet ihm die Flügel, und sieben Tage hin-
durch kann der Windgott sich nicht mehr erheben.
Anu, der oberste der Götter, läßt Adapa zu sich kommen. Er will den Grund seines Fluches wissen.[14] Der
Gott Ea jedoch kommt ihm mit einem Rat zuvor:
Adapa soll in Trauerkleidung vor Anu erscheinen, demütig, mit zerrissenen Kleidern und zerzaustem Haar.
Was der Gott ihm anbietet, soll er zurückweisen. So ißt
er denn nicht, als ihm im Himmel auf Anus Befehl das
Brot des Lebens dargereicht wird; auch das Wasser des
Lebens weist er zurück. Darum lautet der Urteilsspruch
des höchsten Gottes: «Warum hast du nicht gegessen
und getrunken? Du sollst nicht ewig leben! Man führe
ihn zurück zur Erde.» Ein verhängnisvoller Irrtum
bringt Adapa um die Unsterblichkeit, die ihm angeboten
war und auf die er als Sohn des Gottes Ea Anspruch
erheben konnte. So wird er seines eigenen Unglücks
Schmied. Er geht in die Geschichte ein als «der Mann,
der Weisheit empfing, aber das ewige Leben verfehlte».
Riet ihm der Gott im guten Glauben, Anus Gaben zu-
rückzuweisen? Entsprang die Verweigerung der Unsterblichkeit nur mangelnder Einsicht oder vielmehr tiefer Weisheit? Dem leidvollen Verlangen des Menschen
bleibt die Unsterblichkeit unerreichbar, selbst wenn die
Götter sie ihm darbieten.

Das Gilgamesch-Epos. Ein dritter, komplexerer Mythos
durchlief eine lange literarische Entwicklung und fand
seine endgültige Form im *Gilgamesch-Epos.*[15]

Reich an Gehalt, kann dieses Epos auch in literarischer Beziehung als ältestes der klassischen Epen gelten. Es berichtet von langen Reisen in ferne Länder, vom Eingreifen der Götter in menschliche Abenteuer, von unüberwindlichen Riesen, Ungeheuern, von übernatürlichen Wesen, die der Held dennoch alle besiegt, von Kämpfen und Gefahren. Die Handlung entfaltet sich in zwölf Tafeln, die, reich an Pathos, allgemeine Menschheitsfragen erörtern.

Für unseren Zusammenhang aufschlußreich ist dabei der Handlungsabschnitt, der, mit dem Tode von Gilgameschs Freund Enkidu beginnend, dem Mythos seine tragische Färbung verleiht. Der Dichter wußte sehr wohl, daß Gilgamesch die physische Erscheinung des Todes nicht unbekannt war, und zweifellos war ihm klar, daß es sich dabei um ein allgemeines Schicksal handelte, das der gesamten Menschheit zugedacht sei. In der Dichtung jedoch macht der Held die Bekanntschaft des Todes erst, als dieser sein eigenes Haus betritt. Er nimmt ihm das Liebste, das er besitzt, und offenbart ihm seine unwiderrufliche und grauenvolle Macht. An der Bahre des Freundes ruft Gilgamesch aus: «Sag, welch tiefer Schlaf ergriff dich?» Er brüllt auf wie ein Löwe, wie eine Löwin, der man die Jungen fortnehmen will. Sieben Tage hindurch wacht er am Leichnam des Freundes und versucht, ihn vom Schlaf zu wecken. Zur Bestattung entschließt er sich erst, als ein Wurm aus der Nase des Verstorbenen fällt. Die Verwesung allein kann ihn von der Unentrinnbarkeit des Endes überzeugen.

Gilgamesch erfährt eine tiefgreifende seelische Wandlung: der Ruhm büßt allen Glanz für ihn ein. Er beschließt, nun das letzte seiner Abenteuer zu bestehen: den Ozean zu durchpflügen, um zur Insel der Seligen zu gelangen. Dort lebt, der Sintflut entronnen, der Held Utnapischtim; dort will Gilgamesch die Quelle des Lebens

finden. Glücklich gelangt er zu der Insel, doch Utnapischtim unterwirft ihn einer Reihe von Prüfungen: sie
sollen zeigen, ob er der Unsterblichkeit würdig ist. Gilgamesch verfehlt sie alle. Zuletzt aber erfährt er nach seinem
beharrlichen Mühen von Utnapischtim: «Du hast dich
gemüht, hast gelitten, bist hierher gelangt, ... ich ver-
künde dir ein Geheimnis, eine Kunde teile ich dir mit, den
Sterblichen unbekannt: es gibt eine Pflanze, ihre Wurzel
gleicht dem Bocksdorn, ihr Dorn ist stechend gleich dem
von Rosen, sie wird dir die Finger verwunden, ... doch
gelingt es dir, sie zu greifen, so hast Unsterblichkeit gefunden.»[16] Diese Pflanze wächst in den Tiefen des Meeres.

Gilgamesch kettet Steine an seinen Fuß, um rascher zum
Meeresgrund hinabzusteigen; er findet die Pflanze, bricht
sie, ohne der Dornen zu achten, und zeigt sie voll Stolz
seinem Steuermann: «Diese Pflanze ist das Heilmittel gegen den Tod; durch sie erlangt der Mensch Befreiung von
allem Übel. Ich werde sie nach Uruk (der Heimatstadt
Gilgameschs) bringen, und ihr Name soll sein ‹Erneuerte
Jugend›. Ich werde von ihr essen und heimkehren in die
Jahre meiner Jugend.» Nun, da er das Ziel seiner Wünsche in Händen hält, kehrt Gilgamesch in froher Eile von
seiner Irrfahrt zurück.

In seiner Vaterstadt angelangt, will sich der Held seinen
Mitbürgern zeigen. Zuvor jedoch möchte er den Schmutz
der Reise von Gesicht und Gliedern waschen.

Die Pflanze läßt er unterdessen an Bord des Schiffes. Da
wittert eine Schlange ihren Duft; heimlich gelangt sie ins
Boot und entflieht mit ihr.

So viel hat Gilgamesch gelitten für den Besitz des Lebens-
krauts, es zu hüten verstand er nicht. Verzweiflung im
Herzen, kann Gilgamesch keinen Frieden finden. Wie
seinen Freund Enkidu, wie alle Menschen erwartet auch
ihn der Tod.

Symbolischer Rang kommt den Worten zu, die, vermutlich, Utnapischtim an ihn richtet, um ihn mit dem Menschenlos der Sterblichkeit zu versöhnen:

«Gilgamesch, wohin schweifst du ruhelos?
Das Leben, das du suchst, nie wirst du es finden!
Da die Götter den Menschen schufen, verliehen sie
ihm den Tod,
Das Leben aber behielten sie für sich.
Denk, Gilgamesch, an deine Nahrung,
Sei heiter bei Tag und bei Nacht:
Erfüll deine Tage mit Wonne.
Tanze, singe zum Klang der Musik bei Tag und bei
Nacht,
Hülle deinen Körper in neue Gewänder, erfrische dein
Haupt und kühle den Leib im Bade.
Freue dich deines Kindes, dessen Hand du hältst, freue
dich der Gattin.
Das allein ist dem Menschen vergönnt.»

Auch Gilgamesch blieb nicht vom Tod verschont. Der Mythos macht ihn zum Totenrichter. Und Urnammu, wie wir sahen, bringt auch ihm Geschenke, als er zu den Toten hinabsteigt. Schuldhaft, ob aus Irrtum oder Fahrlässigkeit, verfehlten Adapa und Gilgamesch die Unsterblichkeit. Ihnen beiden gestatteten die Götter, dem Tod zu entfliehen, und taten für sie, was das Fatum erlaubte. Vielleicht bleibt ihre Gabe darum ohne Wirkung, weil sie gegen das universale Fatum verstößt, das über der Welt waltet? Oder zeigte sie sich nur in verhüllter Form, durch Bedingungen eingeschränkt, eben damit der Mensch die Unsterblichkeit verfehle?[17]

Die Totengeister.[18] Die Sumerer und Assyro-Babylonier des alten Mesopotamien sahen im Tode nicht das Ende aller Dinge. Sie glaubten dagegen an einen fortwährenden Strom, der beide Welten und Seinsweisen miteinander verbindet. Das Leben im «Land ohne Wiederkehr» gleicht nicht mehr dem hier auf Erden. Doch dachte man niemals daran, den Menschen zu vergotten; vielmehr wurden manche Gottheiten entzaubert und ihr Aufenthalt vom Himmel in die Unterwelt verlegt: ein in jederlei Hinsicht höchst unliebsamer Ort.

Die ersten Gottheiten, die der Mythos in der Unterwelt ansiedelt, sind die «gefangenen Götter». Im großen kosmischen Krieg der Urzeit wurden sie besiegt und aus dem Wohnsitz der «großen Götter» verbannt, und ihre Macht geriet in Vergessenheit. Aller Herrschaft beraubt, hausen sie nun in der Unterwelt, ständig vom großen Gott Schamasch bewacht. Doch gibt es im Lande Kur auch wirkliche Götter: die Annunaken und die Unterweltsgötter, die wir bereits erwähnten. Man nahm an, die Unterweltsgötter wohnten in einer einzigen großen Stadt des Totenreichs: in ihrer Mitte dachte man sich den Palast der Höllenfürsten Nergal und Ereschkigal. Es handelt sich um einen abgeschlossenen und genau umgrenzten Bezirk. Die Beobachtung, daß die Sonne allabendlich am westlichen Firmament untergeht, führte zu der Annahme, dort befinde sich ein gewaltiger Eingang zur Unterwelt, in den die Sonne zur Nacht eintauche. Auf dem Weg zu diesem großen Abgrund hatten die Verstorbenen der Überlieferung nach einen mühevollen Marsch bis Sonnenuntergang zurückzulegen. Eine grauenvolle, schier endlose Wüste mußten sie durchqueren, die sogenannte «Wüste des Westens», und dann noch den Ozean, der die Welt umschließt. Deshalb versah man den Leichnam mit Proviant, damit es ihm auf dem langen Wege an nichts fehle: Gerste, Getreide, getrocknetes Gemüse, verschiedene Getränke, ein Wasserschlauch, Schuhe zum Wechseln, Gürtel, Amulette aus Metall und Muscheln aller Art. Als

erstem Wesen begegnete der Tote dem «Großen Pförtner» namens Pētû. Unbestechlich und unerbittlich hütete
er das «große Tor der Gefangenen». In unerschütterli-
chem Gleichmut wachte er über Eingang und Ausgang,
vor allem aber über diesen. Bei ihrem Eintritt in die Unterwelt wurden die Verstorbenen, die sich in *Etemmu*, in
«Geister der Toten», verwandelt hatten, sogleich vor die
Anunnaki geführt, damit diese jeden von ihnen einem
Richterspruch unterwarfen. Seltsamerweise entzieht sich
unserer Kenntnis, was dabei verhandelt wurde, allem Anschein nach ging es aber nicht um ein Urteil in morali-
schen Fragen. Den Vorsitz im Tribunal führte Gilgamesch. Der Spruch, den er am Ende feierlich bekanntgab,
war unabänderlich. Da aber der Sonnengott Schamasch,
«der Herr über die Toten», oberster Richter im Totenreich war, mußte Gilgamesch folglich in seinem Auftrag
das Urteil sprechen.
Schamasch galt als der einzige Gott, der sich der Verstorbenen annahm: der Unbestatteten, die ruhelos noch auf
Erden umherirrten; derer, die nach Speise oder Trank
verlangten. Tatsächlich war der Sonnengott die einzige
Gottheit, die das ganze Universum durchmaß: die Him-
melsregionen von Ost nach West, und von West nach Ost
die niederen Regionen, um jeden Morgen unermüdlich
sein Tagewerk aufs neue zu beginnen. Es schien mehr als
verständlich, wenn der *Etemmu*, der Geist eines Toten,
auf der Suche nach einem armseligen Unterhalt der unerbittlichen Bewachung des Pētû zu entfliehen suchte, um
auf Erden zu erscheinen. Offenbar gelang die Flucht dem
Etemmu recht häufig, und er verließ für kurze Zeit das
«Land ohne Wiederkehr», doch nicht nur aus Mangel an
etwas.
Eine Untersuchung der Beschwörungen, durch die man
sich vor Totenerscheinungen zu sichern suchte, sagt uns
ebensoviel über jene geheimnisvolle Welt der Sumerer wie

über das nach ihrem Glauben fortdauernde Band zwischen Lebenden und Toten.

Ganz allgemein verhießen Erscheinungen der Toten *(Etemmu)* nichts Gutes. Nicht immer konnte der Betroffene, also das Opfer einer solchen Erscheinung, die Züge des Verstorbenen unterscheiden. Doch auch ohne wiedererkannt zu werden, war die Erscheinung eines *Etemmu* ein zutiefst beunruhigendes und beängstigendes Ereignis. In der Aussage eines dieser Opfer lesen wir: «Der *Etemmu* peinigt mich ohne Unterlaß. Er fesselt mich mit den Maschen eines Netzes, wie mit einer Schlinge umstrickt er mich, zerfleischt meinen Leib, zehrt meine Muskeln auf, knebelt meinen Mund und kehrt meine Eingeweide um ...» Der Geisterbeschwörer belegt den *Etemmu* mit schlimmen Benennungen und Flüchen; sie zeigen deutlich, welche Feindseligkeit er bei den Lebenden hervorruft. Die Schäden, die man sich von ihm zuzieht, ähneln in mancher Hinsicht denen, die bösen Geistern zugeschrieben werden. Die am häufigsten wiederholte Benennung des *Etemmu* lautet denn auch *Lemmu*, ein Name, der in der Bezeichnung der Dämonen wiederkehrt: *Etemmu lemmu*, «böser Geist».
Und doch muß man sich vor Verallgemeinerungen hüten, denn die Ureinwohner Mesopotamiens sahen im *Etemmu* nicht nur die Verkörperung böser Absichten. Einige Beschwörungsformeln bringen dies deutlich zum Ausdruck: «Er ist ein Schatten, ein Fremder, den niemand kennt, ein irrender Wanderer, ein Mensch, dessen Leichnam in der Wüste verwest, ohne Ruhe zu finden; ein Ertrunkener, ein Mann, der in einem Brunnen ertrank, ein Hungernder oder Dürstender, ein Mensch, der im Feuer sein Leben verlor ...; ein Mann, zum Tode verdammt von einem Gott oder König, ein Gefallener in der Schlacht ...», oder, wie weiter ausgeführt wird, ein Verstorbener, der

nicht mit den vorgeschriebenen Riten bestattet wurde
(worin diese bestanden, entzieht sich allerdings größten-
teils unserer Kenntnis). Ferner gibt es in Vergessenheit
geratene *Etemmu*, deren Namen niemand mehr aus-
spricht, wie auch Verstorbene, deren Familie sich zer-
streut hat und nun nicht mehr imstande ist, dem Toten
die schuldige Ehre zu erweisen. Sie alle sind unglückliche
Menschen: die Oberwelt gab ihnen nicht das angemessene Geleit zu ihrem neuen Wohnsitz in der Unterwelt;
so schweifen sie ziellos umher, doch ohne feindselige
Absichten oder Rachegedanken.
Ob einem Fremden oder einem Blutsverwandten, in aller
Regel erscheint der *Etemmu* als ein Quälgeist. Doch er ist
nicht böse von Natur aus, sondern aufgrund der Lage, in
der er sich befindet. Manchmal auch wird die Totener-
scheinung zum Werkzeug göttlicher Rache. Die Götter
strafen durch Dämonen oder andere geheimnisvolle
Kräfte, die oft in Gestalt einer Person erscheinen. Mitunter erweist sich die Erscheinung eines *Etemmu* sogar als
erwünscht und hilfreich; dann nämlich, wenn er als Über-
winder eines anderen auftritt. So etwa lautet die beschwö-
rende Bitte an einen verstorbenen Verwandten: «O ihr
alle, Ahnen meiner Familie, . . . ihr alle, die ihr im unterirdischen Reiche ruht! Ein Abschiedsmahl habe ich euch
bereitet, euch zu trinken gegeben, . . . mit Sorgfalt, Liebe
und Ehrerbietung habe ich euch behandelt! Heute nun
steht mir bei am Throne Schamaschs und Gilgameschs!
Richtet ihr in meiner Sache, und verkündet mein Urteil!
Packt den *Etemmu*, der in meinem Leibe haust, in meinem
Fleische, in meinen Muskeln, . . . und zwingt ihn, hinabzusteigen in das Land ohne Wiederkehr! Heilt mich, und
ich will euer Lob verkünden.»[19]
Hieraus wird deutlich, daß der *Etemmu* nicht als von
Natur aus böse galt, mochte die Erscheinung eines Verstorbenen auch in aller Regel Unglück oder Krankheit

heraufbeschwören; wie die Götter, Dämonen und Menschen war er nicht ausschließlich zum Guten oder zum Bösen geboren, sondern gleichermaßen zum Guten wie zum Bösen fähig. Auch der *Etemmu* mußte darum in der angemessenen Form behandelt werden; wichtig war nur zu wissen, wie man sich auf rechte Weise vor ihm zu schützen hatte.

Eine gründliche Untersuchung der verbreiteten Beschwörungsriten der Völker des antiken Mesopotamien mit besonderem Blick auf die Totengeister vermag die Vorstellungen des Jenseits zu erhellen, die den Alltag dieser Kulturen begleiteten. Eine stattliche Anzahl literarischer Zeugnisse ist uns überliefert, Texte, die oft rätselhaft oder vieldeutig sind und in den meisten Fällen lückenhaft. Was uns vorliegt, genügt dennoch unseren Erkenntniszwecken. Gewiß, wir wüßten gerne mehr zu manchen Fragen, doch die Art unserer Quellen, zerbrechliche Tontafeln, wie unserer Untersuchung, die sich oftmals ungenannten oder verborgenen Besonderheiten zuwendet, verpflichtet uns, uns mit den Aufschlüssen zu begnügen, die sie uns bieten, ohne den Texten Gewalt anzutun.
Die Tafeln überliefern Beschwörungsformeln und beschreiben die gebräuchlichen Rituale, die der Befreiung von seelischen und körperlichen Übeln dienen, welche den Totengeistern, den *Etemmu*, zugeschrieben wurden. Dies waren die verbreitetsten Beschwörungsprozeduren: um den *Etemmu* zu lähmen, legte man auf die Stirn des Hilfesuchenden zu Fesseln verknotete Bänder aus weißer und roter Wolle. Dazu rezitierte man Formeln wie etwa diese: «Nicht eher möge mir der *Etemmu* erscheinen, als bis die rote Wolle weiß und die weiße rot geworden ist.» In anderen Fällen nahm man Zuflucht zu Feuerriten, Gemeingut aller Exorzismen. Einer schreckenerregenden Figur verlieh man die Züge des Toten, schrieb darauf den

Namen des *Etemmu* und sprach etwa die folgende Beschwörungsformel: «Dies ist das Bild des furchterregenden *Etemmu*, der schlimmen Krankheit, die den . . ., Sohn des . . ., befallen hat.» Der «Patient» brachte diese Figur dem Sonnengott Schamasch dar. Dreimal wiederholte er dieselbe magische Formel, sodann verschloß er das Figürchen in einem Gefäß. Anschließend umgab er es mit einer Reihe von Krügen, zum Zeichen, daß es sich wirklich um ein Totenbegräbnis handelte. Nun rief er, wiederum dreimal, den Namen des Feuergottes an, um schließlich das Ganze den Flammen zu übergeben.

Das Wasser war ein weiteres Mittel, den *Etemmu* zu verbannen. Freunde und Verwandte des «Patienten» stellten zwei Tonfigürchen bereit, dem jeweiligen Geschlecht entsprechend gekleidet, und brachten sie mit dem Leidenden in Berührung. Dann suchten sie einen Wasserlauf auf, richteten eine kleine Barke her, setzten die Figuren, die die Verstorbenen darstellten, hinein, drehten das kleine Boot in die Richtung der Strömung und ließen es davontreiben, begleitet mit den Worten: «Führe hinfort den . . ., Sohn des . . .! Weit, weit fort!»

Wie es sich bei magischen Praktiken von selbst versteht, kam auch Vertretungsriten eine gewisse Bedeutung zu. Man befreite sich von dem unheilbringenden, zumindest unwillkommenen *Etemmu*, indem man Tonfiguren formte, die dem Sonnengott geweiht waren und bestattet wurden mit der Formel: «Der wird gegeben an meiner Statt! Der ist mein Stellvertreter!»

Noch eine Beschwörung besonderer Art ist uns bekannt: sie diente nicht dem Schutz vor schadenstiftenden Geistern Abgeschiedener, sondern der Übertragung von Schuld. Ein Verstorbener sollte Schuld anstelle eines Schuldigen tragen, der von ihren üblen Folgen freizukommen wünschte. (Dieser Praxis lag die dunkle Vorstellung zugrunde, die Schuld des Täters sei auf das Opfer zu übertragen). In diesem Fall handelte es sich folglich darum, die Schuld auf einen *Etemmu* abzuwälzen, damit dieser sie in seiner Wohnstatt im «Land ohne Wiederkehr» trüge. Die Statue, auf deren Schultern die Missetat geladen werden sollte, trug die Züge eines nahen Verwandten des Opfers. Mit folgenden Worten ging die «Übertragung» vonstatten: «O Gott, o meine Göttin, mein Vater (oder ein anderer Verwandter) hat meine Schuld auf sich genommen, über ihn komme auch die Strafe.» Auf diese Weise war der *Etemmu* auch für die Lebenden von größtem Nutzen.

Die bislang betrachteten Beschwörungsformeln gehören einer eher allgemeinen Gattung an, die auch in anderem Zusammenhang gebräuchlich war. Für unsere Fragestellung sind sie deshalb weniger aussagekräftig. Anders verhält es sich mit den folgenden.

Um den Menschen zu schaden, mußten die Verstorbenen zur Erde zurückkehren und ihre unterirdische Wohnstatt verlassen. Zwei grundlegende Strategien bildeten sich darum heraus: entweder versuchten die Totenbeschwörer, die Abgeschiedenen zufriedenzustellen, indem sie ihren Bedürfnissen entgegenkamen, oder sie versuchten, die Gespenster unschädlich zu machen, indem sie sie in ihren unterirdischen Kerker zurückbannten.

Wenn die Toten ihre strenge Abgeschiedenheit in der Unterwelt verließen, geschah es meist, weil sie für ihre Existenz, so anspruchslos sie sein mochte, doch ein Mindestmaß an materiellen Gütern brauchten, sei es auch nur in symbolischer Form. Kam der *Etemmu* aus der Familie oder Verwandtschaft, bemühte man sich mitunter, seine Qualen im Jenseits zu lindern. Man goß etwas Flüssigkeit auf sein Grab, zumeist in ein Loch, das man dazu in die Erde grub, und brachte ihm ein wenig Speise. Nicht die

Menge der Nahrung erfreute dabei den *Etemmu*, sondern deren Vielfalt; man wußte sehr wohl, daß er eines besonderen Mahls bedurfte. Den Höhepunkt solcher Feiern zu Ehren des Verstorbenen bildete das sogenannte *Kispu*, ein Erinnerungsmahl, das die Familie des Toten am Ende jeden Monats für ihn hielt. Es konnte jedoch auch bei anderen Anlässen wiederholt werden. «O ihr Ahnen meiner Familie, ... ihr alle, die ihr in der Erde ruht, euch habe ich das Gedächtnismahl bereitet, ich habe euch zu trinken gegeben, mit Sorgfalt, Ehrerbietung und Achtung habe ich euch behandelt.» Die nicht nur geistige Gegenwart des *Etemmu* pflegte man durch kleine Statuen anzudeuten, die auf den Tisch gestellt und mit Blumen bekränzt wurden. In all diesen Fällen erforderte die Vorbereitung und Durchführung des Ritus weder größeren Aufwand noch viel Zeit.

Anders verhielt es sich, sobald die Vorstellung von der leibhaftigen Gegenwart des Toten wie eine unsichtbare Drohung über dem Ritus lastete. Die Vorbereitungen fielen dann wesentlich feierlicher aus. Es gab zahlreiche Sorten Bier, Wasser, verschiedene Getreide und Gewürze. So trachtete man, den «Schattenwesen» zumindest den Schatten eines Mahls mit mehreren Gängen zu bieten. Während dieser feierlichen und rituellen Mahle symbolisierte man die Toten durch Tonfiguren, die sogar nach deren Geschmack gekleidet und parfümiert waren. Zum Abschluß des Gedächtnismahls schließlich überreichte man den Toten jedes Mal Geschenke.

Nahm die Gegenwart des Verstorbenen besonders peinigende Züge an, so vollzog man gesonderte Riten im Heiligtum der Familie, im Angesicht der Statue des Sonnengottes. Ihm trug man alle Untaten des *Etemmu* vor, ebenso alle Handlungen, die der Besessene zu Gunsten des Toten vorgenommen hatte: «Ich nähre ihn, gebe ihm zu trinken, ihm zu Ehren verrichte ich den Totendienst.

Seine Missetaten zeigen, daß er Hunger hat: so möge er
essen. Er hat Durst: also möge er trinken . . .»
Nach so zahlreichen Vorkehrungen stellte sich mitunter
heraus, daß der Geist des Toten gar nicht zur Familie
gehörte. Vielleicht handelte es sich statt dessen um einen
Fremden, der, von allen verlassen und allen unbekannt,
einsam und ohne Ziel umherirrte. Nun gewann der feierliche Ritus im Familienheiligtum, das für gewöhnlich den
Geistern der Ahnen vorbehalten war, eine neue und tiefere Dimension. Seinen ursprünglichen Zweck, die mate-
rielle Unterstützung eines Verstorbenen, verlor man dabei
nicht aus den Augen; doch galt es nun vor allem, dem
Geist eines fremden Toten in der Familie Heimatrecht zu
bieten. Nun handelte es sich nicht mehr bloß um ein
Erinnerungsmahl, vielmehr hatte man fortan Monat für
Monat seiner zu gedenken, um ihn aus seinem Elend und
seiner Einsamkeit zu erlösen.
In anderen Fällen kam man – durch sorgfältige Auswahl-
prozeduren – zu der Folgerung, der *Etemmu* müsse der
Geist eines unbeerdigten Toten sein. Ihn zu bestatten war
nun elementare Pflicht und oberstes Gebot. Nachdem
man den Geist auf eine oder mehrere Tonfiguren übertragen hatte, erwies man ihm die letzte Ehre. Und wie um
sicherzustellen, daß er nicht mehr zurückkehren werde,
die Lebenden zu peinigen, bettete man sein symbolisches
Abbild im Familiengrab zur Ruhe. So gewann er Anteil an
den regelmäßigen Familienfeiern zu Ehren der Abgeschiedenen. Man mußte nun nicht länger fürchten, er
könnte durch Missetaten seine Unzufriedenheit kundtun:
«Nehme die Unterwelt dich auf, auf daß du deine Freiheit
wiederfinden magst!»
Einzigartig aber war das Ritual, mit dem der *Etemmu*,
gehörte er nicht zur Ahnenreihe der Familie, auf eine
kleine Statue übertragen wurde, die vor ihrer Beisetzung
im Familiengrab dem Abbild des Sonnengottes, von dem

es in jedem Hause eines gab, gezeigt wurde. Der Gottheit wurde nun eröffnet, es handle sich um den Geist eines unbekannten Toten; man empfahl ihn der Fürsorge Schamaschs, der ihn auf seiner Weltenreise in das «Land ohne Wiederkehr» zurückbringen möge.

Nicht immer aber wurde der *Etemmu* mit solcher Fürsorge und Ehrerbietung behandelt. Vor allem, wenn der Tote nicht der Familie entstammte, stellte man seine Behandlung ins Ermessen des Geisterbeschwörers. Der mochte es dann für angezeigt finden, den Toten eher mit Gewalt als mit Güte in seine unterirdische Heimat zurückzubannen. Auch in einem flachen Land wie Mesopotamien ließen sich natürliche Gräben, Vertiefungen und Höhlen ausfindig machen. Der Geisterbeschwörer formte nun eine Statue des Toten, dessen Geist er vom Besessenen auf die Tonfigur übertrug. Unter Verwünschungen und Beschwörungen setzte man diese in einer Vertiefung bei, die allerdings auf natürliche Weise entstanden sein mußte. So glaubte man sichergestellt, daß der Verstorbene ins «Land ohne Wiederkehr» zurückgezwungen und ihm jeder Rückweg zur Oberwelt verwehrt sei.

Nicht immer brachte ein Besessener, der von einem *Etemmu* gequält wurde, den Großmut auf, ihm Zugang zur Ahnengruft zu gewähren. Viele zogen es daher vor, ihm ein eigenes Grab zu errichten, galt doch seine Bestattung als sicherster Weg, sich vom *Etemmu* zu befreien. Der Geisterbeschwörer gab den Namen des Toten an; man schrieb ihn mehrfach auf die Statuette, an die sein Geist gebannt wurde, und begrub sie sodann. Auf das Grab legte man Speisen und Getränke, und eine Beschwörung zur «Lähmung des Geistes» beschloß das feierliche Ritual.

Eingriffe der Götter Schamasch und Dumuzi. Ein letztes Mittel blieb noch übrig, sich vor den Gefahren für Leib

und Seele zu schützen, welche die Geister der Verstorbenen, wenn sie der Unterwelt entflohen und zur Erde und zu den Lebenden zurückkehrten, hervorrufen konnten. Der Glaube an seine Wirksamkeit kam zum einen aus der Vorstellung eines genauen und unvermeidlichen Weges zum Land ohne Wiederkehr. Zum andern nahm man an, zwei Wesen, und nur sie, hätten dauernden und freien Zugang zum Totenreich: der Sonnengott Schamasch und Dumuzi, Geliebter der Göttin Ischtar. So bot sich an, einer dieser beiden Gottheiten den bösartigen, lästigen und beängstigenden *Etemmu* anzuvertrauen, um sich von ihm zu befreien und ihn in sein Land zurückzubannen. Mit Dumuzi oder Schamasch mußten nun diese Geister die gewöhnliche Reise ins Jenseits zurücklegen, Wüsten durchqueren, den Ozean. Deshalb versah man den Toten mit allem, was ihm auf der Reise dienlich sein könnte. Über die Statue, die ihn versinnbildlichte, sprach man die üblichen Beschwörungen, wie etwa: «Die Geister der Toten mögen uns verlassen, um wieder einzugehen zu den Toten. Sicher mögen sie ihre Straße ziehen. Ein Fluch verfolge sie und hindere ihre Rückkehr. Nie sollen sie wiederkommen; hinter sich lassen sollen sie den Fluß, das Gebirge ...» Auch eine feierliche Anrufung der beiden Gottheiten war Bestandteil dieses Ritus: «O Schamasch, o Dumuzi ..., nehmt sie in euren Gewahrsam, führt sie zurück zum Land ohne Wiederkehr, unterwerft sie wieder der Herrschaft der Totengötter. Das Tor der Gefangenen sollen sie durchschreiten, nie wieder unter Lebenden wandeln, bei den Toten sei ihre Stätte.»
Bevorzugt wandte man sich in diesen Anliegen an Dumuzi. Aufgrund seines eigenen Schicksals maß man ihm größeres Verständnis für die Ängste der von den Geistern Besessenen bei. Deshalb betete man in allen Teilen Mesopotamiens zu ihm, aus Furcht, einer der Toten könnte der Obhut des vielbeschäftigten Gottes entschlüpfen und der

Etemmu würde von neuem von seinem Opfer Besitz ergreifen, um es zu noch schwereren Qualen zu verdammen. So etwa lauteten die Hilferufe:
«O Dumuzi! Zwing den Geist, von seinem Opfer abzulassen, vertreib ihn vom Leibe dessen, den er gefangenhält. Brichst du auf zur Unterwelt, so nimm mit dir den Sohn des . . . Zwinge ihn, vor dir herzugehen! Durchquerst du die große Wüste, so möge deine göttliche Macht ihn hindern, rückwärts seine Schritte zu wenden.» Nun zählte man die zahlreichen Gelegenheiten auf, bei denen Dumuzi einen der ihm anvertrauten *Etemmu* aus den Augen verlieren konnte. Die Bitte endete mit den beschwörenden Worten: «So wird der Kranke genesen durch deinen Beistand.»[20]

Wie wir gesehen haben, waren die Völker Mesopotamiens zutiefst davon überzeugt, daß die Geister, und zwar aus verschiedenen Gründen, in fortwährendem Kontakt mit den Lebenden stünden. Monat für Monat gedachte jede Familie der Verstorbenen, um sie zu ehren. Ihre Bedürfnisse stellte man sich notwendigerweise in materieller Form vor, und dem trugen die Riten Rechnung. Berührt der Totenkult auch eigentümlich durch seine naive Gegenständlichkeit, so verdankte er sich bei näherer Betrachtung zutiefst empfundenen Gefühlen, wie die zitierten Beschwörungsformeln deutlich zeigen.
Gewiß kann daraus nicht einfach gefolgert werden, das Fortleben der Verstorbenen im Jenseits erlösche, sobald ihre Bedürfnisse nicht mehr befriedigt werden. Die Opfergaben bieten aber die einzige und unabdingbare Möglichkeit, Kenntnis von den Toten zu gewinnen. Zu wenig findet sich überliefert von ihrem Leben in der Unterwelt, und dann auch nur in ihrem Bezug zu den Lebenden; doch ist dies das einzige, wenngleich blasse Bild, das die

Texte davon vermitteln, wie die antiken Völker sich das Leben ihrer Toten in der Unterwelt vorgestellt haben.

Als grundlegend erweist sich bei alledem der Gedanke, die Toten bedürften der Lebenden und kehrten zur Erde zurück, wenn diese sie vernachlässigen: eine in der Regel beängstigende, wenn auch nicht unbedingt von bösen Absichten bestimmte Rückkehr. Zwar empfinden die Toten durchaus Neid auf die Lebenden, doch kehren sie nicht zur Oberwelt zurück, um dort zu bleiben. Ihr Erscheinen dient vielmehr der Erinnerung; das gelockerte Band zu den Lebenden soll fester geknüpft, eine Verbindung erneuert werden, deren Verlust sie schmerzlich empfinden. Sie sehnen sich nach der Nähe derer, deren Dasein sie einst teilten. Das Erscheinen des *Etemmu* stellt also eine Verbindung zur Vergangenheit her. Dennoch: obwohl die Hinterbliebenen in den meisten Fällen um ihre Pflichten gegenüber den Toten und deren Nöte wissen, lassen die Texte eher Angst und Furcht erkennen, die das Erscheinen der Geister hervorruft, sowie Unsicherheit, welche Bedeutung sie ihrer Rückkehr unter die Lebenden beimessen sollen.

«Nein, nicht öffnen, störe mich nicht...» Bereits in damaliger Zeit kannte man eine besondere Möglichkeit des Überlebens: Ruhm und ein glanzvoller Name. Der Ruf des lateinischen Dichters «non omnis moriar» («Ich werde nicht ganz sterben») stieß, wie wir noch sehen werden, in der gesamten mediterranen Kultur auf Widerhall.

Von dieser Sehnsucht und dem Wunsch nach einem dauerhaften und festen Band zwischen Lebenden und Toten legen einige der ältesten Sarginschriften beredtes Zeugnis ab. Wir geben hier einige phönizische wieder, deren Schlichtheit und Menschlichkeit mich immer tief berührt haben. Sie stehen in enger Verbindung zu unserem Zusammenhang, den wir in noch konkreterer Form bei den

Ägyptern wiederentdecken werden: mögen die Bräuche
sich ändern, die Antriebe sind die gleichen.
Ähnliche Inschriften aus assyrischer und babylonischer
Zeit sind mir unbekannt. Doch gehören die Phönizier,
eine der entwickeltsten und vielgestaltigsten Zivilisationen des Mittelmeerraums, der gleichen Völkerfamilie
und der gleichen Kultur an wie die Babylonier und die
Juden.
All die Inschriften entstammen zwar demselben Raum,
dem Umkreis von Biblos und Sidon, aber das mindert
nicht ihren Aussagewert: beide Städte waren damals füh-
rende Wirtschaftszentren des gesamten Mittelmeerge-
biets. Jede dieser Inschriften zeugt vom Reichtum der
Empfindungen und Riten, die sich mit Tod und Begräbnis
verbanden. Die Flüche, mit denen die Toten Grabschän-
der belegen, sind wohlbekannt. Doch ist es wichtig, auch
den Tonfall und den kulturellen Hintergrund der ältesten
solcher Inschriften genauer zu untersuchen.
Jedes Wort hat seine tiefere Bedeutung, und die rätsel-
hafte Klarheit der Texte läßt uns gleichsam den Atem
anhalten. Man glaubt zu verstehen, warum diese Völker
der Antike jene dunklen Inhalte mit so rätselhaften
Schriftzeichen versahen: so dunkel und rätselhaft wie ihre
Vision des Jenseits. Hier nun die Texte.

Grabinschrift des Ahiram, König von Biblos. 9. Jahrhun-
dert v. Chr. (oder älter). Frühestes Beispiel alphabetischer
Schrift.
«Sarkophag, geschaffen von Ittobaal, Sohn des Ahiram,
des Königs von Biblos, Ahiram, seinem Vater, zur ewigen
Ruhestätte gegeben.
Wenn je ein König, Statthalter oder Heerführer zu Biblos
sich erkühnt, diesen Schrein zu öffnen, so entfalle das
Zepter seiner Hand, und es stürze sein Thron! Der Friede
fliehe die Stadt, er selbst aber finde verdienten Tod!»[21]

Grabinschrift des Agbar, Priester des Mondgottes. Aus Majrab bei Aleppo, 7. Jahrhundert v. Chr.
«Zum Lohne meiner Rechtschaffenheit verlieh er mir einen edlen Namen und vermehrte die Zahl meiner Tage.
Mein Mund war nicht verstummt am Tage meines Todes, und was sahen meine Augen? Kinder, Söhne meiner Enkel, die mein Ende beweinten.
Kein Gefäß aus Silber oder edlem Metall legten sie mir ins Grab. Nur in meinen Gewändern setzten sie mich bei. Laßt nicht zu, daß jemals meine Ruhestatt gestört werde. Wer immer freventlich mich von hier entfernt, der wisse: die Götter Sahr, Nikkal und Nusk werden ihn heimsuchen durch elenden Tod, seine Nachkommenschaft aber möge zugrunde gehen.»[22]

Grabinschrift des Tabnit. Aus Sidon. Um 300 v. Chr.
«Tabnit war ich, Priester der Astarte, König von Sidon. Mein Vater war Eschmunezar, Priester der Astarte und König von Sidon. Nun ruhe ich hier in diesem Sarge.
Du, der du ihn findest, wer immer du auch seist: öffne ihn nicht, störe mich nicht! Wisse: weder Silber noch Gold legten sie mir ins Grab, keine Juwelen gaben sie mir mit! Nur mein Leib ruht in diesem Sarge.
Öffne ihn nicht, störe nicht meine Ruhe. Tust du es doch, so trifft dich Astartes Zorn. Öffnest du meinen Sarg, um meine Ruhe zu stören, so wirst du keine Nachkommen haben hier auf Erden, und keine Ruhestatt bei den Schatten.»[23]

Grabinschrift des Eshmunezar. Aus Sidon. Etwa vierzehn Jahre später als die vorangegangene (ich zitiere nur die wesentlichen Abschnitte des ziemlich ausführlichen Textes).
« . . . Mein Schicksal raffte mich vor der Zeit dahin, den Vaterlosen, den Sohn weniger Tage, den Sohn einer

Witwe. Ich ruhe hier in diesem Sarge und in diesem Grabe; meine Grabstätte habe ich selbst angelegt.

Wer immer du auch sein magst, ein Mächtiger oder Geringer, öffne nicht diese Ruhestatt, suche nichts darin. Wahrlich, es liegt nichts in ihr! Rühre nicht an den Sarg, darin ich ruhe, führe ihn nicht von diesem Ort an einen andern. Wenn das Volk dich dazu anstachelt, dann höre nicht auf seine Reden. Denn wer immer mein Grab öffnet, meinen Sarg entfernt oder mir meine Ruhestätte nimmt, finde selbst keine Ruhestatt bei den Schatten. Kein Grab soll ihn bergen: unfruchtbar sei er, kein Nachkomme trete an seine Stelle . . .»[24]

«Seine Sonnenscheibe ist die Deine, seine Strahlen sind die Deinen ...»

DIE ÄGYPTER[1]

Die lange Geschichte der ägyptischen Kultur kennt kein Monument, das nicht auf die eine oder andere Art deren Beziehung zu den Toten widerspiegelt. Die Ägypter waren ein Volk, das für seine Toten lebte und den Toten dauernde Teilnahme am Glück ihres Landes und ihrer Nachkommen zuschrieb.

Die altägyptische Religion erscheint vielen heutigen Menschen in mancherlei Hinsicht unverständlich. Und tatsächlich mutet sie befremdlich an, will man sie auf das Schema einer Offenbarungsreligion zurückführen, die auf dem Zeugnis heiliger Bücher beruht und eine religiöse Autorität zum Urheber hat. Heilige Bücher und Religionsstifter hat es in Ägypten nie gegeben. Es gab keine geheiligten Texte, die sich auch nur entfernt mit dem Alten Testament, den Evangelien oder dem Koran vergleichen ließen. Zwar finden sich Legenden, die die Erscheinungsformen des Göttlichen begleiten und ihm Titel und Namen zulegen. Die Lehren, die sie vermitteln, sind jedoch voneinander sehr verschieden, und keine geistliche Autorität hat je den Versuch unternommen, sie zu vereinheitlichen. Die uralten *Texte der Pyramiden*, die *Texte der Sarkophage*, die *Am-Duat*, das *Totenbuch* und andere Quellen waren Kompilationen vorwiegend magischen

43

Charakters, die in bestimmten Epochen zur Ehrung der Toten dienten. Später jedoch konnten sie völlig in Vergessenheit geraten, ohne daß religiöse Autoritäten sich ihrer angenommen hätten. Es gab, kurz gesagt, kein einheitliches Lehrgebäude, sondern nur ein Nebeneinander verschiedener Legenden, die in ihrem Ursprung unabhängig voneinander und in verschiedenen Heiligtümern entstanden waren. Die Geschichte des religiösen Denkens in Ägypten erscheint so als eine Abfolge stets zum Scheitern verurteilter Einheitsbemühungen. Nur Echnaton (um 1370–1350) besaß den Mut, reinen Tisch zu machen. Doch die ägyptische Tradition, stets beharrlich gegen Neuerungen eingestellt, verwarf dieses Bemühen als Frevel.

Bereits den ältesten Glaubensvorstellungen läßt sich die Grundüberzeugung ablesen, die Seele setze ihr Leben in der Nähe des Körpers fort,[2] sie ruhe sich aus in seiner Umgebung und nähre sich von den Opfergaben der Lebenden. Dieser Glaube liegt dem größten Teil der Riten zugrunde, die den Totenkult bildeten. Er erklärt auch die Übernahme und Vervollkommnung der Mumifizierungstechnik. Ebenso steht er hinter der charakteristischen Gestaltung des Grabes als zur Bestattung dienender Grube, in welcher, sicher vor aller Gefahr, der Leib des Verstorbenen ruht. Die Seele des Toten aber besaß Zugang zur Grabkapelle, um sich an den Opfergaben zu erfreuen, die ihr dargebracht wurden. Aus demselben Gedanken entstand der bereits zur Zeit der 1. Dynastie (um das Jahr 3000) belegte Brauch, bei den Grabstätten Lustgärten anzulegen, zum Trost für den Verstorbenen. Jagdgerät und Tierdarstellungen bezeugen, daß seit vorhistorischer Zeit den Toten die Möglichkeit zugedacht wurde, ihre Gräber zu verlassen. Die Texte aus geschichtlicher Zeit aber dokumentieren in unzweideutiger Weise die vielfältigen Jenseitskonzeptionen, die bei den Ägyptern anzutreffen wa-

ren, und ihre Vorstellung der verschiedensten «Paradiese».
Trotzdem entzieht sich unserer Kenntnis, warum die
Ägypter seit prähistorischer Zeit ihre Toten mit Nahrung
versahen, weshalb ausschließlich die Erdbestattung üblich
war und warum sie soviel Sorgfalt auf die Konservierung
des Leichnams verwandten. Diese Praxis macht allerdings
ihrem Zweck nach deutlich, daß die Ägypter sich mit dem
Faktum des Todes niemals abfanden: «Du wirst nicht
zergehen, du wirst nicht zugrunde gehen. Dein Name
wird dauern unter dem Volk, bei den Göttern wird er
offenbar werden», lesen wir in den *Texten der Pyramiden;*[3] und auch: «Geh hin, nach deinem Tag (d. h. nach
dem Tod), um rein zu werden.»

Die Mastaba. Die Grabanlagen waren für die Ägypter
immer Gegenstand der Reflexion und besonderer Bemühungen. Die einfache Grabgrube, über der sich ein Steinhü-
gel erhob (wie im Neolithik), veränderte ihre Form zu
Beginn der 1. Dynastie. Sie entwickelte sich zu einem
kleinen unterirdischen Haus mit mehreren Kammern, ge-
deckt mit einem Flachdach. Im zentralen Raum ruhte der
Leib des Toten, ausgestreckt in einem Holzsarg; rings-
herum, in den angrenzenden Zimmern, befand sich Proviant in geschlossenen Krügen. Diese Grundelemente blieben
stets dieselben, doch entwickelte und verfeinerte sich der
Aufbau des Grabes im Detail, bis er zuletzt eine Form
annahm, die mit dem arabischen Wort *Mastaba* bezeichnet
wird: Bank aus Stein. Es handelt sich um ein rechteckiges
Massiv aus Roziegeln oder behauenen Steinen; ein Schacht
führte hinab zur unterirdischen Grabkammer. An den
Wänden befanden sich das Bild des Toten mit seinem
Namen, Szenen aus seinem Leben und so fort.

Die Pyramiden. Bis zur 3. Dynastie unterschieden sich
bürgerliche und königliche Grabstätten ausschließlich in

ihrer Pracht. Der Baumeister Imhotep errichtete jedoch für Pharao Zoser aus der 4. Dynastie (2723 – 2563) eine Grabstätte aus sechs übereinandergesetzten Mastaba. Das Resultat war die sogenannte «Stufenpyramide» von Saqqara, die über die ganze westliche Nilgegend verbreitet war. Im Zeichen der Monumentalität stellte sich so eine Verbindung her zwischen der Grabanlage und dem übermenschlichen Status der Pharaonen. Damit war den grandiosen Schöpfungen der Weg bereitet, die dann während der gesamten Zeit des Mittleren Reiches andauern sollten (von 2160 bis etwa 1680). Die Pyramiden der westlichen Nilregionen wurden so zu Wohnstätten toter Pharaonen: ein Heiligtum schloß sich ihnen an (zum Beispiel dasjenige der berühmten Sphinxe für die Pyramide von Chefren), das für die Trauerzeremonien und den täglichen Kult der verstorbenen Könige bestimmt war.[4] Zur Zeit der 5. Dynastie, unter den Pharaonen aus Heliopolis, wurden die Pyramiden zum Sonnensymbol.[5]

Auch die Form der Mastaba erfuhr strukturelle und ornamentale Änderungen: großartige Belege bieten die Anlagen aus der Epoche der 5. und 6. Dynastie in der Region von Saqqara. Unvergeßlich bleibt dem, der sie mit eigenen Augen gesehen hat, die weiträumige und prächtige Mastabà von Ti.

Die Grabregion galt als geheiligter Bezirk. Nur denjenigen Amtsträgern erteilte der Pharao Zutritt, aus denen im Jenseits sein Hofstaat bestehen sollte – den hochgestellten Persönlichkeiten, die seit der 5. Dynastie (2563) mit der sonnenhaften Bestimmung des Herrschers in Beziehung gebracht wurden.

Unter der 3. Dynastie schufen die Pharaonen eine dauernde Einrichtung zur Versorgung dieser bevorrechtigten Toten, um Angehörige und Freunde vom Ehrendienst an den Verstorbenen zu entlasten. Die Anhäufung von Proviant in den unterirdischen Grabkammern wurde dadurch überflüssig, so daß mit der Zeit die materiellen Grabgaben verschwanden und nur die symbolischen übrigblieben.

Die Grüfte. Als Theben Sitz des Hofes wurde, wurde die unterirdische Gruft zum offiziellen Grabtypus, und zwar sowohl für Pharaonengräber wie auch ganz allgemein bei Grabstätten für Personen von öffentlichem Ansehen. Man unterhöhlte die Flanken des thebanischen Gebirgsmassivs; ein gewaltiger Korridor führte ins Innere des Gebirges, ein Symbol der Sonne, die den Westen durchwandert, um am Morgen im Osten wiedergeboren zu werden. Am Eingang nimmt der Sonnengott den verstorbenen Herrscher in Empfang und gibt ihm so Anteil an der eigenen Bestimmung. Am Ende der Gruft ruht in einer gesonderten Kammer die Mumie im Sarkophag, umgeben von allen Attributen des Osiris. Der morgendliche Weg der Sonne wird am Eingang versinnbildlicht durch Darstellungen des sternenbegrenzten Himmelsgewölbes, die noch heute den Betrachter faszinieren. Dank einer reichen Ausstattung, in der sich der gesellschaftliche Rang des Verstorbenen spiegelte, glich die unterirdische Behausung einem Palast.

Bei diesem Grabtypus verhinderte die Enge des Raums die Anlage eigener Kammern für den Totenkult. So entstanden die Grabtempel der Pharaonen, die an den Grenzen der bebauten Erde, am Rand der Wüste, errichtet wurden. Ihre ehrfurchtgebietenden Ruinen haben die Zeiten überdauert.

Bestattungsriten. Die Begräbnisbräuche waren voll tiefer Bedeutung, ungeachtet der Variationsbreite, die sich an ihnen beobachten läßt. Seit der Epoche des Alten Reiches (d. h. seit etwa 2778) zeichnet sich eine Tendenz zur Vereinheitlichung dieser Riten ab. Die Gräberfelder verfügten über einen Kanal, der vom Nil herfloß, mit einem

Hafen, in dessen Nähe sich das «Zelt der Reinigung» erhob. Dort nahm man den Verstorbenen in Empfang, wusch ihn ausgiebig mit Salzwasser und legte ihm zu Füßen zwei *Anekh*-Kreuze nieder, Kreuze, die mit Henkeln versehen waren und als Symbol des Lebens galten. Das Bad des Toten versinnbildlichte das morgendliche Reinigungsbad der Sonne, nach dem sie geläutert ihren Tagesweg beginnt. Anschließend wurde der Leichnam in das Haus der Einbalsamierung gebracht, in dem er etwa siebzig Tage verblieb. War die Mumifizierung abgeschlossen, gelangte er erneut ins «Zelt der Reinigung», wo sich an ihm der Ritus «der Öffnung des Mundes»[6] vollzog. Durch diesen Ritus sollte der Verstorbene den Gebrauch seiner Gliedmaßen wiedererlangen, der als notwendig für das Leben im Grabe angesehen wurde. In Dialogform gehalten und mimisch verdeutlicht, war das Ritual wahrscheinlich magischen Ursprungs. Man stellte sich vor, ein Verwandter des Verstorbenen gehe auf die Jagd nach dessen entflohener Seele, um sie einzufangen und an ihren Ort zurückzubringen. Andere Reinigungs- und Opferriten gingen der Grablegung voran. Totenszenen, die man noch heute auf den thebanischen Grabfresken bewundern kann, begleiteten die kultische Handlung. Auf dem Grab des Neferhotep steht zu lesen: «O schöner Wanderer, aufgebrochen zum Land der Ewigkeit: siehe, nun bist Du gefangen, ... Du, der es liebte, seine Füße zu regen, um zu wandern, bist nun eingepackt und sicher gebunden.»[7]

Sobald der Tote ins Grab gelegt war, begann das Ritual der täglichen Opfergaben, die an Festtagen ausgiebiger ausfielen. Im allgemeinen wurden sie von den Familienangehörigen dargebracht, die sich zu diesem Zweck der Hinterlassenschaft des Toten bedienten. Mit der Zeit jedoch wurde es Brauch – wie wir gesehen haben –, die Priester mit dem Vollzug der Totenriten zu beauftragen.

Sie wurden dadurch dauernde Nutznießer festgesetzter Einkünfte.[8]

Das Grab. In Ägypten existierte keine einheitliche Vision des Jenseits. Die grundsätzliche Vorstellung vom Geschick der Toten kreiste jedoch um drei Elemente: Grab, Osiriswerdung und Sonnen-Apotheose.

Das Grab fungierte als Verbindung und Zugang zu einem den Lebenden unzugänglichen Bezirk. Im Rahmen des Totenkults bot man dem Verstorbenen Nahrung, Zuflucht und Ruhe im Grab. Sein Dasein besaß zwar nicht die Fülle der irdischen Existenz, verlief aber ruhevoll und glücklich. Zu verschiedenen Zeiten versuchte eine verfeinerte religiöse Lehrmeinung, dieses Bild des Todes zu verändern, doch stets ohne Erfolg. Vom Beginn bis zum Ende der vieltausendjährigen Geschichte Ägyptens glich diese Vorstellung einem Dogma, welches das Begräbnisinventar in seinen Grundzügen festschrieb. Die *Texte der Sarkophage* redeten den Verstorbenen an: «Für Dich öffnet die Erde ihren Mund, Geb tut seine Schlünde für Dich auf – mögest Du Dein Brot essen, Dein Trankopfer ergreifen können.» Und weiter: «Gegeben ist Dir Deine Seele, die unter der Erde wohnt, Dein Schatten, der im Geheimnis lebt ...»[9]

In den unterirdischen Regionen entfaltete der Tote eine Tätigkeit, die vergleichbar war derjenigen seines Erdendaseins. War er der Ruhe überdrüssig, so erwachte er, und da er die Macht besaß, verschlossene Türen zu öffnen, ging er ungehindert in seinem Grab umher und nahm Nahrung zu sich. Er war nicht dazu verurteilt, sich auf immer gleiche Art zu beschäftigen, denn sein Grab war Teil einer Welt, deren gesellschaftliche Gliederung im Grunde der irdischen glich. Der Tote konnte sich ein Besitztum schaffen, einen Palast bauen, Kanäle ausheben und ähnliches mehr, um sein Ansehen bei den anderen

Toten zu erhöhen und schließlich sogar zum Ehrengast des Herrschers über das Schattenreich aufzurücken.

«Geb hat Dir Deine Augen geöffnet, während Du blind warst, er hat Dein gebeugtes Knie gerichtet. Ich habe Dir Dein Herz gegeben, das von Deiner Mutter kam, das Herz Deines Leibes. Die Seele wohnt unter der Erde, Dein Leib ruht auf der Erde. Das Brot ist für Deinen Leib, Wasser für Deine Kehle, sanfter Wind für Dein Gesicht. Die in ihren Gräbern hausen, wollen Dir wohl; die Großen eilen herbei aus ihren Gräbern und bringen Dir die Glieder, die fern von Dir sind: so werde Dir Ersatz für das, was Dir genommen wurde.»[10]

Um sich für immer den Genuß dieser Vorteile zu sichern, war es erforderlich, den *zweiten Tod* zu vermeiden: denn auch im Jenseits lauerte der Tod, der den Verstorbenen drohte, und auch dort gab es Menschen, die er erneut heimsuchte. Er entzog ihnen die Nahrung, ohne die man das Opfer von Siechtum und Verfall war, ganz abgesehen von der abstoßenden Kost, zu der er manche verdammte (Auswurf als Speise, Urin als Trank usw.). Aus diesem Grund hatten die Lebenden auf Erden regelmäßig frisches Brot und erfrischende Getränke bereitzustellen. Die Toten ihrerseits hielten die Lebenden unter der dauernden Drohung, als üble Plagegeister zur Erde zurückzukehren.[11]

Nach dieser uralten Überzeugung besaßen die Seelen der Toten die Möglichkeit, zeitweise das Dunkel ihrer Welt zu verlassen und sichtbare Gestalt anzunehmen; die Erscheinung als Falke wird in den *Texten der Sarkophage* am häufigsten erwähnt. «Ich habe danach verlangt, die Gestalt eines Falken der Menschen anzunehmen, der unter die Menschen zurückkehrt...» Und weiter: «Ich bin der Falke der Menschen, der unter die Menschen zurückkehrt und gegen den keine Klage möglich ist... Nun bin ich erschienen als großer Falke...»[12]

Diesem Glauben gemäß konnte der Verstorbene sich ganz nach Belieben bewegen, kein Hindernis hemmte ihn: er besuchte die Heiligtümer, nahm an den Mysterien des Jenseits teil und so weiter. Am Schluß eines Abschnitts des *Totenbuchs* wird bekräftigt: «Hat der Tote dieses Kapitel während seiner Erdenzeit gelernt und es auf seinen Sarg schreiben lassen, so kann er ihm entsteigen ans volle Licht des Tages. So wie es ihm gefällt, kann er die ganze Reihe der Verwandlungen durchlaufen, auch wird ihn niemand von dem Platz verjagen, der ihm gebührt. Von den Altären des Osiris wird man ihm Brot und Bier in Fülle reichen. In Frieden wird er eingehen zum Feld der Binsen, gemäß seiner Kenntnis dieses Befehls ... Gerste und Spelz wird man ihm geben, und er wird kräftig sein wie zur Zeit seines Erdenlebens. Was ihm gefällt, das wird er tun – wie die sieben Götter, die in der Duat wohnen. So ist es schon Millionen Male geschehen.»[13]

Die Osiriswerdung. Alles in allem war das Leben im Grab keine sehr verlockende Aussicht. Andere alte Kulte jedoch boten den Gläubigen freudvollere Visionen. Aber auch sie vermitteln uns keinen Aufschluß über die allgemeine Vorstellung des Todes, auf die uns nur die *Texte der Sarkophage* einen Hinweis geben.

Unter diesen Kulten existierte der Osiriskult bereits in vordynastischer Zeit, und sein Einfluß wirkte lange nach. Zu Beginn des Alten Reiches (etwa um 2778) genoß Osiris, der Gott des Ackerbaus, in ganz Ägypten Verehrung, und seit der Zeit der sozialen Umwälzungen, die mit dem Neuen Reich um 1580 anbrachen, stellte er sich dar als der menschlichste von allen Göttern. Dem Mythos zufolge war er der Sohn des Erdgottes Geb und der Göttin Nut, der Himmelsgöttin, folglich König und Wohltäter der Welt, dessen Herrschaft Himmel und Erde umspannte. Sein niederträchtiger Bruder Seth tötete ihn, um seinen Thron an sich zu reißen: er zerstückelte seinen Leib und zerstreute seine Glieder in ganz Ägypten. Doch seine treue Gattin Isis trug mit Neftis, der Schwester des Gottes, alle Teile seines Körpers sorgsam wieder zusammen.

Den wieder zusammengefügten Leib reinigte seine Mutter Nut, und Isis erweckte ihn zu neuem Leben, indem sie ihre Flügel über ihn breitete und auf und ab bewegte. Der Gott Ra aber befahl ihm, wieder zu erwachen. Danach hatten Osiris und Isis einen Sohn, Horus,[14] der seinem Vater auf den Thron folgte, während dieser – Osiris – ins Jenseits hinüberging und dessen Herrscher wurde.[15]

Nach anderen Quellen schickte der Gott Ra den «Einbalsamierer» (den Gott Anubi) zur Erde, damit er sich Osiris' Leichnams annehme; Isis erweckte ihn durch ihren Flügelschlag und gab seiner Mumie so Bewegung und Odem zurück. Dank den Grabriten, die Anubi vollzogen hatte, gewann Osiris das Leben wieder, um eines glücklicheren Todes zu sterben, und er wurde der Herrscher des Westens, der Unterwelt, verkörpert in der Gestalt einer freundlichen Göttin, welche die Toten in Empfang nahm, der schönen Amente.

Zum Paradies des Osiris haben alle seine Gläubigen Zutritt, die in den Genuß der gleichen Totenriten kamen und auf diese Weise für alle Zeit ebenfalls Osiris geworden sind. Im 110. Kapitel des *Totenbuchs* wird das Binsenfeld geschildert, das auch «Feld der Freuden» genannt wird; es erscheint eine Gruppe von Inseln, eine Barke, ein Phönix (Symbol des Überflusses und der Ewigkeit). Der Tote reinigt sich vom Erdenstaub, dann nimmt die Ernte des Getreides, dessen Ähren einen Mensch überragen, ihn ganz Anspruch. Die Beteiligung an der Feldarbeit wurde zu einer Art Obsession, verbürgte sie doch die Glückseligkeit im Jenseits; noch häufiger aber findet sich auf vielen Grabfresken die Arbeit der Sklaven des Toten dargestellt, und immer wieder auch der Verstorbene selbst, der sicher sein wollte, keinerlei Mangel leiden zu müssen.

Im Paradies des Osiris herrschte vollkommene Glückseligkeit; weder fehlte es an Ruhe noch an den Früchten der Arbeit, die im Überfluß vorhanden waren. Statuetten und Wandfresken aber bezeugen die Anwesenheit der Sklaven und aller Dinge, die man zur Arbeit und zum Vergnügen braucht.

Man sollte meinen, solch verlockende Aussichten hätten schließlich die Vorstellung vom Tode prägen müssen, soweit diese die Grabriten betraf. Aber die Totenopfer und die Riten, die sie begleiten, lassen keine Entwicklung dieser Art erkennen. Zwar waren sich die Ägypter bewußt, daß die Seelen der Toten, wenn sie wollten, zeitweilig ihre dunkle Behausung im Grabe verlassen konnten, um die Freuden im Paradies des Osiris zu genießen. Aber deshalb ließen sie doch nicht nach in dem Versuch, das Los der Toten im Grabe durch Verehrung und Speisen zu erleichtern.

Die Sonnen-Apotheose. Die Lehre vom Paradies der Sonne entstand in ihrer Fülle erst in historischer Zeit, wenngleich ihre Wurzeln, wie auch die Verehrung des Sonnengottes Ra, sehr weit zurückreichen. Sie fand sich in ganz Ägypten und stand, zumindest teilweise, im Zusammenhang mit der Vorherrschaft der Stadt Heliopolis in vordynastischer Zeit.

Es scheint, daß ursprünglich die Sonnenverehrung keinerlei eschatologische Dimension besaß noch daß ihr ein Einfluß auf das Heil in der Unterwelt beigemessen wurde. Der Sonnengott herrschte über die Lebenden, und an ihrem Ende überließ er sie den Göttern der Unterwelt. Möglicherweise fand der endgültige Wechsel der Auffassungen zu Beginn der 5. Dynastie (d. h. seit etwa 2563) statt. Die Thronbesteigung einer Herrscherfamilie aus

Heliopolis stand vielleicht am Beginn der Ausarbeitung einer Lehre vom Tode, auf dem Hintergrund der Sonnentheologie. Zunächst dachte man wohl daran, dem König eine bevorrechtigte Stellung zu sichern, ein anderes Los als den gewöhnlichen Sterblichen; in weiterem Umfang war dies schon mit den Gläubigen des Osiris geschehen. So wie die Einbalsamierung den Verstorbenen verwandelte und Osiris ähnlich werden ließ, ihn der Erde entrückte und ihm Zugang zum Bezirk der aufgehenden Sonne verschaffte, so verliehen ihm lange und außergewöhnliche Reinigungsriten gleichsam ein Bürgerrecht in Heliopolis; sie öffneten ihm die Pforten des Himmels und gaben ihm einen Platz in der Barke des Sonnengottes. Während des Tages nahm der Sonnengott den Toten von einem Teil des Himmels mit sich fort, um ihn des Nachts auf den Weg in die Finsternis zu geleiten, so daß der Pharao teilnahm am glücklichen Los eines Sterns.

Um die sonnenhafte Bestimmung des Pharao zu vollenden, wurde auch seinen Frauen das Recht zugebilligt, an den gleichen Reinigungsriten teilzunehmen; aus eben diesem Grund ferner ihren Kindern und allen Angehörigen ihrer Familie, die dadurch Anteil gewannen an der gleichen sonnenhaften Unsterblichkeit. Später wurden diese Privilegien auch anderen Amtsinhabern und Angehörigen des Hofes zuteil, als Anerkennung für ihre Treue. Für die letzteren führte man das sogenannte «Sonnengericht» ein: eine Ehrung, die dazu diente, die getreuen Diener – jene, die «des Königs Gerechtigkeit Geltung verschafften» – von den Unaufrichtigen und Heuchlern zu unterscheiden.

Von daher wird verständlich, warum der Adelsstand, die Aristokratie und die anderen Rangstufen der Landesverwaltung so begehrt waren. Man schuf einen Adel für die Ewigkeit. Politische und soziale Motive veranlaßten die Pharaonen, dieses Privileg mit einer gewissen Unbedenklichkeit zu gewähren. Es mehrten sich daher die Klagen all derer, die sich auf einen althergebrachten Adelsrang beriefen und sich von einem so begehrten Vorrecht ungerechtfertigt ausgeschlossen sahen.

Die Sonneneschatologie gewann solche Anziehungskraft, daß sie schließlich auf alle Menschen ausgedehnt und ins allgemeine Recht aufgenommen wurde. Jedoch geschah dies nicht wahllos: Formen einer präventiven Gerichtsbarkeit bildeten sich heraus. Für die Würdenträger gab es das «Sonnengericht» aufgrund ihrer Verdienste in der Ausübung der «Gerechtigkeit des Königs»; für alle andern aber galt das Gericht des Osiris über die Sittlichkeit ihrer Handlungen. Diese Urteilssprüche sind auf Grabpapyri vom Beginn der 18. Dynastie an (seit etwa 1580) dargestellt. Hatte der Verstorbene erst einmal die große Hürde des Totengerichts überwunden, so besaß er freien Zugang entweder zur Barke des Sonnengottes oder zum Paradies des Osiris. Ganz im Sinn dieses Glaubens an die allgemeine Sonnen-Apotheose versicherte das *Totenbuch* allen Verstorbenen – und nicht etwa nur dem Pharao –, in der strahlenden Sonne Ägyptens sei Platz für einen jeden von ihnen: «Seine Sonnenscheibe ist die Deine, seine Strahlen sind die Deinen, seine Größe ist die Deine, seine Schönheit ist die Deine.»

Dieser Spruch faßt in wenigen Worten idealisiert die Eschatologie des Durchschnittsägypters zusammen, wie sie etwa seit dem Mittleren Reich, d. h. seit etwa 2160, galt: die Tage im Dunkel des Grabes zu verbringen und sich von den Speisen zu nähren, welche die Freunde bereitstellen, beim Anbruch der Nacht aber die Barke des Sonnengottes Ra zu besteigen und das Himmelsgewölbe zu durchqueren, um in die Regionen des Jenseits einzutreten; nach Belieben sich in den Gefilden des Osiris wie auch in jedem anderen Paradies die Zeit auf angenehme Weise zu verkürzen; sobald aber der Sonnengott sich anschickte, diese märchenhaften Länder zu verlassen (bei seinem Rückzug versanken sie alle im Dunkeln), wieder dessen Barke zu besteigen, nach Osten zurückzukehren, die Gestalt eines Vogels mit Menschenhaupt anzunehmen und auf Erden oder im Grabe kurze Wanderungen zu beginnen.

Das Gericht. Einige der uns erhaltenen Inschriften – datierbar etwa seit der Ära des Mittleren Reiches – bezeichnen manche Verstorbene als «gerecht befunden durch Urteilsspruch», d. h. für unschuldig befunden vor dem Gericht des Osiris und deshalb würdig des Lebens. Die Osiriswerdung der Toten (die in Osiris den Prototyp des vom Tode zum Leben gelangten Verstorbenen besaß) bestand in erster Linie im Totengericht und der sogenannten Psychotaxie, der «Seelenwägung», die so häufig in dramatischen Szenen dargestellt wurde. Hier die wichtigsten Elemente einiger Darstellungen, die an den Wänden eines großen Saales angebracht sind: Osiris sitzt unter einem königlichen Baldachin, begleitet von Isis und Neftis und umgeben von zweiundvierzig Richtern; am anderen Ende des Saales erscheint der Gott Anubi mit dem Haupt eines Schakals, der Psychopompos, d. h. der «Seelengeleiter». Er führt den Verstorbenen herein. In der Mitte des Saales steht eine große Waage; in einer ihrer Schalen liegt das Herz des Toten, in der anderen ein Bild oder Symbol (eine Feder) der Göttin Mâet, der Gottheit der Wahrheit. Anubi prüft das Gewicht, Thot, mit einem Ibiskopf, zeigt das Ergebnis auf einer kleinen Tafel an; ein Ungeheuer, das einem Nilpferd ähnelt, lauert nahe der Waage in Erwartung, den Verstorbenen nach dessen Verurteilung zum Fraß zu erhalten. Der Tote aber nähert sich, freigesprochen, dem Gott Osiris; Ra gibt ihm das Geleit.
Die Texte, die diese Szenen kommentieren, verdeutlichen mit aller Klarheit ihren Gehalt. Vor allem lesen wir den

Gruß des Verstorbenen an den Gerichtshof: «Ich trete vor Euch, o großmächtiger Gerichtshof, der im Himmel ist, auf Erden und in der Stadt der Toten ... Sei mir gegrüßt, o Du, der denen vorsitzt, die im Westen wohnen, ... zu Dir komme ich, mein Herz gewandet in das Kleid der Wahrheit. Keine Schuld wohnt in meinem Leib. Ich habe niemals wissentlich die Unwahrheit gesagt. Ich habe nichts Böses getan. Möge es Dir nun gefallen, mir die Brote zu geben ..., auf daß ich in der Stadt der Toten ein- und auszugehen vermag, ohne daß meine Seele gehindert sei, auf immer die Sonnenscheibe und den Mond zu sehen ...»[16]

Wir vermuten, daß an dieser Stelle die Beschwörung gefolgt sein könnte, welche wir auf Hunderten von Skarabäen eingeschrieben finden, die bei den Mumien die Stelle des Herzens einnehmen: «O mein Herz meiner Mutter! O mein Herz, das von meiner Mutter kam! Erhebe Dich nicht zum Zeugnis wider mich, verklage mich nicht als Zeuge, führe keine Klage gegen mich vor dem Gericht, wende Dich nicht gegen mich im Angesicht derer, die bei der Waage wachen ... Du bist mein *Ka*, das in meinem Körper wohnt, der *Shnum* (der Gott, der den Körper schuf), der meinen Gliedern Kraft und Gesundheit verleiht. Sieh her auf das Gute, das uns bereitet ist! Nimm meinem Namen nicht seinen Wohlgeruch vor den Richtern, die den Menschen denjenigen Platz einräumen, der ihnen recht scheint. Das wird gut sein für uns, gut für den Richter, willkommen dem, der richtet. Ersinne keine Lügen gegen mich im Angesicht des großen Gottes, der im Westen gebietet. Sieh her, von Deiner Großmut hängt es ab, ob ich gerecht befunden werde.»[17]

Nun schließt sich die berühmte «negative Beichte» an, die der Verstorbene aufzusagen hat. Sie beginnt mit einem Gruß und einer feierlichen Erklärung: «Heil Dir, o großmächtiger Gott, Herr der beiden Wahrheiten. Zu Dir bin ich gekommen, o mein Gebieter, getrieben von der Sehnsucht, den Glanz Deiner Schönheit zu schauen. Ich kenne Dich, und ich kenne die Namen der zweiundvierzig Götter, die richten vor diesem Tribunal der beiden Wahrheiten...» Es folgt eine Liste von achtunddreißig Sünden und die Zusicherung, keine davon begangen zu haben: «Ich habe kein Unrecht gegen die Menschen begangen, ich habe keine Tiere mißhandelt. Nicht habe ich Unrecht geübt anstelle der Gerechtigkeit. Was nicht ist (das ist das Böse), habe ich nicht gekannt... Nie habe ich den Gott gelästert. Den Armen habe ich nicht bedrückt. Was den Göttern mißfällt, ich habe es nicht getan. Ich habe keine Krankheit hervorgerufen. Ich habe nicht gemordet. Niemandem habe ich Leid verursacht... Ich habe keine Knabenliebe begangen... Keinen Markstein habe ich auf dem Felde gelegt... Nicht habe ich die Milch geraubt vom Mund des Kindes...»[18]

Einer anderen Beteuerung der Unschuld und Reinheit folgt eine zweite negative Beichte, in welcher der Verstorbene sich der Reihe nach an jeden der zweiundvierzig Richter wendet mit der Versicherung, diese oder jene Sünde nicht begangen zu haben. Die negative Beichte endet mit einer langen Rede der Selbstverteidigung, die mit den Worten schließt: «Ich bin hierher gekommen, um die Wahrheit zu bezeugen.»[19]

Dieses hohe Ideal einer Ethik des Wohlwollens, die sich ihrer sozialen Pflichten mit Nachdruck bewußt ist, besaß nach Ansicht einiger Forscher keinerlei praktischen Wert: es handle sich hier vielmehr um magische Formeln. Eine solche Schlußfolgerung ist jedoch voreilig.[20] Auf einigen Grabstellen, die mindestens vier Jahrhunderte älter sind als die ersten Handschriften des *Totenbuchs*, also aus der Zeit des Mittleren Reiches (um 2160), lesen wir Beschreibungen desselben Ideals; und der weise Merikara warnt um 2150 im Hinblick auf das Totengericht im Jenseits:

«Du weißt, der Gerichtshof (der anderen Welt), der die Schuldigen richtet, kennt keine Nachsicht. An jenem Tag, da die Elenden gerichtet werden, handeln die Götter ihrer Pflicht gemäß. Schlimm ist der Ankläger ... Baue nicht auf die lange Dauer Deiner Jahre; vor den Göttern ist das Menschenleben wie eine einzige Stunde. Richten sie es nach dem Tode, so liegt jede seiner Handlungen vor ihren Augen ausgebreitet. Wahrlich, dort wohnt die Ewigkeit, und ein Tor ist, wer ihrer nicht eingedenk ist. Aber wer dort frei von Sünde erscheint, wird sein wie ein Gott, der sich in Freiheit bewegt wie die Herrscher der Ewigkeit.»[21]

Es steht außer Zweifel, daß die Ägypter der Antike dem Totengericht die Würde eines Augenblicks von höchster Bedeutung beilegten. Das Weiterleben galt, in mythischer Einkleidung und in den Formen des Mythos, als moralisches Recht, wobei die Pflichten gegenüber dem Nächsten und, ganz allgemein, die Verpflichtungen gegenüber der Gemeinschaft sehr viel mehr ins Gewicht fielen als der mythologische und der rituelle Aspekt.

Die Am-Duat. Wir können uns kein vollständiges Bild der einzigartigen und geheimnisvollen Darstellungen des Jenseits bei den Ägyptern machen, ohne noch von anderen Gesichtspunkten zu sprechen. Den ersten von ihnen bietet uns ein ziemlich langweiliger Text, betitelt *Das Buch von dem, der in der Unterwelt ist* oder kürzer *Am-Duat* (bzw. Im-Duat), zu deutsch *Der, welcher in der Duat wohnt».* Die Unterwelt wird in zehn, respektive zwölf «Höhlen» oder «Felder» unterteilt, die den zwölf Stunden der Nacht entsprechen. Jede von ihnen wird von Gottheiten, Geistern und Verstorbenen bewohnt und birgt eine Stadt, deren Herrschaft ein Gott innehat; der Autor stellt sich vor, daß der Sonnengott Ra nachts seine Reise ins Jenseits unternimmt, mit einem großen Göttergefolge, genauso wie der Pharao die Provinzen, die «Namen» seines Reiches, in Begleitung von Adligen und Beamten zu durchziehen pflegte. Jede Stunde oder Feld wird beschrieben und mit ihr die Barke des Sonnengottes, die Aufnahme, die er erfährt, und schließlich die Gottheit, die ihn willkommen heißt. Der Sonnengott befaßt sich jedoch nicht mit den Verstorbenen; diese befinden sich im Dunkel, Ra sieht sie nicht einmal. Sie hören nur die Stimme des Gottes, wenn er ihnen Befehle erteilt.[22]

Ein anderer Text, das sogenannte *Buch der Pforten*, ist gedacht als eine Art Führer zur Unterwelt; sie wird hier in sechs Regionen unterteilt, die nachts vom Sonnengott Ra und, in seinem Geleit, von den Toten durchzogen werden. Der Text ähnelt sehr stark dem vorangegangenen, weist aber deutlicher magischen Charakter auf. Eine der immer wiederkehrenden Formeln lautet: «Ich bin Ra, der im Himmel wohnt, ich trete ein im Dunkel der Dämmerung, ich decke die Himmelspforte im Westen zu. Ergreift mich, indem ihr Eure Arme zu mir emporreckt ... Ja, ich trete ein ins Land des schönen Westens, um zu tun, was Osiris gegenüber geziemt, um zu grüßen alle, die mit ihm sind. Ich lege in Ketten seine Feinde, ich gebe seinem Gefolge Befehle, ich erhelle das Dunkel ...»[23]

Die Reisen des Sonnengottes ins Totenreich bargen Gefahren selbst für ihn; das erfahren wir aus dem sogenannten *Papyrus von Harris*, in dessen erstem Teil sich drei Hymnen finden, gerichtet an den Sohn des Ra: dieser wird angefleht, den Vater während der Fahrt mit der Sonnenbarke zu beschützen, damit diese nicht in den Gewässern des Himmels oder in den Wassern der Erde in die Hand seiner Feinde fällt.

Die Entstehung dieser Texte fällt etwa mit dem Ende des Neuen Reiches und dem Beginn der Spätzeit zusammen (es handelt sich also um die Jahre 1200−656); und die

Gestalten, die in ihnen beschrieben sind, zieren die Gräber der Pharaonen der 19. und 20. Dynastie.

Keinesfalls jedoch wurde im alten Ägypten der Gang ins
Totenreich als erstrebenswert oder etwa als erlebnisrei-
ches Abenteuer betrachtet. Nichts weniger als das. Der
Osirisbote war auch für die Ägypter Gegenstand von
Furcht und Schrecken. Hier zum Beleg der Text einer
leidenschaftlichen Grabinschrift, in der Zweifel und Angst
bitteren und trostlosen Ausdruck finden. Der Text hat die
Form einer Einladung, die der Verstorbene an Verwandte
und Freunde richtet; er stammt aus sehr später Zeit (wir
befinden uns bereits in der Epoche der Ptolemäer, um
332 – 30 v. Chr.), und er beginnt: «O mein Geliebter,
mein Gatte, mein ein und alles, höchster Priester, zögere
nicht, zu trinken und zu essen, Dich zu berauschen und
zu lieben … Der Westen ist ein Land des Schlafes, des
undurchdringlichen Dunkels, Wohnsitz derer, die dort
hausen und in ihren Särgen schlafen. Sie erheben sich
nicht, um ihre Schwestern zu sehen, sie nehmen ihre
Väter nicht wahr, sie sehen nicht ihre Mütter … Das
Wasser des Lebens, das jeden Mund nährt, ist für mich
Durst. Es strömt zu denen, die auf Erden sind: für mich
ist der Durst. Wasser ist in meiner Nähe, aber seit ich
dieses Tal betrat, kenne ich den Ort nicht mehr, da es
fließt … Wendet mein Antlitz zum Nordwind, zum Rand
des Wassers, ah, gönnt meinem Herzen Erfrischung in
seiner Pein. Was den Tod betrifft, so ist ‹Her zu mir› sein
Name … Keinen gibt es, der seinen Wink ablenken
könnte von sich und denen, die er liebt … O ihr alle, die
ihr an diesen Ort kommt, spendet mir Weihrauch und
Wasser zu allen Festen des Westens.»[24]

Wie fern liegt jenes Gefühl der Zuversicht, von dem die
Texte der Pyramiden zeugten: «Du wirst nicht zugrunde
gehen, Du bist nicht zerstört …» Und weiter: «O Du, der
Du groß warst im Leben, der Du nun groß bist im Tode,

die Süßigkeit (des Todesschlafs) ist zu süß für Dich. Erhebe Dich, oh . . .: Du wirst nicht sterben.»[25] Es handelt sich um gänzlich verschiedene Grundstimmungen; den oben zitierten Text trennt von ihnen eine mehr als dreitausendjährige Geschichte und eine Patina von Pessimismus, die seit der Periode der Perserherrschaft allen ägyptischen Lebensäußerungen anhaftete und offenkundig machte, daß eine alte und ruhmreiche Kultur sich nun ihrem Ende zuneigte. Und von neuem erinnert man sich jener literarischen Komposition mit dem Titel *Zwiegespräch eines Verzweifelten mit seiner Seele*, entstanden gegen Ende des Alten Reiches: «Denkst Du an Deine Bestattung, so ist es eine Qual für Dein Herz . . . Sei einen Tag lang glücklich! Vergiß das Leid.»

Ich beschließe diesen Überblick über die Jenseitsvorstellungen in der Kultur eines Volkes, das der Vorbereitung auf das Dasein im Grabe lebte und dem Tode innig vertraut war, mit einem volkstümlichen Papyrustext. Er stammt bereits aus kaiserlicher Zeit und verrät hellenistischen Einfluß.

Der Inhalt der eher langen und vielschichtigen Erzählung läßt sich zusammenfassen wie folgt: ein gewisser Si-usire, ein reinkarnierter Magier, fungiert als Führer seines Vaters, auch er ein Magier, im Jenseits. Seine Beschreibung der anderen Welt unterscheidet sich sehr von jeder herkömmlichen. Der weise Si-usire räumt mit der Vorstellung auf, vom größeren oder geringeren Pomp der Begräbnisriten hinge das Ausmaß der Glückseligkeit im Leben nach dem Tode ab. Die erste Begegnung der beiden – es handelt sich stets nur um visuelle Begegnungen, ein Gespräch findet nicht statt – führt sie mit einer prachtvoll gekleideten Persönlichkeit zusammen, die neben Osiris sitzt. Seinem erstaunten Vater erklärt Si-usire, es handle sich um einen stadtbekannten Armen aus Memphis, an dessen Begräbnis niemand teilgenommen hatte;

er war auf elende Weise bestattet worden, lediglich in eine Decke gewickelt. Aber als er in der Duat anlangte, «zeigte sich, daß seine guten Taten sehr viel zahlreicher waren als die schlechten, die er begangen hatte ... Aufgrund seiner Tugend auf Erden...» wurden ihm die prunkvollen Gewänder eines Reichen aus seiner Heimatstadt gegeben, und er wurde unter die Geister der Erwählten erhoben. An einem anderen Platz erkennen sie einen Verstorbenen, der im Leben seines Reichtums wegen bekannt war. Doch nach seiner Ankunft in der Duat stellte sich heraus, daß seine Schuld größer war, als seine guten Taten aufzuwiegen vermochten, «und Amente rammte deshalb in sein rechtes Auge die Türangel», die ihm seither bei jeder Bewegung Schmerzensschreie entreißt. Stumm vor Staunen betrachten sie eine Gruppe von Personen, die angestrengt eine harte Arbeit verrichten inmitten von Speisen und Getränken. Sobald sie aber versuchen, zu essen und zu trinken, höhlen andere den Boden unter ihnen aus und hindern sie so, ihren Hunger und Durst zu stillen. Si-usire erklärt nun, daß im Jenseits eine Umkehr aller Erdenschicksale stattfinde, eine Umkehr, die vor allem auf der sittlichen Beschaffenheit des einzelnen gründe: «Bedenke dies in Deinem Herzen», spricht er zum Vater, «daß in der Amente die Götter böse sind zu den Bösen und daß zu dem, der gut war auf Erden, auch die Götter gut sein werden.» Der Magier führt seine Erzählung fort, indem er die Umkehrung aller sozialen Verhältnisse des Diesseits hervorhebt und eindringlich das gegensätzliche Schicksal des tugendhaften Armen und des hochmütigen Reichen im Jenseits vor Augen führt.[26]

Dieser späte Text läßt auf eine grundlegende Umwandlung der Gesellschaft schließen, eine reife Metamorphose im Zeichen der Desillusionierung, auf einen Pessimismus, der nunmehr freien Ausdruck findet, bar jeder mythologischen Einkleidung.

«Auch Du trägst ein böses Verhängnis»

HOMER[1]

Auf dem langen, phantastischen Weg in seine Heimat
Ithaka trifft Odysseus, der ewige Irrfahrer, auf immer
neue Abenteuer. Man denkt an die Worte Dantes, dem-
zufolge Homer, unter dem Schleier der Dichtung, «sich
als großer Weiser zeigt, ... der adlergleich über die andern sich erhebt» (Inferno, IV, 959). Vor allem eine der
zahlreichen Unternehmungen des Odysseus – während
der gesamten Antike Gegenstand literarischer Nachah-
mung und zu allen Zeiten Anlaß zu Betrachtung und
Kommentar – ist von höchstem Interesse für unsere Untersuchung.

Die Zauberin Kirke. Das phantastische Unternehmen der
Hadesfahrt bildet den Inhalt des elften Buches der Odys-
see, aber bereits der Schluß des zehnten Buches bietet die
beste Einführung dazu. Als Flüchtlinge beim Kyklopen
Polyphem – und nach einem Aufenthalt auf der sagenhaf-
ten Insel Äolien – entgehen Odysseus und einige seiner
Gefährten nur mit Mühe dem Blutbad der grausamen
Lestrigonen.

«Also steuerten wir mit trauriger Seele von dannen,
Froh der bestandnen Gefahr, doch ohne die lieben Ge-

fährten.
Und wir kamen zur Insel Aiaie ...»
(X, 133-135).

Dort herrscht die Zauberin Kirke, Tochter des Sonnengottes; zwei Tage und zwei Nächte lagern Odysseus und
die Gefährten auf dem Strand, «mutlos ... von Arbeit
und Kummer entkräftet» (X, 143). Am dritten Tag teilt
Odysseus seine Gefährten in zwei gleich große Gruppen
auf: die eine davon bleibt bei ihm am Strand und bewacht
die Schiffe, die andere geht auf Erkundung zum Palast
der Kirke. Rings um ihr Haus sehen sie Wölfe und zahme
Löwen, «durch die verderblichen Säfte der mächtigen
Kirke bezaubert» (X, 213). Die Zauberin, die bei ihrer
Ankunft sang und ein Linnen webte, heißt sie freundlich
willkommen, doch verwandelt sie dann durch ihre Zau-
bermacht in Schweine:

«... und mischte betörende Säfte in das Gericht, damit sie der Heimat gänzlich vergäßen.
Sie berührte sie plötzlich mit ihrem Stab und sperrte sie
dann in den Kofen»
(X, 235f.).

Von einem Gefährten gewarnt – er hatte Kirkes Haus
klugerweise nicht betreten –, beschließt Odysseus aufzubrechen, um die unglücklichen Opfer der Göttin zu retten. Auf dem Weg begegnet ihm der Gott Hermes in
Gestalt eines jungen Mannes; er offenbart ihm die Zau-
berkünste der Magierin und reicht ihm eine Pflanze, die
ihn beschützen wird:

«Also sagte Hermes und gab mir die heilsame Pflanze,
Die er dem Boden entriß, und zeigte mir ihre Natur
an:

65

Ihre Wurzel war schwarz, und milchweiß blühte die
Blume,
Moly wird sie genannt von den Göttern. Sterblichen
Menschen ist sie schwer zu graben, doch alles vermö-
gen die Götter»
(X, 302f.).

Die Göttin, darüber bestürzt, daß ihren Künsten die Wirkung versagt bleibt, lockt den Helden auf ihr Lager:

« . . . laß uns zusammen
Auf meinem Lager ruh'n, damit wir beide vereinigt
Uns der Umarmung erfreun, und werden vertraut mit-
einander . . .»
(X, 334f.).

Unter zwei Bedingungen willigt Odysseus ein: den Gefährten soll die Göttin die menschliche Gestalt zurückge-
ben und sich ferner verpflichten, ihn ziehen zu lassen,
wann immer er will.
So verbringen sie ein glückliches Jahr miteinander. Doch
die Gefährten befürchten, daß der Held – dem allein die
Freuden der Gegenwart zu genügen scheinen – das Ziel
seiner Fahrt vergessen hat:

«Denk, Unseliger, doch auch endlich einmal an die
Heimat,
Wenn Dir das Schicksal bestimmt, lebendig wiederzu-
kehren
In das erhabene Haus und Deiner Väter Gefilde»
(X, 472f.).

Entgegen dem Anschein wird jedoch auch Odysseus von
Heimweh geplagt:

«Kirke, erfülle mir jetzt das Gelübde, wie Du gelob-
test,
Mich nach Hause zu senden! Es quält mich selber die
Sehnsucht
Und die Gefährten alle, die mir die Seele bestürmen,
Und mit Weinen hinter mir her sind, sobald Du nur
fern bist»
(X, 483f.).

Die Antwort fällt überraschend und unerwartet aus: um
zur Heimat zurückzukehren, muß er die Schwelle des
Hades überschreiten, um dort den thebanischen Seher
Teiresias zu befragen, «in des Hades Haus und der stren-
gen Persephoneia». Teiresias ist der einzige unter den
Sterblichen, dem Persephone, die Gattin des Hades und
Herrscherin der Unterwelt, die Kunst und Gabe der
Weissagung verliehen hat; er besitzt «unversehrte Eingeweide», die anderen Verstorbenen aber schweben umher
wie Schatten. Doch diese Mitteilung Kirkes macht Odysseus mutlos: noch nie gelangte ein Mensch auf einem
Schiff zum Hades – und dann die Frage: Wer wird ihn
führen?

« . . . mir brach das Herz vor Betrübnis.
Weinend saß ich im Bett und wünschte mir, länger
Nicht mehr zu leben, nicht das Licht der Sonne zu
schauen» (X, 496f.).

Die Belehrungen Kirkes. Kirke macht Odysseus Mut. Sie
nennt ihm den Weg, erläutert ihm die Einzelheiten der
Fahrt und zählt ihm ausführlich alle Riten auf, die er
auszuführen hat, damit sein Auftrag im Schattenreich einen glücklichen Ausgang nimmt: wenn er seinen Mast
aufgerichtet und die Segel gesetzt hat, wird Odysseus
nicht mehr gegen die Winde kämpfen, noch mühsam das

Steuer führen oder die Gefährten auf die Ruderbank zwingen müssen. Denn der Nordwind, Boreas, führt das Schiff von allein zum Ziel: «Setze Dich dann, es trägt Dich der Hauch des Nordens hinüber» (X, 507).

Am Ende dieser friedvollen Meerfahrt wird Odysseus – sobald sein Schiff in den «Fluß» Okeanos eingefahren ist – den Hain Persephones finden: «hohe Espen und fruchtabwerfende Weiden» (X, 510). Dort soll er Anker werfen und sich zu Fuß in die Behausung des Hades begeben: «Und dann gehe Du ein ins modrige Haus des Hades» (X, 512).

Kirke beschreibt auch die Topographie des Ortes, an dem der Held seine Fahrt beenden muß: wo die Flüsse Pyriphlegeton und der Kokytos in den Acheron münden, befindet sich ein Seitenarm des Styx; dort ist eine Stelle, von der aus man einen Fels erblickt und den Zusammenfluß der beiden Flüsse, die sich vereinigen, bevor sie gemeinsam in den Acheron münden und mit lautem Getöse von den Felsen stürzen.

Abgesehen von ihrer Wegbeschreibung, gibt Kirke Odysseus und seinen Gefährten noch andere genaue Hinweise; auch hier ist jeder einzelne von Bedeutung (X, 515-525). Sie sollen einen Graben ausheben, den Toten, «den Häuptern ohne Kraft», ein dreifaches Opfer – Milch mit Honig, Wein und Wasser sowie Gerstenmehl – darbringen und ein dreifaches Gelübde ablegen: daß Odysseus nach seiner Rückkehr in die Heimat eine fehlerfreie Kuh opfere, die noch nicht gekalbt hat, ein Brandopfer darbringe und einen pechschwarzen Widder allein für Teiresias. Nach Vollzug der Trankopfer und Gelübde muß er im Graben zwei Tiere opfern, männlich das eine und weiblich das andere; schlachten soll er sie mit Richtung zum Hades, jedoch den eigenen Blick zum Ozean gewandt, von wo er kam und wohin er anschließend zurückkehren wird. Zuletzt soll er die Tiere häuten und verbrennen lassen und «und laut anrufen die Götter, Hades' hohe Gewalt und die schreckliche Persephonia» (X, 526f.).

Bei Ausübung dieser Riten soll Odysseus aufrecht stehen, sein Schwert gezückt in der Hand, um die Scharen der Seelen aus allen Regionen des Hades dem Graben fernzuhalten, in den das Blut der Opfer strömt:

> «Aber Du reiße schnell das geschliffene Schwert von
> der Hüfte,
> Setze Dich hin und laß die schwankenden Häupter der
> Toten
> Sich dem Blute nicht nahn, bevor Du Teiresias rat-
> fragst . . .»
> (X, 535f.).

Die Seelen der Toten, so erläutert die Zauberin, werden sich ringsumher versammeln, um das dampfende Opferblut zu trinken und so wenigstens für einen Augenblick die Erinnerung an ihr Erdendasein wiederzugewinnen.

Teiresias aber hat ihm den Weg und die Strecke zu nennen, die er auf seiner Fahrt in die Heimat zurücklegen soll (X, 539), in Wirklichkeit aber stammen die wichtigsten Hinweise – nicht nur für die Hadesfahrt, sondern auch für die späteren Fahrten des Odysseus – auch diesmal von Kirke (Buch XII, 37-141). Die Figur des Teiresias dient im Entwurf des Dichters als Vorwand, um den Helden in den Hades zu führen, und zwar zu einem bestimmten Zweck: auch in dieser Welt, fern den Lebenden, soll er den Schemen all derer gegenübergestellt werden, die ihm zeit seines Erdendaseins am nächsten waren. Diese Reihe von Ratschlägen umfaßt verschiedene kulturelle, religiöse und rituelle Vorstellungen, die in den Totenfesten ihre Entsprechung finden und, was ihre Absicht und Zielsetzung betrifft, dem ganzen Komplex von Praktiken zugrundeliegen, die in die Nekyia[2] einmünden. Unbeschadet der Frage nach wirklichen oder auch nur vermeintlichen Schichtungen und Einschüben, zeigt das elfte Buch der Odyssee eine bemerkenswerte poetische Einheit: es beginnt mit drei höchst bedeutsamen Begegnungen (Elpenor, Teiresias, die Mutter: 51-244), denen das Tableau der zwölf «Heldinnen» folgt (235-332). Ein «Zwischenspiel» teilt die Hadesfahrt in zwei Teile; der zweite beginnt mit der Begegnung mit drei trojanischen Helden (Agamemnon, Achill, Ajax: 385-565) und der Vorstellung von fünf sagenhaften Gestalten: Minos, Orion, Tityos, Tantalus, Sisyphus (566-600). In höchst wirksamer poetischer Ausgeglichenheit endet er mit der Erscheinung des Herakles (601-626), derjenigen mythischen Figur also, der als einziger Lebender Odysseus auf dem Weg zum Hades voranging. Dieses Ereignis rückt beide Helden nah aneinander und bedeutet zugleich für beide das gefahrvollste ihrer Abenteuer. Odysseus erwartet, noch anderen Heroen zu begegnen, doch keiner kommt ihm zu Gesicht, und von Furcht ergriffen, beeilt er sich, zur Oberwelt zurückzukehren.[3]

Mag es auch vielfältige Berührungspunkte zwischen der Odyssee und der Äneis geben, so sind sie doch sehr voneinander verschieden. Jedes der beiden Epen besitzt sein eigenes Telos, sein unverwechselbares kulturelles Substrat, seine ihm eigentümliche Tradition. Den Weg zum Hades begleiten – um ein Beispiel zu geben – in der Äneis genaue geographische Daten, denen wiederum geschichtliche Daten entsprechen: mit ihrer Hilfe läßt er sich mühelos nachvollziehen. Hier in der Odyssee hingegen begibt sich der Held an einen Ort jenseits der wirklichen Welt, in eine Welt, die rings vom mythischen Fluß Okeanos umschlossen wird. Der Dichter denkt ihn sich als einen Kreis, der den sichtbaren Horizont bezeichnet und jenseits dessen nichts existiert. Am östlichen Ufer dieses Flusses erhebt sich die Sonne, und an seinem westlichen Rand geht sie unter. Es handelt sich um die zwei Sonnenpforten (XXIV, 12): die östliche Pforte befindet sich nahe beim Eingang zur Unterwelt.

Odysseus und seine Gefährten brechen in aller Frühe auf (X, 541): von Boreas getrieben, segeln sie, von Süden kommend, in ostwestlicher Richtung über das Meer, bis sie den Fluß Okeanos erreichen, um dann seiner Strömung bis zu der Stelle zu folgen, an der die Unterwelt sich öffnet. Die Hinfahrt findet am Tage statt, der Rückweg während der Nacht. Nach einem Teil des Ankunftstages und des nachfolgenden aber werden sie in den Hades eingetreten sein. Den Rückweg wird man in östlicher Richtung zurücklegen, in Richtung der Behausung Kirkes, dem Lauf des ringförmigen, mythischen Okeanos folgend. Ist der Lauf des Flusses Okeanos verlassen, wird das Schiff «auf den Wogen des weiten Meeres» zur Insel Eéa gelangen, wo dann die Hadesheimkehrer die Anker auswerfen, um am Strand den ersehnten Schlaf zu finden und dort den Sonnenaufgang zu erwarten (XII, 1-7).

Das Schiff weiß, wohin es fahren soll: wir «ließen vom Wind und Steuer uns lenken» (XI, 10). Es treten keine Schwierigkeiten auf; die Winde sind ihm stets günstig. Odysseus vollendet die Umseglung des mythischen Okeanos sowie die Rückkehr ins offene Meer in einem Bruchteil des vorangehenden Tages und der nachfolgenden Nacht: vom Ort, wo dauernde Helligkeit herrscht, wo die Pfade der Nacht und des Tages nah beieinander liegen, bis zu der Stätte, die von wirbelnden Dämpfen und Nebelwolken umhüllt wird, durch die niemals die Sonne dringt (X, 86), bis zum äußersten Ende des Westens also.

Im Hades. Der Aufbruch wird überschattet von einem Unglück: dem Tod eines Gefährten, Elpenors, der, «trunken vom Weine», auf dem Dach von Kirkes Haus Erfrischung gesucht hatte, beim plötzlichen Rufen der Gefährten aber über einem Vorsprung ins Straucheln geriet und tödlich hinabstürzte (X, 551ff.). Die Eile zwingt sie, ihn ohne Bestattung zurückzulassen.

Begleitet von den guten Wünschen Kirkes, brechen Odysseus und seine Gefährten zur Fahrt auf, deren trauriges Ziel sie nicht verfehlen können. Bei Sonnenuntergang erreicht das Schiff die Grenzen des Okeanos, im Land der sagenhaften Kimmerer,[4] der unglücklichen Sterblichen, die in ewiger Nacht hausen (XI, 19).

Sie landen an den Hadespforten, laden ihre Opfertiere aus und folgen zu Fuß einem Lauf des Okeanos, «bis wir den Ort erreicht, den Kirke bezeichnet» (XI, 22). Odysseus überschreitet kaum die Pforte des Hades; er dringt nicht ein ins Innere, es sind vielmehr die Seelen der Toten, die sich ihm nähern oder – wie sich im folgenden zeigt – die er von weitem gewahr wird.

Die von der Zauberin bezeichneten Riten werden vollzogen; nach und nach rinnt das Blut der Opfertiere in den Graben, und aus allen Teilen des Hades sammeln sich «die Seelen abgeschiedener Toten»:

«Bräute und Jünglinge kamen, und kummerbeladene
Greise,
Und noch kindliche Mädchen, in früher Trauer die
Herzen.
Kriegerschlagene Männer, mit blutbesudelter Rüstung.
Dicht umdrängten sie alle von allen Seiten die Grube
Mit graunvollem Geschrei; und es faßte mich bleiches
Entsetzen . . .»
(XI, 37-43).

Diese Seelen, die rings um den Graben schwirren und zischen, erscheinen in der Gestalt, die sie im Augenblick ihres Todes hatten; die Seelen verstorbener Krieger zeigen sich sogar mit blutbesudelten Waffen.

Die ersten drei Begegnungen. Die erste Seele, der Odysseus begegnet, ist die seines Gefährten Elpenor, dessen Situation sich von derjenigen der anderen unterscheidet: sein Leichnam liegt noch unbestattet, seine Seele wartet deshalb am Eingang des Hades und besitzt noch die Erinnerung an ihr Erdendasein, das Bewußtsein ihrer selbst und die Fähigkeit zu reden, ohne dazu sich mit Blut nähren zu müssen. Auf die Frage, weshalb er so plötzlich zum Hades gelangt sei, erwidert Elpenor:

« . . . gradaus taumelte ich vom Dache und brach mir
Das Genick, und meine Seele fuhr in den Hades . . .»
(XI, 64).

Er bittet, bestattet zu werden, um die letzten Ehren und um einen Grabhügel, gekrönt von einem Ruder, «das ich geführt, da ich lebte im Kreis der Gefährten» (XI, 78). Der Held verspricht ihm ein ehrenvolles Begräbnis.
Danach erscheint die Seele[5] der verstorbenen Mutter, die der Held noch lebend verlassen hatte, als er nach Troja aufbrach, und von deren Tod er niemals erfuhr: «Als ich sie sah, da weinte ich: mich jammerte ihrer» (XI, 87) – auch deshalb, weil er ihr nicht erlauben darf, einen Schluck von dem Blut zu trinken und so den Sohn wiederzuerkennen. Nur ein Schluck des Blutes, um das sie sich sammeln, kann den Seelen für einen Augenblick die Erinnerung an ihr Erdendasein wiedergeben, und damit die Möglichkeit, Odysseus zu erkennen. Eine Ausnahme bildet Teiresias, der auch im Hades Gedächtnis und Verstand nicht eingebüßt hat.
Daß im Blut das Leben seinen Sitz habe, ist zwar eine weitverbreitete Vorstellung aller Kulturen des Nahen

Ostens in der Antike, aber ihre deutlichste Ausprägung bietet unser Text (XI, 81-89).

Es naht also die Seele des Thebaners Teiresias (XI, 90 bis 149). Er fragt zunächst, warum er das Licht der Sonne verlassen habe, «die Toten zu schauen, und den Ort der Trauer», und bittet ihn, sein Schwert in die Scheide zu stecken, damit er einen Schluck Blut trinken kann, um ihm dann «Untrügliches» (XI, 96) zu künden. Zwar bedarf er nicht des Blutes, um den Heros wiederzuerkennen, doch er braucht es, um seine Sehergabe wiederzuerlangen. Er spricht dann zu Odysseus vom Zorn Poseidons, «des erderschütternden Gottes», der ihm grollt, weil er seinen Sohn Polyphem geblendet hat, dann von den Nachstellungen, die ihn «auf der Insel Thrinakia» (XI, 107) erwarten, und schließlich von den Freiern, die er in der Heimat finden wird, wo sie seine Gattin Penelope bedrängen und sein Hab und Gut verprassen. Er beendet seine Prophezeiungen, indem er dem Helden seinen friedlichen Tod vorhersagt: er werde ihn heimsuchen, wenn er «von behaglichem Alter gebeugt» (XI, 136) sei.

Teiresias vollendet nur zum Teil die Aufgabe, die ihm vorher (X, 539f.) zugedacht war; sie abzuschließen bleibt – wie sich noch zeigen wird – der Zauberin Kirke vorbehalten (XII, 37-141).

Von neuem zeigt sich die Seele der Mutter; stumm steht sie vor dem Blut, ohne den Sohn zu erkennen. Odysseus weiß nicht, warum sie so handelt, noch was er tun soll, damit sie ihn erkennt:

> «Dort erblick' ich die Seele der abgeschiedenen Mutter,
> Doch wie sprachlos sitzt sie am Blut, und den eigenen Sohn hier
> Achtet sie weder anzuschaun, noch gönnt sie ein Wort mir.

Sage, o Herr, wie möchte sie mich erkennen, daß ich's
bin?»
(XI, 141-144).

Teiresias erläutert ihm das Verhalten der Schatten: wer
vom Blute trinkt, erhält für kurze Zeit die Erinnerung an
sein früheres Dasein zurück und vermag Fragen zu beant-
worten. Der herbeieilende Schwarm der Seelen wird daher angezogen von der Sehnsucht nach einem Lebenser-
satz:

«Wem Du immer vergönnst von den abgeschiedenen
Toten,
Daß er vom Blute trinke, wird treulich Rede Dir ste-
hen;
Wem Du es aber wehrst, wird schweigend wieder ver-
schwinden . . .»
(XI, 147f.).

Der Seher entfernt sich, und die Mutter, Anticlea, naht;
sie «schlürfte vom dunklen Blut, und gleich erkannte sie
mich» (XI, 153). Unter Tränen stellt sie ihm Fragen, die
eine Reihe von Nachforschungen persönlicher und fami-
liärer Art einleiten. «Wie kamst Du hinab ins nächtliche
Dunkel?» Es ist eine unwegsame Gegend für Lebende:
hier sind gewaltige Flüsse, schreckliche Wirbel, der
Ozean ist nur mit einem guten Schiff zu befahren.
«Kommst Du von Troja, bist Du je nach Ithaka, zur
Gattin zurückgekehrt?» Die Antworten kommen rasch
und kurz, gefolgt von neuen Fragen: « . . . mich führte die
Not herab in Hades' Behausung / Um des thebanischen
Greises Teiresias Seele zu fragen. Denn noch hab' ich
Achaia, noch hab' ich unsere Heimat / Nicht betreten:
noch immer irr' ich von Leiden zu Leiden . . . aber
wohlan, nun sage mir und sag' es getreulich: welches

Schicksal bezwang Dich des schlummergebenden Todes? / ... Sage vom Vater mir auch und dem Sohne, den
ich daheim ließ ... Sag' mir auch, was sinnt und rät im
Herzen die Gattin?» (XI, 164f.). Klare Antworten lassen
nicht auf sich warten: «Meine Sehnsucht, die Angst um
Dich, mein edler Odysseus, / Dein geliebtes Bild nahm
mir das freundliche Leben» (XI, 202f.). War für sie die
Sehnsucht so bitter, so ergeht es nun dem Vater nicht
anders: «Seufzend liegt er ... und nährt die Trauer im
Herzen, / jammernd um Dein Geschick, und schwerer
drückt ihn sein Alter» (XI, 195f.). Im Winter schläft er im
Haus der Sklaven, im Herbst und Sommer bettet er sich
auf dem Lande auf einem Lager aus Laub (XI, 164-203).
Die Begegnung mit der Mutter schien Odysseus so natürlich, so real, daß er die Seele – die *Psyche* – mit der
lebenden Mutter verwechselte. Deshalb eilte er dreimal,
sie zu umarmen, und dreimal entfloh sie ihm wie ein
Schatten; Zweifel erfaßt ihn, es könnte sich um ein Trug-
bild handeln, das Persephone, des Hades Gattin, ihm
geschickt habe, um seinen Schmerz zu vermehren:

> «Mir aber schwoll das Herz vor Verlangen,
> Meiner toten Mutter Seele wollt' ich umarmen:
> Dreimal stürzt' ich hinzu, sehnsüchtig, daß ich sie
> griffe,
> Dreimal mir aus der Hand, wie ein Schatten oder ein
> Traumbild,
> Schwand es weg, und heftiger nur ergriff mich die
> Wehmut ...»
> (XI, 204f.).

Die Mutter befreit ihn von seinen Zweifeln, indem sie ihm
– in wenigen Worten – die wichtigen Elemente der homerischen Eschatologie darlegt: die Gesetze, welche die Ge-
schicke der Menschen nach ihrem Tode bestimmen. Die

Seele *(Psyche)* ist während des Lebens hier auf Erden der Ausgangspunkt aller Tätigkeit des Körpers, des Gemüts und des Verstandes: wenn sie sich im Augenblick des Todes vom Körper scheidet, weicht auch das Leben des Menschen; die Seele lebt hinfort im Hades als *eidolon* (Schatten), «wie ein Traum», ohne jede körperliche Wirklichkeit; in ihrer äußeren Erscheinung im Hades aber ist die Seele unverwechselbar von der Erscheinung, der Physiognomie, geprägt, die sie zuvor besaß. Von der Hülle der Seele indes, dem Körper, bleibt nichts zurück als kraftlose Materie:

«Persephoneia täuscht Dich nicht, die Tochter Kronions!
Sondern dies ist das Los der Menschen, wann sie gestorben.
Denn nicht mehr wird Fleisch und Bein durch Sehnen gebunden,
Sondern die große Gewalt des brennenden Feuers verzehrt dies alles,
Sobald das Leben die weißen Gebeine verlassen.
Aber die Seele entfliegt und schwebt dahin, wie ein Traumbild»
(XI, 217-222).[6]

Die Mutter rät ihm, rasch ans Tageslicht zurückzukehren und alles der Gattin zu berichten: «... Behalte alles, damit Du es einst erzählst der lieben Gemahlin ...» (XI, 224f.).

Die zwölf Heldinnen. Nun aber nähert sich eine Schar von Frauen; «und sie drängten in Scharen sich um das schwärzliche Blut her» (XI, 228).
Um jede von ihnen nacheinander, sprechen zu können, zückt Odysseus sein Schwert und läßt sie so herankom-

men, um der Reihe nach vom Blute zu trinken: «Und verwehrte ihnen, zugleich vom Blute zu trinken» (XI, 232). Unter ihnen hebt der Dichter vor allem drei aus der Zahl der schönsten und vornehmsten Gattinen und Töchter von Helden hervor (XI, 225-230); es handelt sich um den sogenannten «Katalog der Heldinnen». Trotz aller Schwierigkeiten sprechen beträchtliche Gründe für die Echtheit des Textes.[7] Es scheint angebracht, an die Worte Karl Reinhardts zu erinnern: «Es liegt im Wesen der Begegnungen der Nekyia, daß sie umfassend sein müssen, sollen sie sinnvoll sein. Bereits im Plane der Odyssee ist diese Fülle vorgesehen: ein Treffen mit der ganzen griechischen Heroenwelt, ja darüber hinaus – wenn auch nur zwischendurch bemerkt, doch unverwischbar für den Eindruck – mit der ganzen abgeschiedenen Menschheit.»[8] Trotz seiner Worte «alle befragte ich» spricht er in Wahrheit mit keiner von ihnen, sondern zeigt ausschließlich die ersten sechs, deren Haupteigenschaften er nennt: «Die edelgeborene Tiro..., Antiope... die Tochter Asopos', Amphitryons Weib... Alkmene..., Chloris... die wunderschöne, Leda... Tyndareos' Lagergenossin..., Iphimedeia... des Aloeus Gattin...» (XI, 235-320), alle eingeführt mit der immergleichen Bezeichnung: «als erste sah ich... nach ihr erblickte ich... nach dieser sah ich...» Diesen folgt in noch kürzerer Erwähnung: «Phädra sah ich und Prokris und Ariadne, die schöne», und schließlich: «Maira und Klymene sah ich, und das schändliche Weib Eriphyle», von denen er kaum mehr berichtet als den bloßen Namen, um entschuldigend anzumerken:

«Alle aber werd' ich euch nicht beschreiben und nennen,
Wieviel Weiber der Helden ich da gesehen
und Töchter,

Eher verginge die heilige Nacht»
(XI, 328-330).

Zwischenspiel. Hier wünscht der Dichter seiner Erzählung
ein Ende zu setzen, aber in einem Abschnitt, bekannt
unter dem Namen «Intermezzo», befindet er sich nicht
mehr im Hades, sondern unter den Phäaken (XI, 333 bis
384). Arete, die Herrscherin der Phäaken, bittet ihn, weiter zu erzählen – gleichsam nach Art eines Sängers oder
Rhapsoden – und all seine Begegnungen mit den Helden
im Hades zu schildern, die im Trojanischen Krieg seine
Gefährten waren.
Es scheint wichtig, sich vor Augen zu halten, daß
Odysseus – sowohl in dem Teil des Epos, der sich nun
anschließt, als auch in dem vorangegangenen – nicht in
den Hades eindringt, keine Reise in sein Inneres unternimmt (so wie später Äneas), sondern unbeweglich an
der Stelle verbleibt, an der er eingangs gelandet war;
und hier, beim dampfenden Opferblut, begegnet er den
Seelen der Verstorbenen, die herannahen, um für einen
kurzen Augenblick die Lebenskraft wiederzuerhalten,
ohne die sie den Helden weder wahrnehmen noch mit
ihm reden könnten.

Die drei Trojaner. Persephone verscheucht in alle Richtungen «die Seelen der zarten Weiber», und sofort «kam
die Seele herauf des Atreus-Sohns Agamemnon». Odysseus erkennt ihn und versucht ihn zu umarmen, doch der
Held von Troja ist kraftlos, die Stärke, die er einst besaß,
hat ihn verlassen. Agamemnon seufzt, und Odysseus empfindet Mitleid mit ihm; beide brechen in Tränen aus.
Nach dieser so traurigen Begegnung entwickelt sich zwischen ihnen ein Gespräch, in dem Agamemnon von den
tödlichen Nachstellungen Ägists und Klytämnes berichtet
und das mit der Frage nach dem Schicksal seines Sohnes

schließt (XI, 385-464). Voll Traurigkeit wechseln sie schmerzliche Worte, als die Seele Achills erscheint, um sich am Opferblut zu sättigen; mit ihr zeigen sich die Schatten des Patroklos, des Antilochos und des Ajax (XI, 467-540). Odysseus spricht mit Achill, danach richtet er das Wort an den letzteren.

Achill erkennt ihn und fragt ihn mit Tränen in den Augen:

> «Wie ertrugst Du's, zum Hades zu kommen unter die Toten,
> Wo sie bewußtlos wohnen, entschlafener Sterblicher Schatten?»
> (XI, 475f.).

Zwischen beiden beginnt ein langes Gespräch, das gemeinsamen Erinnerungen und persönlichen Mitteilungen gewidmet ist.

Danach weist Odysseus Achill darauf hin, daß er auf Erden fast göttliche Ehren genoß, und nun im Hades «herrschest Du mächtig unter den Geistern», er solle deshalb nicht trauern über sein Ende: «Darum kränke Dich nicht um den Tod, o Achilleus!» (XI, 486). Doch die entschiedene und herbe Antwort läßt nicht auf sich warten: «Preise mir jetzt nicht ruhmvoll den Tod, ruhmvoller Odysseus» (XI, 488). Seiner Herrschaft über die Schatten zöge er ein elendes und mühevolles Sklavendasein auf der lieblichen Erde vor. Und mit herrischem Stolz entfernt er sich, ohne Odysseus, der ihm von seinem Sohn berichtet hatte, weiter zu antworten:

> «Sprach's. Und die Seele ging des schnellfüßigen Aiakiden
> Langausschreitend hinweg, die Asphodeloswiese hinunter,

Freudevoll, da ich den Sohn ihm gerühmt als der Tap-
fersten einen»
(XI, 538-540).

Während die beiden sich besprachen, warteten andere
Schatten von Heroen mit Ungeduld darauf, daß an sie die
Reihe käme. Traurige Empfindungen wurden ausge-
tauscht:

«Aber die andern Seelen der abgeschiedenen Toten
Standen trauernd da, und jede bedacht' ihr Verhäng-
nis»
(XI, 541f.).

Die Begegnung mit den Persönlichkeiten, die im Leben
eine so herausgehobene Rolle spielten, erreicht einen
Augenblick besonderer Spannung beim Erscheinen des
Ajax. Ajax' Seele steht allein da, abseits von den andern
und immer noch voll Empörung darüber, daß nach
Achills Tode seine Waffen Odysseus zugesprochen wurden; es ist noch immer derselbe Zorn, von dem er sich
so sehr beherrschen und schließlich in den Selbstmord
treiben ließ.
«Hätt' ich um solchen Gewinn doch nie gesiegt in dem
Wettstreit» (XI, 548), ruft Odysseus aus. Er versichert
ihn der Trauer aller Achäer um sein bejammernswertes
Geschick und ermahnt ihn dann, seinen Zorn zu überwinden: «Bezwinge Deinen Zorn und Deinen harten
Sinn.»
Doch der scheue und stolze Charakter des Ajax macht es
diesem unmöglich, auch nur zu antworten. Auf Odysseus'
Worte hin wendet er sich zum dunklen Totenreich und
den anderen Schatten, während Odysseus murmelt:
«Dennoch hätte mir wohl der Zürnende Rede gestan-
den / oder ich ihm . . .» (XI, 543-567).

Die fünf Bilder. Nun schaut Odysseus zu den Seelen, die weit von ihm entfernt stehen, aber immer seitlich des mit Opferblut gefüllten Grabens. Diese Gestalten sollten später in die Literaturgeschichte eingehen, mit ihren Umrissen und charakteristischen Eigenschaften, die hier genaue Festlegung finden.

Minos, vormals König von Kreta, ein goldenes Zepter in seiner Hand, führt auch im Hades das Amt fort, das sein Leben bestimmte: er richtet über die Toten, die sitzend oder stehend am Eingang des Hades seinen Urteilsspruch erwarten.

Orion, zeit seines Erdendaseins ein gewaltiger Jäger, erscheint, wie er die gleichen wilden Tiere jagt, denen er schon auf Erden nachstellte (572-575). Ihm folgt die Gruppe der sogenannten «Büßer des Hades».

Tityos, der «Sohn der gepriesenen Gaia» (XI, 576), der Göttin der Erde, aus titanischem Geschlecht, tat Leto Gewalt an; nun liegt er zu Boden gestreckt, und zwei Geier zu beiden Seiten «zerhacken» ihm die Leber (XI, 576-581).

Tantalus, der sagenhafte König von Phrygien, leidet vermutlich für irgendeinen Gottesfrevel – man erfährt nicht genau, worin seine Schuld bestand. Er steht bis ans Kinn in einem Weiher; sobald der Durst ihn plagt und er trinken will, sinkt das Wasser plötzlich bis an seine Knöchel. Die appetitlichsten und köstlichsten Früchte schweben über seinem Haupt: Birnen, Äpfel, Feigen und Oliven. Doch kaum streckt er die Arme aus, um sie zu greifen, reißt ein tückischer Windstoß sie empor zu den Wolken:

> «Denn wie oft er sich bückte, der Greis, und hoffte zu
> trinken,
> So oft schwand und versiegte das Wasser, und rings
> um die Füße
> Zeigte sich schwarz der Grund; den trocknete immer
> der Dämon . . .

Sobald sich der Greis aufreckte, die Früchte zu pflük-
ken,
Schnellte der Wind die Zweige hinauf in die schattigen
Wolken»
(XI, 585-592).

Auch bei Sisyphus, dem mythischen Herrscher von Korinth, bleibt das Motiv der Bestrafung unklar. Mit beiden
Händen rollt er einen «mächtigen Steinblock», und unter
heftigen Schmerzen wälzt er ihn einen Hügel hinauf:
doch sooft er im Begriff ist, den Gipfel zu erreichen, wird
er fortgerissen, und der Felsblock rollt talwärts; Sisyphus
aber ist gezwungen, seine qualvolle Arbeit neu zu beginnen:

«. . . der Schweiß bricht
Ihm aus den Gliedern, und steigender Staub umwölkt
ihm das Antlitz»
(XI, 599f.).

Herakles. Am Ende aller dieser Begegnungen steht – in
absichtsvoller Komposition – der sagenhafte Herakles
(Herkules), der als erster Sterblicher vor Odysseus zum
Hades hinabgestiegen war. Seine Erscheinung wird indes
verdunkelt durch Probleme literarischer Art. Die ersten
Verse legen zweifellos Herakles' Anwesenheit unter den
Göttern des Olymps nahe:

«. . . er selber, im Kreis der unsterblichen Götter,
freut sich der Fülle, und sein ist Hebe mit zierlichen
Fesseln»
(XI, 602f.).

Doch gleich danach erscheint sein Schatten im Hades
(XI, 616-627). Offenbar wollte der Dichter an der Tradi-

tion festhalten, die Herakles vergöttlicht hatte. Doch gleichzeitig verfolgte er seine Konzeption, ihn unter den Schatten der Unterwelt erscheinen zu lassen, trotz ihrer offenkundigen Unvereinbarkeit mit der weit verbreiteten Vorstellung, wonach die Gegenwart des Schattens im Hades den physischen Tod voraussetzt. Ist es zu phantasievoll, anzunehmen, der Dichter – oder der Bearbeiter der Schlußfassung – könnte mit dieser Vorstellung vielleicht das Ziel verfolgt haben, ein doppeltes Bild des Helden zu zeichnen? Eine Stunde im Hades, eine andere, in Zukunft, bei den Göttern? Wer schiene berufener als Herakles, diesen Doppelpart zu übernehmen?

Wie auch immer, Herakles erscheint in der Unterwelt unter einer Gestalt, die den Zeitgenossen des Dichters schon vertraut war: ein kostbares Schultergehänge über der Brust mit relieffartigen Darstellungen seiner Taten; der Anblick des Helden war

«... der graulichen Nacht gleich,
Hielt den entblößten Bogen gespannt und den Pfeil
auf der Sehne,
Schaute drohend umher, allzeit, als wolle er schießen ...»
(XI, 606-608).

Kreischende Schatten umgeben ihn wie ein Schwarm aufgescheuchter Vögel. Herakles erkennt Odysseus und grüßt ihn unter Tränen:

«Ach, Unseliger, trägst auch Du ein böses Verhängnis,
Wie ich selber es trug im Lichte der Sonnen!»
(XI, 618f.).

Nun erzählt er ihm seine gewaltigste Unternehmung: wie er aus dem Hades das Ungeheuer, den Höllenhund Zer-

berus, auf Verlangen seines Gebieters Eurystheus zur
Erde brachte.

Für beide Helden stellt das gefährlichste ihrer Abenteuer
– die Hadesfahrt – eine unverlierbare Erfahrung dar. Aber
der Dichter läßt kein Gespräch zwischen den beiden sich
entwickeln. Herakles entschwindet rasch Odysseus' Blik-
ken; dennoch bleibt dieser unbeweglich an seinem Platz,
weil er hofft, noch anderen Seelen zu begegnen:

> «...Ich aber blieb und harrte daselbst, ob etwa ein
> andrer
> Käme der heldischen Männer, so vormals untergegan-
> gen.
> Manche der Früheren noch, wie ich wünschte, hätt'
> ich gesehen...»
> (XI, 627f.).

Die Rückkehr. Doch unversehens naht eine ungeheure
Schar von Verstorbenen, und Odysseus wird von Angst
ergriffen: er fürchtet, Persephone könnte ihm aus der
Tiefe des Hades das Haupt eines schreckenerregenden
Ungeheuers, die Gorgo, schicken: Medusa, der Perseus
das Haupt abschlug. Der Schrecken und «bleiches Entsetzen» bringen ihn dazu, seine Beobachtungen in der Unterwelt abzubrechen. Auf demselben Weg, den er gekommen war, kehrt er zurück zu den Gefährten, befiehlt, an
Bord zu gehen und die Ankertrosse zu lösen. Die Strömung trägt sein Schiff zum Fluß Okeanos: erst mit der
Kraft der Ruder und danach mit dem Wind im Rücken
wenden sie sich aus der dunklen Nacht des Hades zur
strahlenden Helligkeit des Ostens; ihr Geist empfindet
eine Freude und Heiterkeit, die ihnen während des Hin-
wegs unbekannt war. Auch die furchterregende Klippe
des Hades ist nun überwunden.

Vermeintlich nehmen sie nun Kurs zu Kirke, um das

Versprechen, das sie Elpenors Seele gaben, einzulösen und seinen Leichnam, den sie zurücklassen mußten, ehrenvoll zu bestatten; der wirkliche Grund aber ist, daß die Zauberin ihnen – mit viel umfassenderen und konkreteren Prophezeiungen, als sie der weise Teiresias (XI, 37-141) gab – offenbaren wird, wie sie den vielfachen Gefahren entkommen können, die sie auf dem Rückweg in die Heimat zu bestehen haben. Unter diesen droht ihnen die Begegnung mit den Sirenen, die mit schmeichelndem Gesang die Seefahrer zu sich locken, um sie zu zerfleischen (XII, 142-200), der Wirbel der Charybdis, die den Schiffen verwehrt, die Meerenge zu verlassen, über der sie sich erhebt, und schließlich das Seeungeheuer Scylla, das in einer Höhle, Charybdis gegenüber, haust (XII, 208-441f). Zum Ziel der Traumfahrt haben wir das Nötige schon gesagt; um sich jedoch über den Sinn des Hades bei Homer klarzuwerden, scheinen nun einige grundsätzliche Beobachtungen angebracht.

Platon nannte Homer den Lehrer ganz Griechenlands (*Politeia* X, 606 E), obwohl er für Dichter wenig Sympathie empfand. Ein Großteil der ältesten christlichen Autoren wendete durch eine allegorische Interpretation die Odyssee (wie sie sich im Bildungswesen der hellenistischen Zeit in Alexandria und Athen wie auch in Rom durchgesetzt hatte) ins Christliche. Klemens von Alexandrien erblickte in Homer die «Gabe des Wahrsagers, der Wahrheit aufnimmt» (*Stromata* V, 14, 116, 1); Basilius der Große empfahl ihn den jungen Männern als einen Lehrmeister der Tugend *(Rede an die Jugend über den nützlichen Gebrauch der heidnischen Literatur)*. Ein namhafter moderner Interpret aber schreibt in einer Studie über den «blinden Homer» in einem Fresko[9] Raffaels: «Was der blinde Homer mit deutlichem Blick in der Zukunft wahrnimmt, indem er gleichsam ins Leere blickt, sieht der Christ Dante mit geöffneten Augen.»[10] Ich will an dieser Stelle nicht bei den hier angedeuteten Problemen verweilen; es scheint jedoch angebracht, sich über einige Details Rechenschaft abzulegen, deren Gehalt zwar übersehen werden konnte, die im Gesamtzusammenhang des dichterischen Entwurfs jedoch alles andere als nebensächlich sind.

Es kann kein Zweifel bestehen, daß in der Fahrt, die den Gegenstand des elften Buches bildet, uralte Überlieferungen und Legenden aufscheinen, die der Dichter nach seinem eigenen gedanklichen Entwurf gesammelt, in einen Zusammenhang gestellt und mit Sinn erfüllt hat. Diesem Umstand verdankt sich der zweifellos gewaltige Einfluß – er steht demjenigen Vergils auf die lateinische Kultur in nichts nach –, den dieses Epos im Lauf der Jahrhunderte auf den gesamten mediterranen Kulturkreis ausübte.

Das vierzehnte Buch der Odyssee beginnt mit der Beschreibung des Abstiegs der Seelen der Freier, die von Odysseus und seinen Gefährten getötet wurden, hinab zum Hades (1-25). Bei dieser Gelegenheit liefert der Dichter ergänzende Vorstellungen vom Hades und den Seelen, die ihn bewohnen. Der Hades wird lokalisiert in den Tiefen der Erde (XXIV, 203f.). Die Seelen der Freier kommen in Begleitung des Götterboten Hermes an und stoßen vor Schmerzen gellende Schreie aus, wie ein Schwarm von Fledermäusen. Auf modrigen Wegen entlang des Flusses Okeanos überschreiten sie den weißen Felsen, die Sonnenpforten, lassen das Volk der Träume (die Kimmerer) hinter sich und nähern sich langsam dem Hades bis zur Asphodeloswiese, wo ihnen die Seelen *(psychai)* oder Bilder *(eidola)* der trojanischen Helden Agamemnon und Achill begegnen; ihnen berichten sie von den jüngsten Taten des Odysseus.

Doch dieser Begegnung geht eine Gesprächsszene voraus, in der Achill Agamemnon anredet, voll Erstaunen darüber, ihn im Hades zu sehen: ich glaubte, Du seist Zeus teuer vor allen andern, und sieh', nun hat doch auch Dich ein unheilvolles Geschick betroffen, dem keiner entgeht, ist er einmal geboren! Danach sprechen sie erneut von der Begegnung mit Odysseus. Agamemnon erinnert Achill an seinen heroischen Tod, die Ehren, die seinem Leichnam erwiesen wurden, die feierliche und kultgemäße Verbrennung, die Verwahrung seiner Überreste in einer goldenen Urne, den Grabhügel, der ihm errichtet wurde, die Spiele, die zu seinen Ehren stattfanden – und er schließt, indem er Achill daran erinnert, daß er auch nach dem Tode nichts von seinem Ruhm eingebüßt habe. Welch bejammernswertes Geschick blieb dagegen ihm, Agamemnon, vorbehalten!

Im Gegensatz zur Schilderung des elften Buches deutet hier alles darauf hin, daß die Seelen der Abgeschiedenen sich ohne die Vermittlung magischer Praktiken zu erkennen vermögen; unverändert aber ist die Atmosphäre der Trauer, in der die Helden an ihr vergangenes Erdendasein gebunden bleiben. Der Hades wird gesehen als ein Bezirk, in dem die schattenhaften Seelen stumm und bedrückt umherirren, von Nebeln und Wolken der Außenwelt und ihres Innern umhüllt.

Auch Vergil wurde von einem Blick gelenkt, der immer nach vorne, in die Zukunft gerichtet war. Bei Homer zeigt diese Vision jedoch eine andere Gestalt: Zukunft besitzt, wer eine Ehefrau, einen Vater und eine Heimat hat, die ihn erwarten, und Feinde, die zu bezwingen sind. Mit anderen Worten: Odysseus. Repräsentiert er nicht vielleicht das Bewußtsein all derer, die leben? Verkörpert er nicht ihr Verlangen, die Geheimnisse des Jenseits zu ergründen, den Blick auf das gerichtet, was das Erkennen übersteigt, getröstet und geängstigt zugleich durch das, was man mit Sicherheit empfinden, aber nicht mehr mit den Augen sehen kann?

Themen bei Homer. Die «heilsame Pflanze», die der Gott Hermes pflückt und Odysseus gibt, damit dieser Kirkes Zauberkünsten entgeht, ist ein Kraut, das in der Sprache der Götter *moly* heißt und das seit jeher die Aufmerksamkeit der Interpreten gefesselt hat.[11] Dieses Kraut mit schwarzer Wurzel und milchweißer Blüte hat einen uralten Vorläufer im «Lebenskraut» der Literatur und Kunst Mesopotamiens; und selbst die *Bibel* ist hier zu nennen mit ihrer Symbolik des Lebensbaums und des Baumes der Erkenntnis im Buch Genesis. Sicher hat der Dichter sich nicht durch diese Vorläufer anregen lassen; seine Symbolik gründet eher in der traditionellen antiken Vorstellung, wonach eine bestimmte Lebensform symbolisch auf eine Pflanze zurückgeführt wird, deren Wirksamkeit in der Hand der Götter liegt. Für Sterbliche ist es schwierig, sie zu pflücken (X, 305). Im Altertum wurde die Pflanze *moly* von verschiedenen Philosophenschulen verschieden interpretiert: von den Stoikern als ein Sinnbild des *logos,* während sie bei den Neuplatonikern für *paideia* steht und auch für *fronesis* (Weisheit/Klugheit).

Sehr reich und ausdrucksstark ist die Symbolik der Bäume, die im Hain Proserpinas wachsen, der Pappeln und Weiden. Gerade hier ankert Odysseus und folgt Kirkes Rat damit. Eine oder mehrere Gruppen von Pappeln und Weiden liegen zwischen Leben und Tod. Kirke rät ihm, wie er nach Überquerung des Okeanos zu verfahren habe:

«Wo an niedrem Gestad’ die Haine Persephoneias
stehen, von hohen Espen
und fruchtabwerfenden Weiden,
Lande dort mit dem Schiff an Okeanos’ tiefem
Gestrudel . . .»
(X, 508 f.; vgl. XI, 13).

Zweifellos spielt der Dichter auf einen Umstand von tiefem mythologischen Gehalt, der sich auch durch älteste antike Texte und einige Goldlünetten belegen läßt; damals wie heute grünten diese Bäume an Quellen, wuchsen aber auch am Rand der Gräber. Deshalb galten sie als Symbol von Tod und Trauer, von Unfruchtbarkeit und Keuschheit, aber auch des Lebens.

Der flache Strand, bewachsen von verschiedenen Pappel- und Weidengruppen, die sich zum Rand des Wassers neigen und ihre Frucht abwerfen, ist eine Metapher von tiefer Melancholie.[12] Was Homer damit zum Ausdruck bringen wollte, war den antiken Interpreten und den ältesten Schriftstellern vielleicht bekannt.[13] Ein in seinem Wesen unvergängliches Leben erweist sich hier zugleich als unfruchtbar. Die Früchte der Bäume reifen nie.

Im Gegensatz zu so vielen Fahrten des Helden bietet die zum Hades, obgleich die gefährlichste von allen, auf der Überfahrt keinerlei Schwierigkeiten: das Schiff kennt seinen Weg, der günstige Wind wird selbst zum Steuermann, und ohne jeden menschlichen Eingriff (außer zu Beginn und Ende der Fahrt) führt er das Schiff geradewegs ans Ziel. Es handelt sich hier um einen Aspekt, dem – in einem Epos, in dem jeder Weg zugleich Kampf mit dem Meer bedeutet – die Phantasie des Dichters gewiß nicht grundlos besonderes Gewicht beilegt.

Einzigartig ist der Vorgang des Hadeseintritts und ganz ohne Beispiel das Ritual, durch das die Seelen vorübergehend ihr Gedächtnis zurückerhalten: ein Schluck frisches Blut, ohne das sie weder hören noch sehen oder sich erinnern können. Die Seelen in der Unterwelt sind von einer leidenschaftlichen Sehnsucht nach Leben und zugleich von tiefer Trauer erfüllt. Nur als schattenhafte Wesen leben sie fort.

In krassem Gegensatz dazu führt der Dichter an anderer Stelle «die Seligen» ein und bietet damit eine Vergleichsmöglichkeit, durch die sein Bild der Unterwelt vervollständigt werden kann. Die «Seligen» erfreuen sich eines glücklichen Daseins und besitzen alles, was sie brauchen. Ihr Sitz ist im Olymp, dem

«heiteren Sitze der Götter:
Nicht von Winden erschüttert noch je vom Regen umspült;
Schnee droht ihm nicht, nicht Nebel und Wolken:
Allzeit umgibt ihn goldenes Licht . . .»

So führen die «seligen Götter» Tag um Tag ein freudiges Dasein (VI, 42f.). Nicht anders leben die Menschen, denen Unsterblichkeit vergönnt ist, auf den elysäischen Feldern (oder der Insel der Seligen): dort gibt es weder Kälte noch Regen, heiter und freudevoll fließen die Tage dahin (IV, 563f.). Alle Elemente des Glücks, die das Leben der «Seligen» charakterisieren, erscheinen im Hades in ihr Gegenteil verkehrt und ins Negative gewendet: dort leben nur Unglückliche, in einer dunklen und düsteren Umgebung, der Traurigkeit. Im Hades gibt es keine «Seligen».
Wie bereits festgestellt wurde, unternimmt Odysseus nicht eigentlich eine Hadesfahrt. Er dringt kaum in diese Welt ein; er gönnt sich nur die Begegnungen mit den Verstorbenen von einer Art Aussichtspunkt aus, von dem er auf die Schatten und auf die sogenannten «Büßenden» sieht, die nicht zu ihm gelangen können.
Grausame Strafen gibt es im Hades Homers nur wenige (Tityos, Tantalus, Sisyphus), und nur in einem Fall wird ihr Grund genannt. Der Hades im ganzen ist von seltsamen Schreien und Seufzern erfüllt, und jede Begegnung, jeder Abschied ist von Trauer umgeben und häufig von Tränen gezeichnet. Die Unterwelt erweist sich als ein Reich dumpfer Bewußtlosigkeit, ohne Haß und Liebe, aber übervoll von Trauer und Bitterkeit, wann immer

den Seelen-Schatten die Gelegenheit – oder besser die Möglichkeit – vergönnt ist, sich an die Zeit ihres «lieblichen Erdendaseins» zu erinnern. Ferner aber ist der Hades der Ort des Vergessens, des tiefsten Ungenügens: durchdrungen von unbestimmter Lebenssehnsucht, aber bewohnt allein von kraftlosen Schatten. In Homers Schilderung ist kein Platz für die Kinder und die gewöhnlichen Menschen, sondern nur für die Seelen ruhmbedeckter Toten, die darin Odysseus ähnlich sind: die anderen Verstorbenen bilden namenlose Scharen, die nur mit Weinen und verworrenen Seufzern ihre Anwesenheit zeigen. In den lebendigsten und bedeutsamsten Szenen der Hadesfahrt erscheinen die Mutter, Teiresias, Agamemnon, Achill; alle übrigen werden nur aus großer Distanz geschildert.

Ein letzter Gesichtspunkt ist von Bedeutung, wenn wir nicht eine Grundtatsache der Nekya aus den Augen verlieren wollen: das Thema der *Rückkehr* in die Heimat.[14] Wie immer man den Text unter quellenkritischem Aspekt einteilt, der Dichter bietet keine andere Möglichkeit der Erklärung und Einordnung des elften Buches als eben diese. Die Sehnsucht nach der Heimat erweist sich als das Agens der Dichtung und als ihre innere Rechtfertigung. Auch der Abstieg zu den Schatten dient dem einen Ziel, Teiresias' Rat zur Rückkehr «ins felsige Ithaka» zu befolgen. Ein Thema von faszinierender Vielschichtigkeit.

Fast vom Beginn des Epos an besteht ein grundlegender Gegensatz zwischen Kalypso, die Odysseus mit zärtlichen Worten bezaubert, und dem Wassergott Poseidon, der ihm grollt, weil er seinen Sohn Poliphem geblendet hat: als nämlich der Held den Verlust der Heimat beweint und in Tränen ausbricht vor Sehnsucht, wenigstens noch «einmal den Rauch über seiner Heimat aufsteigen» zu sehen. Zuletzt beratschlagen die Götter über seine Heimkehr:

«Aber wohlan, wir wollen indessen alle beraten,
Wie's ihm gelänge, nach Hause zu kommen. Poseidon
entsage
Seinem Zorn . . .»
(I, 48f.).

Ein kürzlich entdeckter gnostischer Text[15] ordnet diese
Verse denjenigen zu, in denen Helena ihrer Reue Aus-
druck verleiht, ihrer Trauer über die Abwesenheit von der
Heimat und ihre Sehnsucht nach ihr:

« . . . denn schon lang war mein Sinn nach der Heimat
Wieder gewandt; ich beweinte den Jammer, den
Aphrodite
Schuf, als sie mich dorthin aus dem Vaterlande ent-
führte . . .»
(IV, 260f.).

Die Gnostiker, und nicht allein sie, deuteten diese Sehnsucht nach der Heimat – eine damals weitverbreitete Alle-
gorie – als ein Sinnbild der Lage der menschlichen Seele,
die auf Erden im Gefängnis des Leibes schmachtet und
nach ihrer wahren Heimat im Himmel strebt.

Auf dem Weg, den Odysseus nach seiner Hadesfahrt zurückzulegen hat, erwarten ihn nach dem Willen des Dichters die Sirenen, Skylla und Charybdis, die Rinder des
Sonnengottes und das Land der Phäaken (XII-XIII). Besonders die Insel der Sirenen[16] fesselte unter diesen zahlreichen Begegnungen seit jeher die Aufmerksamkeit der
Interpreten – vor allem derer, die Allegorien bevorzugen.
Den mythologischen Figuren aus uralten Erzählungen,
die Seeleute in die Irre führen, gab Homer vielleicht als
erster den Namen «Sirenen». Jedoch verzichtete er darauf, ihnen das tiermenschliche Aussehen zu verleihen, das

die Sirenen ursprünglich kennzeichnete: Homers Sirenen sind zweifellos Frauen von menschlicher Gestalt.

Kirke warnte vor den Sirenen, die alle Seefahrer behexen (XII, 37f.). Um ganz sicher der Zauberkraft ihrer Stimmen zu entgehen, verstopft Odysseus nun den Gefährten die Ohren mit Wachs und befiehlt, ihn selbst mit Stricken fest an den Mastbaum zu binden:

> «... mit starken
> Fesseln bindet ihr mich, daß festgebunden ich bleibe,
> Aufrecht stehend am Mast, und schlingt um diesen die Taue.
> Fleh' ich aber Euch an und befehle die Seile zu lösen,
> Sollt Ihr mich schnell noch fester mit noch mehr Fesseln umwinden»
> (XII, 160f.).

Die Gefährten kennen sehr gut die Schwäche des Helden gegenüber den schmeichelnden und sanften Stimmen der Frauen und binden ihn deshalb an Händen und Füßen. So gesichert und an den Mastbaum gefesselt, entgeht er den schmeichelnden Gesängen und Verlockungen der Sirenen (XII, 158-195).

Die Bilder der Dichtung – das Schiff, das ohne menschliche Einwirkung zum Hades fährt und von dort zurückkehrt; die Gestalt des Helden, der sich fesseln läßt, um nicht den stärksten Versuchungen auf seinem Weg zum Opfer zu fallen, um nur desto schneller zur Heimat zu gelangen, immer auf dem Meer, das ihm so viele Abenteuer bereitet –, all diese Bilder entsprachen in einer Zeit, deren Kultur von einer lebendigen und starken Strömung der Allegorik und des Gnostizismus durchzogen war, nur zu gut einer weitverbreiteten Heilslehre. Diese sah in der Seele einen Strahl göttlichen Lichtes, das durch einen

Zufall zur Erde gefallen war (Hades, Meer und Welt bezeichneten für diese Denker dieselbe Sache). Ist sie erst ihrer wahren Natur, ihrer Herkunft und ihrer himmlischen Heimat bewußt geworden, bricht die Seele unter vielfachen Verlockungen und Gefahren dorthin auf, und auf sie wartet ein Weg voller Abenteuer und Versuchungen.[17] Die Dichtung gibt so offenkundig Anlaß zu einer Deutung unter diesem universalen Gesichtspunkt, daß sich die Frage aufdrängt, ob der Dichter nicht – auf seine unverwechselbare Weise – ein Problem zur Darstellung bringen wollte, das die gesamte Menschheit betrifft.

«Wir sind nicht Geschöpfe der Erde»

PLATON

Das Problem des Jenseits nimmt in Platons Philosophie eine zentrale Stelle ein: «In der Tat also ... trachten die richtig Philosophierenden danach zu sterben, und tot zu sein ist ihnen unter allen Menschen am wenigsten furchtbar» (Phaidon, 67E). Auch hier vereinigen sich verschiedenartige mystische, philosophische und volkstümliche Strömungen, die der Philosoph zu seiner persönlichen Vision umgestaltet.[1]

Hunger nach Gerechtigkeit. In seinem bedeutendsten Werk, der *Politeia*, gruppiert Platon die verschiedenen spekulativen und philosophischen Themen um das Zentralmotiv der Gerechtigkeit. Der «innere Dialog» entfaltet sich langsam und mühsam und bildet so gleichsam den inneren Vorgang der philosophischen Reflexion ab, die nicht so sehr ein geschlossenes System entwickeln, als den Sinn des menschlichen Lebens aufdecken will.
In der irdischen Welt – so stellt Platon fest – üben die meisten weit eher als Gerechtigkeit die Ungerechtigkeit, die Reichtum, Wohlergehen und Macht verbürgt; die Ungerechtigkeit erweist sich demnach als vorteilhafter. Wichtig ist nicht, gerecht zu sein, sondern es zu scheinen. Sein Reichtum, sein Vermögen und all die Machtmittel,

über die er verfügt, erwerben dem Ungerechten sogar das Wohlwollen der Götter. Gerechtigkeit und Ungerechtigkeit werden also nicht an sich selbst betrachtet und gewertet, sondern nur im Hinblick auf ihren jeweiligen Vorteil.[2]

Fast mit Erbitterung müht sich Platon nun zu zeigen, daß das eine – die Ungerechtigkeit – das größte Übel, das andere – die Gerechtigkeit – das höchste aller Güter ist. Das Gleichgewicht des Menschen zwischen dem einen und dem andern ist hier auf Erden äußerst schwierig, doch Platon zeigt seine Möglichkeit im Jenseits auf. «Wäre der Tod das Ende von allem, so wäre es für die Schlechten ein unerwartetes Glück zu sterben», sich vom Körper und von ihrer Seele zu befreien und damit auch von allen im Diesseits begangenen Missetaten. Diese Lösung jedoch ist unmöglich, denn die Seele «erweist sich als unsterblich». Dem Übeltäter bleibt deshalb keine Möglichkeit, den Folgen seiner Schuld zu entfliehen.

Nach dem Tode gelangt die Seele – unsterblich und unvergänglich, wie sie ist – in den Hades. Der Tod, so erläutert der Philosoph, ist für die Seele nichts anderes als ein Übergang, ein Aufbruch an einen anderen Ort, «an dem sie ihre Wohnung nimmt»: der Tod ist gleichsam eine Reise. «...es...ist wahr, was gesagt wird, daß dort alle Verstorbenen sind» (*Apologie*, 40E-41A).

Im Hades werden die Seelen gerichtet und müssen für jede Schuld bezahlen. Wer im Leben gemäß der Gerechtigkeit handelte, geht im Tode ein «zur Insel der Seligen, in eine Glückseligkeit frei von allem Unglück». Wer hingegen fern der Gerechtigkeit lebte, kommt nach dem Tode in einen Kerker der Bestrafung und Reinigung; er geht «zum Ort, der Tartarus genannt ist» (*Gorgias*, 523 B).

Als leidenschaftlicher Fürsprecher der Gerechtigkeit betont Platon immer wieder, daß die Seele wehrlos und bloß vor ihren Richtern stehen muß. Ihrer Reichtümer und gesellschaftlichen Stellung beraubt, fern von Freunden und Verwandten, erscheint die Seele ganz allein vor Gericht, und zuletzt wird ihr das Urteil gesprochen.[3] An manchen Stellen drängt sich der Eindruck auf, daß der Philosoph im Jenseits nicht allein den endgültigen Sieg der Gerechtigkeit über die Ungerechtigkeit erkennt, sondern auch eine Art maliziöser Freude angesichts des Loses empfindet, das die Ungerechten erwartet: «Oh, Du wirst sie zahlen, die gerechte Rache der Götter ... Gewiß, Du wirst die gerechte Vergeltung bezahlen.» Begreift der Mensch nicht diesen gerechten Tribut, den er der universalen Ordnung zu entrichten hat, so besitzt er keinerlei klare Erkenntnis und vermag nichts Vernünftiges über das Geheimnis des Lebens zu denken (*Nomoi*, 905A-C).

Im Tod, so lehrt Platon, begegnet die Seele «jenem übernatürlichen Wesen, jenem Dämon», dem sie zur Zeit ihres Erdenlebens anvertraut war. Er geleitet sie an den geheimnisvollen Ort, an dem die Seelen der Abgeschiedenen sich versammeln. Die Führer, die Seelengeleiter *(Psychopompoi)*, bringen sie an die Stelle, die ihr in den «Behausungen des Hades» zugewiesen wird.[4]

Das Jenseits. Hier findet sich auch eine mythologische Darstellung des Gerichts. Ist die Seele vom Körper getrennt, so empfängt und zeigt sie den Abdruck alles dessen, was der Mensch ihr durch seine Taten auf Erden einprägte, als sie noch mit seinem Leib verbunden war: jede seiner Taten, eine nach der anderen, hinterließ ihr Zeichen. Hochmut, Ausschweifung, Laster aller Art, falsche Eide, Verbrechen, Lügen – alles drückt ein Schandmal auf die Seele, die so mit Narben bedeckt wird, als hätte man sie gegeißelt. Als Richter wirken Rhadamanthys für die Bewohner Kleinasiens, Aiakos für die Europas. Die zweifelhaften Fälle entscheidet Minos. An dieser

Stelle beruft sich der Philosoph auf das Zeugnis Homers, der erklärt, er habe ihn gesehen, «mit einem goldenen Szepter».

Entblößt und verlassen muß die Seele vor ihre Richter treten. In der labyrinthischen Region der Unterwelt bedarf sie jedoch der Führer. Platon merkt einen Ausspruch des Aischylos an, um ihn zu widerlegen, und bekräftigt mit Nachdruck, der Weg dorthin sei nicht einfach. Unzählige Abzweigungen und Wegkreuzungen machen die Hilfe eines Wegführers erforderlich (*Phaidon*, 108A-B).

Das Gesetz, das den gesamten Hades regiert, schreibt für jedes Vergehen eine gerechte Bestrafung vor. Alle Strafen aber dienen nach der Art von Heilmitteln dazu, demjenigen, dem sie verabreicht werden, einen Nutzen zu bringen: sie haben therapeutische Funktion. Dieses Prinzip erfährt allerdings eine Ausnahme bei der ersten der drei Gruppen, in die Platon die Büßenden des Hades einteilt. Es gibt tatsächlich Menschen, die Untaten von solcher Schwere begehen, daß eine Heilung unmöglich ist. Ihnen bringen die furchtbaren Strafen, die sie «in alle Ewigkeit» zu erleiden haben, keinerlei Gewinn, doch sie nützen den anderen, soweit die Ungerechten, die nach und nach im Hades ankommen, sich durch das Schauspiel ihrer Leiden warnen lassen; ihre Qualen dienen nicht ihnen selbst, wohl aber den anderen. Nach Platon stammt der größte Teil von ihnen aus der Schar der Tyrannen, der Gewalthaber, der Mächtigen dieser Erde und der Männer, die sich der Politik widmen. Die Gelegenheit treibt sie im Diesseits zu abscheulichen Untaten, gottlos und grauenhaft; im Jenseits jedoch «schleudert eine unwiderstehliche Kraft sie in den Tartarus, von wo sie niemals wiederkehren».

Ganz anders verhält es sich mit denjenigen, die sich «heilbarer» Vergehen schuldig machten. Dieser Kategorie gehört der Großteil der Menschen an. Alle haben unge-

99

rechte und unehrenhafte Taten abzubüßen. Wenn diese Wiedergutmachung, diese Wiederherstellung des gestörten Gleichgewichts, nicht hier auf Erden geschieht, vollzieht sie sich im Land des Hades. Ob auf Erden oder in der Unterwelt – Leiden und Qualen sind die einzigen Mittel, sich zu reinigen und von der Schuld freizukommen. Diese zweite Gruppe erfährt eine zweite Unterscheidung. Zum einen gibt es die Schar derer, die ein nur mittelmäßiges Verhalten an den Tag legten, das den Forderungen der «Rechtschaffenheit und Heiligkeit» nicht völlig entsprach; sie besteigen darum nach ihrem Tode die Barke, die über den Fluß Acheron führt und sie zum Sumpf (oder See) Acherusias bringt, wo die Seele sich langsam läutert, ihre Schuld büßt und sodann von dort aufbricht, um nun auch den gerechten Lohn zu empfangen für das Gute, das sie auf Erden vollbrachte. Zum anderen gibt es die Schar jener, deren Missetaten ohne Zweifel schwer, aber dennoch sühnbar sind. «Notwendigkeit verlangt, daß diese in den Tartarus stürzen; sind sie aber dorthin gestürzt und haben dort ein Jahr gebüßt, speit die Flut die Mörder aus in den Strom des Cocytus; die Muttermörder und Vatermörder aber in den Strom des Pyriphlegethon. Dieser führt sie mit sich fort, und sie gelangen zum Sumpf des Acheron...» Von dort kommen sie erst später frei, wenn die Menschen, gegen die sie sich so schwer versündigten, ihre Bitte um Verzeihung annahmen.[5]

Eine dritte Kategorie bilden die Seelen, die auf Erden gerecht lebten, in beständiger Treue zur Wahrheit; die Seelen, die zeit ihres irdischen Daseins den Blick auf ihr Inneres richteten, ohne sich an nichtige und unnütze Handlungen zu verlieren. Sie machen eine eher kleine Schar aus, welche die Bewunderung des Richters erregt: «Wann immer eine andere Seele anlangt... so schickt er sie zu den Inseln der Seligen.»[6]

Diesen drei Gruppen scheinen drei Lokalitäten – oder besser: Zustände – zu entsprechen, die jedoch in den platonischen Texten nicht eindeutig zu identifizieren sind. Die Guten erwartet stets die Insel der Seligen, die Übeltäter der Tartarus; auf die zweite der genannten drei Kategorien hingegen wartet der Hades. Es handelt sich also um besondere Unterscheidungen, deren Zweck sein dürfte, die drei Grundzustände näher zu erläutern: den der Seligen, den der Büßenden, welche die Reinigung erwartet, und den derjenigen, die ewige Qualen erleiden. Aber vielleicht ist diese Einteilung zu einfach, um dem Philosophen gerecht zu werden.

Platon ist sich voll bewußt, welche Bedeutung der Einsicht zukommt, daß Missetäter der universalen Ordnung qualvollen Tribut zu entrichten haben. «Sieh her», so bekräftigt er, «wer das nicht beachtet, dem dürfte nie ein Musterbild sich gestalten, noch dürfte er imstande sein, zu einem Rechnungsabschluß über das Leben in bezug auf Glückseligkeit und ein unglückliches Los zu gelangen.» (*Nomoi*, 905C).

Ist es wahrscheinlich, daß Platon – trotz der wiederholten Beteuerung, daß die Strafen für die Bösen, ewig dauern – wirklich an endlose Strafen gedacht haben sollte, an Qualen, die sich im Ablauf der Zeit unaufhörlich erneuern? In einem seiner Texte ist die Rede von einer Seele – sie ist verstrickt in Mord und andere schwere Vergehen –, die sich vor jeder Gemeinschaft ins Jenseits geflüchtet hat und dort einsam und ohne Kenntnis des Ortes umherirrt, «bis gewisse Zeiten um sind, nach deren Verlauf die Notwendigkeit sie in die ihr angemessene Wohnung bringt». Und an einer anderen Stelle betont er, daß es für die Seele «keine Rettung gibt, außer so gut zu werden als nur möglich» (*Phaidon*, 107D-108C).

Zwei berühmte Passagen des *Phaidon* geben eine mythische (oder geheimnisumwitterte) Schilderung des Jenseits.

Ausführlich wird der Tartarus beschrieben als eine Schlucht, in der «zahlreiche und gewaltige Ströme zusammenfließen» und von der sie von neuem ihren Ausgang nehmen. Vier, deren Lauf eine vielfach gewundene Schlinge bildet, werden eigens erwähnt: Okeanos, Acheron, Pyriphlegethon und Cocytus. Die Namen sind uns nicht neu, aber Platon selbst erkennt den Einfluß der mythologischen Überlieferung und der Dichter an. Es sind Flüsse, die bald heiß, bald eisig dahinströmen, in einem Augenblick feuerspeiend, aufgewühlt und trübe, im nächsten klar und von reinem Blau; oft bilden sie Sümpfe. Acheron und Styx sind die berühmtesten.[7]

Die Seligen. Ein anderer Abschnitt ist der Beschreibung der himmlischen Regionen von unüberbietbarer Schönheit und Anmut gewidmet. «Wollte man sie vergleichen mit dem, was uns in diesem Reich des Trugs schön erscheint, gäbe es nicht einmal Worte für den Vergleich.» In diesen unvergleichlichen Gefilden gibt es heilige Haine und Tempel, hier wohnen «wahrhaft die Götter». Von überall vernimmt man göttliche und prophetische Stimmen. Hier kennen die Menschen die Gottheit durch «die unmittelbare Erfahrung der Sinne»; sie begegnen den Göttern «von Angesicht zu Angesicht» und leben in unaussprechlichem Glück. Der Philosoph wird von seiner eigenen Vision überwältigt und ruft begeistert aus: «Oh! Wenn jemand zur Grenze der Luft gelangte und hinaufflöge» – er besäße endlich umfassende Kenntnis des wahren Himmels, des wahren Lichts und der wahren Erde (*Phaidon*, 109-113).
Zu diesem Wohnsitz «in der Höhe» erheben sich die vom Körper befreiten Seelen: hier ist wirklich die wahre Welt, die wahrhafte Heimat der völlig vom Körper gelösten Seelen, die ihrem Kerker entronnen sind. Die Insel der Seligen fungiert wahrscheinlich als ein Ort des Über-

gangs, der Reinigung, als eine Art Vorraum, der Zutritt zum Wohnsitz «in der Höhe» gewährt. Dort leben sie «für alle Zeit» und steigen zu immer reineren Wohnungen des höchsten Himmels auf (*Phaidon*, 114).

Platon entwirft auf diese Weise, im Einklang mit seinem philosophischen Denken und seiner mystischen Anschauung, einen denkbaren Weg für die Seelen der Toten im Jenseits, der ihrem irdischen Tun entspricht: der Tartarus für eine schier endlose Zeit; der gleiche Tartarus für eine befristete Zeitspanne, an den sich ein kürzerer oder längerer Aufenthalt in einem der Flüsse anschließt; die Überfahrt in einem Nachen auf dem Acheron, deren Ziel die Acherusia bildet; schließlich die Insel der Seligen. Doch all diese Wohnstätten sind vorübergehend und bereiten nur vor auf die endgültige Reinigung, bis die Seele geläutert und rein ihre Heimat im obersten Kreis des Himmels erreicht. Dort sieht sie sich in ihre ursprüngliche, wahre Natur eingesetzt und erhält von neuem die Flügel, die sie am Beginn ihrer langen Erdenwanderung verloren hatte.[8]

Dieser tragische Sturz der Seele erfährt von Platon eine symbolreiche, geheimnisvolle sprachliche Einkleidung. Am Anfang durchzog die Seele das gesamte Weltall zugleich mit dem Zweigespann der Gottheit; doch nach und nach wurde sie schwer und plump, verlor ihr Flügelpaar und fiel herab zur Erde, wo sie im Bestreben, sich mit etwas Festem zu verbinden, sich einen Körper zur Hülle wählte und in ihm Wohnung nahm. So begann sie den Zyklus der Wanderungen nach den Regeln einer dauernden Metempsychose. An ihren Ausgangspunkt kehrt die Seele nicht mehr zurück – so lehrt der Philosoph in einer mystagogischen Sprache –, «es sei denn nach zehntausend Jahren. Und nicht früher sprießen ihr die Flügel von neuem.» Die einzige Ausnahme wird den Jüngern der Weisheit zugebilligt und den Liebenden, deren Leidenschaft durch die Lehren der Philosophie gezügelt wird;

für sie beträgt die Zeitspanne dreitausend Jahre. Zuletzt
beginnen alle Seelen ihren Aufstieg, nachdem sie durch
die lange Reihe der Wiedergeburten, durch erlittene Qual
und vollzogene Buße wieder schwerelos geworden sind –
doch nicht eher steigen sie zum Licht empor, bis ihnen
erneut Flügel gewachsen sind, «und Sehnsucht, zu flie-
gen, alle überkommt». Doch noch fehlt ihnen die Kraft
zum Flug; solch ein «Mensch gleicht einem Vogel, der
zum Himmel aufsieht».
An dieser Stelle mündet die Erzählung des Philosophen in
eine begeisterte Schau des Mythos (*Phaidros*, 246-251).
Zwei große Mythen verdeutlichen die Reflexion des Den-
kers über das Jenseits des Menschen; das Höhlengleichnis
(*Politeia*, 514-519B) und der Mythos von Er (*Politeia*,
614-621).

Das Höhlengleichnis. Die Menschen verbringen ihr Dasein
wie in einer unterirdischen Höhle, die sich zum Licht hin
öffnet. Seit ihrer Kindheit liegen Füße und Hals in Ketten; so können sie nur voraus schauen, den Blick zu
wenden ist ihnen jedoch verwehrt. Hoch oben, ihnen im
Rücken, strahlt ein gewaltiges Licht, von dem sie aber nur
die Schattenbilder wahrnehmen. Würde einer von ihnen
von seinen Fesseln befreit und ans Tageslicht gebracht
und würde ihm gesagt, die Bilder, die er zuvor gesehen
hatte, seien nichts anderes als Schatten und erst jetzt
nähme er die Dinge ihrer wahren Natur nach wahr – er
würde es nicht glauben. Er nähme im Gegenteil an, wirklich seien die zuvor in der Höhle geschauten Bilder und
Schatten die jetzigen Sinneswahrnehmungen. Erst langsam müßte er sich an jenes unermeßliche Licht gewöhnen,
um die Dinge so wahrzunehmen, wie sie wirklich sind,
wie sie «in der Höhe» aussehen. «Die durch das Gesicht
uns erscheinende Region ist der Wohnung im Gefäng-
nisse gleichzusetzen . . .» (*Politeia*, 516-517). Es gibt zwei

Entwürfe des Lebens, erläutert Platon im *Theaitetos*; der eine ist gotterfüllt, voll Glückseligkeit, der andere dagegen fern von Gott, einmündend in grenzenloses Unglück. Doch die Menschen sind blind: sie bemerken nicht, daß sie aus eitler Dummheit und unfaßbarer Torheit ihr Leben mit Unrecht und Übeltaten anfüllen, sich dem zweiten Lebensentwurf angleichen und unendlich vom ersten entfernen (176E-177A).

Ein anderer Text vergleicht die menschliche Lage hier auf Erden mit der eines Mannes, der auf tiefstem Meeresgrund wohnt und dennoch überzeugt ist, er befinde sich an der Oberfläche. Er sieht Sonne und Sterne nur durch das Wasser hindurch, doch würde er beschwören, das Meer sei der Himmel. Niemals hat er den Ort erblickt, wo wir wohnen, denn noch nie erhob er sein Haupt über die Wellen des Meeres (*Phaidon*, 109C-D).

Der Mythos von Er. In noch eindeutigerer Weise zeigt sich der Philosoph Platon in seinem Mythos von Er als Mystagoge, der von neuem die großen Geheimnisse der Einweihung durchlebt.

Es ist kaum notwendig anzumerken, daß die Erzählung dieses Mythos – eine äußerst eingehende Schilderung von fast extremer Breite – zu einer unangemessenen Rezeption verleiten könnte. Alles wird in symbolisch verschlüsselter Rede dargestellt, sowohl die Aussagen im ersten Teil (614A-616A) zu Strafen und Belohnungen als auch im zweiten Teil, einer Schau des Kosmos, deren irrealer Glanz noch befremdlicher wirkt durch den Schleier der Symbole, der sie umgibt.

Er war ein pamphylischer Krieger, Sohn des Armenios, der mit vielen Kampfgefährten im Kriege fiel. Nach zehn Tagen hoben die Hinterbliebenen die Leichen der Gefallenen, «die nun völlig verwest waren», vom Schlachtfeld auf. Einzig Ers Leichnam war, im Unterschied zu dem der

anderen, noch unversehrt. Deshalb brachte man ihn ins
Haus der Hinterbliebenen und legte ihn auf einen Scheiterhaufen. Eben als Verwandte und Freunde mit Verbren-
nungsriten beginnen wollten, kehrte er plötzlich ins Leben zurück, erhob sich und berichtete alles, was er im
Jenseits gesehen hatte.

Hier sein Bericht in den Hauptzügen. Nachdem er den
Körper verlassen hatte, gelangte er an einen jenseitigen
Ort, der von vier gewaltigen Höhlen durchzogen war:
zwei auf der Erde, Seite an Seite, und ihnen gegenüber
zwei im Himmel. Zwischen ihnen saßen Richter, die jedem sein Urteil verkündeten: den gerecht Befundenen
erlaubten sie, nach rechts zum Himmel aufzusteigen,
nachdem sie auf ihrer Brust ein Zeichen befestigt hatten,
das ihren Urteilsspruch kenntlich machte; die Ungerechten aber wurden dazu verdammt, nach links zu gehen,
zum Abgrund, und auf ihrem Rücken befestigten die
Richter ein Schandmal ihrer Vergehen.

Die Richter gestatteten Er, näherzukommen. Sie erklärten ihm, «er solle den anderen Menschen verkünden,
was sich hier ereignet hatte», und forderten ihn auf, genau zu hören und zu beobachten, was sich noch weiter
begeben werde. So erblickte er am Ausgang aus der
Unterwelt «unreine und besudelte Seelen», an dem Weg
aber, der vom Himmel herabführte, reine und geläuterte
Seelen. Sie alle lagerten sich auf einer Wiese und be-
richteten einander ihre Erlebnisse an dem jeweiligen
Ort, von dem sie kamen. Die einen – die aus der Erde
kamen – weinten und klagten bei der Erinnerung an die
Unzahl der Leiden, die sie unter der Erde erduldet, und
an das, was sie dort gesehen hatten; die anderen – die
vom Himmel herabgestiegen waren – sprachen von der
unermeßlichen Freude und Glückseligkeit, die ihnen
dort zuteil wurde. Die Seelen, die von oben kamen, er-
kundigten sich nach dem, was unter der Erde vor sich

ging, und die aus der Erde aufgestiegen waren, baten um eine Schilderung des Himmels.

Am meisten beeindruckte Er, daß für jede hier auf Erden begangene Beleidigung in der Unterwelt «zehnfache Buße» zu leisten war; die hingegen in Achtung vor der Gerechtigkeit und in Gottesfurcht gelebt hatten, empfingen unverzüglich ihren Lohn. Er konnte sich davon überzeugen, welche Behandlung verstockten Sündern vorbehalten war – den mächtigen Tyrannen, den Grausamen, den Verächtern des Rechts, die auf Erden zu Ansehen und Ruhm gelangt waren: immer wenn ihre Seelen meinten, nun endlich zum Himmel aufzusteigen, öffnete sich urplötzlich ein gewaltiger Schlund und verschlang sie unter entsetzlichem Getöse. Grausame Gestalten eilten herbei, um die Übeltäter mit verschiedenen Martern zu quälen. Sie banden ihnen Hände, Füße und Häupter mit Fesseln, schleuderten sie zu Boden, zogen ihnen die Haut ab und schleiften sie ins Feuer. Zuletzt wurden sie von dornigen Sträuchern zerfleischt und in den Tartarus geschleudert.

Er erwähnt auch die Seelen der Kinder, äußert sich hierzu aber nicht näher. Unter den verdienstvollen Taten, die reicher Lohn erwartet, werden besonders die Liebe zu den Göttern und zu den Eltern und ein Leben in Gerechtigkeit und Gottesfurcht hervorgehoben; unter den Missetaten hingegen Ungerechtigkeit, Versklavung von frei Geborenen, Gottlosigkeit und Mord.

Nun erkundigt sich Er bei einer der Seelen nach dem Schicksal eines pamphylischen Fürsten, der vor tausend Jahren starb, und erhält zur Antwort, daß er immer noch zwischen den Schlünden und Abgründen umhergeschleudert werde, um den Seelen, die ihren Reinigungsweg zurücklegen, einen grauenhaften Anblick darzubieten.

Die Seelen verweilen nicht länger als sieben Tage auf der Wiese. Am achten Tag brechen sie auf, und nach weiteren vier Tagen erblicken sie ein Lichtbündel von außerordentlicher Helligkeit, vergleichbar dem Regenbogen: die Lichtsäule, die den ganzen Kosmos umspannt und als «Spindel der Notwendigkeit» alle Seelen zur Wiederverkörperung zieht.

Hier beginnt der langwierige und schwierige Prozeß, der in den Speichen des Schwungrads vor sich geht, und Ers Erzählung verbindet sich nun mit derjenigen des eingeweihten Philosophen. Sie spricht nun fast ausschließlich vom tausendjährigen Reinigungszyklus der Seele. Am Ende äußert sich Platon eingehend zur Vorstellung der Wiedergeburt und der Wahl, die hierbei die Seele in eigener Verantwortung zu treffen hat.

Angekommen in der von Sonnenglut versengten Ebene des Lethestroms, dessen Wasser Vergessen bringt, trinken alle Seelen, von Durst übermannt, aus seinen Fluten. «Doch wer sich nicht von Vernunft leiten läßt, trinkt mehr als die zukömmliche Menge ... und vergißt alles» – zu seiner Schande selbst seine göttliche Herkunft. An anderer Stelle jedoch ordnet der Philosoph dem Lethe – dem Strom des Vergessens, aus dem die Schlechten trinken – den Fluß (oder Teich) Mnemosyne zu, die Göttin des Erinnerns, an dem die Gerechten ihren Durst stillen, die zuvor gewarnt wurden, sich dem Lethe zu nähern. Seine Wasser führen sie vollständig zu ihrem göttlichen Ursprung zurück.

Ein plötzliches Erdbeben zur Nachtzeit, so beschließt Er seine Erzählung, weckt die Seelen auf, und jede begibt sich an den ihr zukommenden Ort: es ist der Augenblick der Zeugung oder der Wiedergeburt. Doch Er trinkt nicht vom Wasser des Vergessens, und plötzlich erwacht er: «Ich öffnete die Augen und erblickte mich auf dem Scheiterhaufen. Der Tag brach eben an» (*Politeia*, 621B).[9] Platons breit angelegte Darstellung wird zusammengehalten durch tiefe Sehnsucht nach Gerechtigkeit und ebenso durch die Gewißheit der Unsterblichkeit der Seele, ihres himmlischen Ursprungs und ihres angeborenen Strebens zu der endgültigen Glückseligkeit, nach mehr oder weniger langen und qualvollen Wechselfolgen: «Die Seele ... eben der Teil, von welchem wir behaupten, daß er in unserem Körper die oberste Stelle einnehme und uns von der Erde zu dem im Himmel uns Verwandten erhebe, sofern wir ein Gewächs sind, das nicht in der Erde, sondern im Himmel wurzelt. Und das behaupten wir mit vollem Recht, denn indem dort, wo die Seele zuerst ihren Ursprung nahm, das Göttliche unser Haupt und unsere Wurzel befestigt, richtet sie den ganzen Körper nach oben» (*Timaios*, 90A).

An einer anderen Stelle lädt Platon dazu ein, die wahre Beschaffenheit der Seele von Grund auf zu prüfen und sich nicht durch den Augenschein beirren zu lassen: «...dorthin müssen wir unsere Blicke richten..., auf ihr wissenschaftsliebendes Wesen, und müssen bemerken, wonach dieses trachtet und was für Unterhaltungen es sucht, als dem Göttlichen und Unsterblichen und immer Seienden verwandt..., und dann erst würde einer ihre wahre Natur erkennen, ob sie vielartig ist oder einartig, und wie und auf welche Weise sie sich verhält...» (*Politeia*, 611E-612A).

Plutarch übernimmt mit tiefer Überzeugung diese Lehren über das Jenseits. Angesichts der Legende, nach der Romulus' Körper in den Himmel entrückt worden ist, schreibt er: «... Himmel und Erde zu vermischen ist Ausdruck von Torheit. Halten wir fest, wovon wir mit Pindar überzeugt sind, daß nämlich der Körper dem Tode – dem gewaltigsten von allen Dingen hienieden – unterworfen ist, aber die Seele, als ein Abbild der Ewigkeit, nicht dem Tode verfällt, denn sie allein ist göttlichen Ursprungs. Von dort kommt sie, und dorthin kehrt sie zurück, wenn sie vollkommen vom Körper befreit und gelöst und völlig rein und makellos geworden ist, ohne irgendwelche Befleckung durch den Körper ... Nicht die Körper der Gerechten also erheben sich gegen die Naturgesetze himmelwärts, sondern allein die tugendhaften Seelen. Dort werden sie von Menschen zu Helden, von Helden zu göttlichen Wesen, als Wesen göttlicher Art aber gelangen sie zuletzt – wenn sie vollkommen, wie im Ritus der Einweihung, geläutert und gereinigt sind, und alles Irdische und Vergängliche abgelegt haben – gemäß der Natur der Dinge unter die Götter selbst und erreichen so endgültige und übergroße Glückseligkeit» (*Leben des Romulus*, 28).

Die Leidenschaft des Forschens. Mit leidenschaftlichem Ernst erforscht Platon die Wirklichkeit des menschlichen Daseins, und ihm ist nicht unbekannt, wie schwer es ist, auf die Fragen zu antworten, die sich an das Problem des Jenseits knüpfen. Als Philosoph wie als Eingeweihter macht er grundsätzliche Themen zum Gegenstand seines Denkens: die Forderung nach Gerechtigkeit, die wahre Natur der Seele, das Jenseits des Menschen. Der Homerischen Jenseitsvision vom trostlosen Dasein im Hades, das Gegenstand der Dichtung ist, schließt er sich nicht an: «Wir müssen also, wie es scheint, auch über diejenigen Aufsicht führen, die hierüber Erzählungen vortragen wollen, und sie ersuchen, nicht so schlechthin die Unterwelt zu schmähen, sondern sie lieber zu loben, weil sonst, was sie sagten, weder richtig sein würde noch auch denen nützlich, welche wehrhaft sein sollen» (*Politeia*, 386C).[10] Und dennoch war er mit dem Ergebnis seiner Reflexion nicht zufrieden, sondern sich bewußt – wie er offen bekennt –, daß noch zahlreiche Fragen unbeantwortet blieben: «Denken wir uns jedes von uns lebenden Geschöpfen als eine Drahtpuppe in der Götter Hand, ob nun von ihnen zum Spielzeug oder zu irgendeinem ernsten

Zwecke gebildet: denn das wissen wir nicht . . .» (*Nomoi*, 644D-E). An anderer Stelle verdeutlicht der Philosoph den gleichen Gedankengang: « . . . der Mensch dagegen, wie wir früher sagten, sei zu einem Spielzeug Gottes geschaffen, und das sei in Wahrheit das Beste an ihm» (*Nomoi*, 803C).[11]

Platon war zu sehr Philosoph – und ein zu bedeutender Denker –, um den Anspruch zu erheben, seine Vision des Jenseits stimme völlig mit der Wirklichkeit überein. Ausdrücklich warnt er den Leser: mit Sicherheit zu behaupten, seine Darstellung entspreche vollkommen der Wahrheit, «schickt sich nicht für einen Menschen, der mit Vernunft begabt ist». Doch fügt er hinzu: ist die Seele wahrhaft unsterblich, «so dünkt mich, die Dinge müßten ungefähr so oder doch ähnlich sein, was die Beschaffenheit der Seele betrifft und den Platz, der sie erwartet». Es handelt sich nicht allein um eine Frage der Wahrscheinlichkeit: es ist der Mühe wert, an ihre Wirklichkeit zu glauben. Gleichzeitig mit der höchsten Bedeutung der Frage entdeckt Platon ein Bündel von Ungewißheit, wie die folgenden Worte verdeutlichen, die ebenso den Philosophen wie den Mystagogen charakterisieren: « . . . daß es jedoch, sei es nun diese oder eine ähnliche, Bewandtnis haben muß mit unseren Seelen und ihren Wohnungen, wenn doch die Seele offenbar etwas Unsterbliches ist, dies, dünkt mich, zieme sich gar wohl und lohne auch, es darauf zu wagen, daß man glaube, es verhalte sich so. Denn es ist ein schönes Wagnis, und man muß mit solcherlei gleichsam sich selbst besprechen» (*Phaidon*, 114 D).

An anderer Stelle äußert er zu denselben Fragen, nun im Hinblick auf das Problem der Erkenntnis der Gottheit: « . . . den Urheber und Vater dieses Weltalls aufzufinden, ist schwer, nachdem man ihn aber auffand, ihn allen zu verkünden, unmöglich» (*Timaios*, 28C).

«Wer weiß, ob Leben
nicht in Wahrheit Tod ist . . .»

DIE EINGEWEIHTEN

Die Weite des philosophischen Denkens bei Platon taucht die ganze Welt der griechischen Kultur in ein eigenes Licht, das sehr verschieden von dem ist, das von Homer ausgegangen war. Der innere Reichtum dieser Betrachtung über das Jenseits läßt persönlichen Gedanken Raum, die notwendigerweise unvollständig bleiben müssen, aber dennoch verschiedene Grundpositionen beleuchten können, innerhalb deren – vielleicht mit geringerem Einsatz und ohne Zweifel mit weniger dauerhaftem Einfluß auf die Nachwelt – sich andere griechische Denker bewegten.

1. Aristoteles war bei seinen Gedanken über Irrtümer und Bedrängnis des menschlichen Daseins geneigt, einen gewissen Kern von Wahrheit in den Worten derjenigen philosophischen Lehrer zu sehen, die erklärten, der Mensch zahle im jetzigen Leben für eine in einem früheren Dasein begangene Schuld.[1]
Platon wiederum spielt – bei seinen Überlegungen zur oftmals geäußerten Vorstellung, die Seele sei Gefangene des Körpers – mit dem Doppelsinn der Begriffe *sema-soma*, «Zeichen-Körper-Grab-Obhut», und *semainein-sozetai*, «ausdrücken-in Verwahrung sein», indem er den Körper-Kerker als Gefängniswächter der Seele betrach-

112

tet, die seine Gefangene bleibt, bis sie für all ihre Schuld gebüßt hat.[2]

2. Hintergrund dieser Vorstellung ist die Lehre von der Seelenwanderung. Proklos nennt bei der Erklärung eines Abschnitts des *Timaios* (42 C-D) das Dasein beglückt, sobald die Seele dem Kreislauf der Wiederverkörperung entronnen ist, wenn also der Zyklus der Wiedergeburten für sie zu Ende ist und sie Atem schöpfen und ausruhen kann, während sie sich über das Elend des irdischen Daseins erhebt.[3]

3. Es war jedoch allgemeine Überzeugung, daß der Mensch kein Recht besitze, «sich selbst zu befreien», über das Ende seines Daseins selbst zu bestimmen, mit einem Wort: Selbstmord zu begehen.[4] Als so ruchlos galt der Selbstmord, daß, wer ihn dennoch begehen wollte, auf einen «anderen Wohltäter» zu warten hatte, das heißt, den Tod von fremder Hand empfangen mußte, nicht aber ihn sich selbst geben durfte. Man sagte, die Menschen befänden sich in einem von Schranken umgebenen Raum, aus dem sie sich weder befreien noch durch Flucht zurückziehen dürften.[5] Von daher wird Platons Ausruf verständlich: «Und wenn Euripides recht hätte, wo er sagt:

‹Wer weiß, ob unser Leben nicht ein Tod nur ist,
Gestorbensein dagegen Leben?›»[6]

4. Ein Thema, das sich bei griechischen wie lateinischen Autoren großer Beliebtheit erfreute, war die Einweihung in Mysterien. Es handelt sich hierbei um einen weitverbreiteten Brauch, der, zumindest in den gebildeten Schichten, nahezu allgemein geübt wurde.
Es gab viele Mysterien: je nach Zeitumständen wechselnd, standen die einen oder anderen in größerer Ach-

tung. Plutarch vergleicht die Unruhe und die seelische Erschütterung, die der Tod einflößt, mit derjenigen, die bei den Eingeweihten die großen Mysterien erregen. Aus dem gleichen Grund konstatiert er auch zwischen dem Begriff, der die Initiation bezeichnet – *telesthai*, «eingeweiht sein» – und dem Wort für Übergang – *teleutan*, «sterben» – «eine offenbare Ähnlichkeit des Wortes mit dem Wort und der Sache mit der Sache».[7]

Im homerischen Hymnus an Demeter (476-482) ist die Rede von heiligen Riten, die «man weder übertreten, noch erlernen, noch aussprechen soll . . .». Der Hymnus preist den selig, der hier auf Erden in die Mysterien von Eleusis eingeweiht wurde, und hebt die großen Vorzüge hervor, die ihm die Initation im Jenseits eintragen wird: «Wer dagegen in die heiligen Riten nicht eingeweiht wurde, wer hier auf Erden diesen Vorzug nicht genoß, wird niemals im Tode sich eines solchen Loses erfreuen».

Die Glückseligkeit des Eingeweihten im Jenseits preist Pindar in unvergleichlich feierlichem Ton: «Glücklich, wer unter die Erde eingeht und diese Geheimnisse geschaut hat: er kennt das Ende des Lebens und seinen Anfang, den Zeus ihm gab.»[8] Sophokles konnte aus dem gleichen Grunde ausrufen: «Oh, dreimal glückselig die unter den Sterblichen, die zum Hades eingehen, nachdem diese Mysterien sie geschaut: in Wahrheit, nur ihrer wartet dort das Leben – Tod ist dort alles für die übrigen.»[9]

Es handelt sich hier um einen Gedanken, den Platon sich zu eigen machte und an der Stelle weiter ausführt, wo er die elende Lage derer schildert, die als Uneingeweihte zum Hades hinabkommen. Die Eingeweihten dagegen teilen in der Unterwelt auf ewig das Leben der Götter (*Phaidon*, 69C-D).

Gewiß deutet der Philosoph für all jene, die über Riten und Lehre der Initiation mehr zu erfahren wünschten, in verschiedenen seiner Schriften eine Art Erklärung an.

114

Doch ist er sich wohl bewußt, daß es sich um eine Lehre handelt, die im Grunde nicht weitervermittelt werden kann, und gegen alle, die vorgeben, die Initiation lehren zu können, spricht er sich mit recht eindeutigen Worten aus: «Soviel kann ich aber über alle, welche geschrieben haben und noch schreiben werden, indem sie das zu wissen behaupten, worauf mein Bestreben gerichtet ist, ob nun als haben sie es von mir oder anderen gehört oder auch selbst ausgesonnen, sagen, daß sie meiner Meinung nach nichts von der Sache verstehen. Von mir selbst wenigstens gibt es keine Schrift über diese Gegenstände, noch dürfte eine erscheinen; läßt es sich doch in keiner Weise, wie andere Kenntnisse, in Worte fassen, sondern indem es, vermöge der langen Beschäftigung mit dem Gegenstande und dem Sichhineinleben, wie ein durch einen abspringenden Feuerfunken plötzlich entzündetes Licht in der Seele sich erzeugt und dann durch sich selbst Nahrung erhält. Soviel wenigstens weiß ich, daß ich, wenn ich es ausspräche oder niederschriebe, auf das sorgfältigste es tun und es mir gewiß von allen anderen leid sein würde, wäre es schlecht abgefaßt . . .» (Siebter Brief, 341C-D).

Auch Aristoteles sagt, die Einzuweihenden müßten nicht so sehr etwas Bestimmtes lernen, sondern «eine bestimmte Empfindung haben und in einem bestimmten inneren Zustand sein», ja sie müßten «eine innere Erleuchtung erfahren».[10]

Selbst Isokrates sah sich veranlaßt zu schreiben, wer sich einweihen ließe, hätte erfreulichere Aussichten, was sein Lebensende und selbst was die Unsterblichkeit beträfe,[11] während Diodoros von Sizilien über Abhängigkeiten zwischen den griechischen Initiationsriten und der ägyptischen Religion spekuliert – eine These, die heute zumindest sehr zweifelhaft scheint.[12]

5. Der Brauch, den Toten ein Goldtäfelchen mit ins Grab zu geben, auf dem die Antworten eingeritzt wurden, die von der Seele im Jenseits zu geben waren, Erläuterungen, die den eben begonnenen Weg ins Jenseits betreffen, und Verhaltensvorschriften für den Eintritt in die Unterwelt, läßt tatsächlich manche Ähnlichkeit mit der ägyptischen Sitte erkennen, zu Seiten des Leichnams einige Abschnitte aus dem *Totenbuch* zu legen. In den Goldtafeln, die dem Toten anvertraut wurden, bildet die Initiation ein Motiv von zentraler Bedeutung: der mystische Charakter des Übergangs ins Jenseits wird hervorgehoben, und die symbolische Ausdrucksweise spiegelt die Themen, die Unge-wißheit, die Wahl, selbst den Katalog von Fragen, denen sich im Jenseits die Seelen stellen müssen; besonders die Sehnsucht und das Verlangen nach Leben, die Entschei-dung für den rechten Weg und die richtige Quelle.

Auf einem der ältesten Täfelchen lesen wir: «Von Mne-mosyne kommt dieses Grab. Zur Dir bestimmten Stunde wirst Du eingehen zu den schöngebauten Behausungen des Hades. Zur Rechten liegt eine Quelle, und ihr zur Seite ragt eine weiße Zypresse; dorthin steigen die Seelen der Toten, um Kühlung zu finden ... Geh nicht zu nahe an diese Quelle; vor ihr wirst Du frisches Wasser finden, das aus dem See der Mnemosyne heranfließt, und ober-halb davon wirst Du Wächter sehen, die in ihrem vollen Herzen Dich befragen, was Du suchst im schaurigen Ha-des. Sag ihnen: Ich bin der Sohn der Erde und des ge-stirnten Himmels, vom Durst versengt sterbe ich; doch gebt mir sofort frisches Wasser vom See Mnemosyne ... Sie werden Dir Freundlichkeit und Wohlwollen bezei-gen ..., sie werden Dich trinken lassen ..., zuletzt wirst Du einen weiten Weg zurücklegen, auf der heiligen Straße, die ruhmvoll auch die anderen Eingeweihten durcheilen, von denen Dionysos Besitz ergriff.»[13]

Auf einer anderen Tafel antwortet die Seele auf die rituelle Frage «Wer bist Du?» mit den Worten: «Ich bin der Sohn der Erde und des gestirnten Himmels», und sie fügt den Namen hinzu, der diese Benennung erklärt: «Mein Name ist Asterius, also Sternensohn (abgeleitet von astrum).» Auf anderen Tafeln hingegen antwortet die Seele auf die gleiche Frage, indem sie ihre göttliche Herkunft enthüllt: «Mein Ursprung ist im Himmel; und das wißt auch ihr.»[14]

Im Rahmen unserer Untersuchung scheint es nicht sinnvoll, diesen Gedanken weiterzuverfolgen, wenngleich die zahlreichen Tafeln, die entdeckt wurden, faszinierende Fragen und Ausblicke eröffnen; doch würden sie eine gesonderte Studie erfordern. An dieser Stelle muß ich mich auf einige allgemeine Erläuterungen beschränken.

Die «weiße Zypresse», von der auf den Tafeln zu wiederholten Malen die Rede ist, hat dieselbe symbolische Funktion wie die Pappeln und Weiden der Odyssee. Und die Antworten der Seele bezeugen die Einheit der menschlichen Natur mit ihrem göttlichen Ursprung; eine verlorengegangene Einheit, die wiederzugewinnen Zweck der Initiation ist. Der «brennende Durst» ist Verlangen nach Erkenntnis; Vergessen (der Fluß Lethe) und Erinnern (der See Mnemosyne) bilden die beiden Quellen zur Stillung des Durstes: trinkt die Seele aus dem Quell des Vergessens, so verliert sie alle Erinnerung und muß sich von neuem verkörpern; ihr Durst ist nur scheinbar gelöscht und kehrt von neuem wieder. Trinkt sie hingegen vom Fluß Mnemosyne, so schenkt ihr die Erinnerung Kenntnis des Vergangenen, das heißt ihres eigenen göttlichen Ursprungs. Der Durst der Seele wird gestillt, das Leben kehrt dorthin zurück, von wo es seinen Ausgang nahm, und verläuft in immerwährender Glückseligkeit.

Lethe und Mnemosyne bezeichnen zwei gegenläufige Wirklichkeiten; ausschlaggebend für die Entscheidung zwischen beiden aber ist der Ritus der Einweihung. Die

Seelen, die verscheiden, ohne eingeweiht zu sein, nähren sich vom «Brot der Meinung». Der Seele hingegen, die an der Initiation teilhat, wachsen von neuem die Flügel, die sie einst besaß, und schwerelos schwingt sie sich auf zum obersten Himmel.[15]

6. Eine beachtliche Zahl von Texten spricht von zwei Wegen zum Hades: einem zur linken Seite für die Gottlosen, einem anderen zur rechten für die Gerechten.[16] Die erwähnten Täfelchen legen besonderen Nachdruck auf die Wahl des rechten Weges zur rechten Seite: «Rein komme ich von den Reinen..., dem Betrübnis bringenden Kreislauf bin ich entflohen... und zum Himmel aufgestiegen, um eilends die ersehnte Krone zu empfangen.» Und weiter: «Freue Dich, erheitere Dich, Dein Weg ist der zur Rechten.»[17]
Eine berühmte Stelle bei Pindar über das Leben im Jenseits lautet: «Alle Körper vergehen im mächt'gen Tod, und fortlebt nur des Lebens Bild; dies allein kommt von den Göttern...»[18]

«Nur wenige bewohnen
die heiteren Fluren»

VERGIL

Italiens größter Dichter erwählte sich Vergil zum Führer
auf dem ersten Teil seiner Fahrt in die andere Welt, hatte
dieser doch seine Kenntnis des Jenseits unter Beweis gestellt. Dennoch erkennt der Leser von Dantes Epos ohne
große Mühe, daß Dante – was Klarheit und Einheitlichkeit der Komposition betrifft – seinen Führer bei weitem
übertroffen hat.

Unter allen Autoren lateinischer Zunge ist Vergil der einzige, der uns auf eine wirkliche Reise ins Jenseits führt:
im sechsten Buch der *Äneis*. Die Erzählung des Inhalts
gewinnt an Lebendigkeit und Klarheit, wenn sie – zumindest skizzenhaft – in den Gesamtzusammenhang der Ereignisse gestellt wird, die ihr vorausgehen und die ihre
Rechtfertigung bilden.[1] Sie lassen sich relativ leicht nachvollziehen, weil sie Bestandteil eines geographisch genauen Gemäldes sind, das auf bekannte Orte Bezug
nimmt: Karthago, Trapani, Erice, Segesta, Palinuro, Cumae, Gaeta.

Die Vorgeschichte. Eine göttliche Stimme dringt zu Äneas,
der in Karthago mit Dido in süßer Untätigkeit dahinlebt:
«Sprich, was planst Du, was hofft Dein Säumen an Li-
byens Saume» (IV, 271), und treibt ihn an, den Auftrag

zu erfüllen, den das Fatum ihm zugedacht hat. So löst Äneas seine Liebesbande mit der Königin von Karthago und befiehlt, die Abfahrt nach Sizilien vorzubereiten. In ihrer Leidenschaft verflucht die Königin, als sie die Vergeblichkeit ihrer Versuche, den Trojaner aufzuhalten, erkennen muß, Äneas samt seinen Nachkommen und Gefährten. Dann nimmt sie sich das Leben. Die Göttin Juno steht ihr bei und verkürzt ihren Todeskampf, indem sie ihr das «goldene Haar» abschneiden läßt, das ihr die Fortdauer des Lebens verbürgte. Da die vorbestimmte Stunde ihres natürlichen Endes noch nicht gekommen war, hatte die Göttin Proserpina es noch nicht abgeschnitten: «... und schneidet das Haar mit der Rechten; sogleich schwand / Alle Wärme dahin, das Leben entwich in die Lüfte» (IV, 704-705).

Tags darauf führt ein starker Wind den Steuermann Palinurus auf den Weg nach Sizilien; von dort hatte die Fahrt ein Jahr zuvor – nach Anchises' Tod – ihren Ausgang genommen, als der Sturm sie an Afrikas Küste verschlagen hatte.

Diesmal legen sie in Drapano (Trapani) an. Am folgenden Tag erinnert Äneas die Gefährten an das Jahrgedächtnis seines Vaters Anchises, der in dieser freundlichen Region bestattet wurde, und ordnet Festspiele zu seinen Ehren an.

Die Frauen aber sind des endlosen Weges müde und versammeln sich, während die jungen Leute ihre Wettkämpfe abhalten, am Strand, wo sie voll innerer Unruhe auf die trostlose Meeresfläche hinausblicken: die Erinnerung an den langen und qualvollen Weg, den sie zurücklegten, an all die Mühsal, die sie ertrugen, und die Gedanken an die drohenden Gefahren auf dem Meer verwirren ihren Geist: nur die Ruhe des Ortes und die Gastfreundlichkeit seiner Bewohner trösten sie. Ihre Unruhe treibt sie zu einem folgenschweren Entschluß: sie

stecken die Schiffe in Brand, um ihre Männer zu bewegen, der Irrfahrt ein Ende zu machen und sich an diesem
einladenden Ort niederzulassen, an dem das Leben ange-
nehm und heiter dahinfließt.

Äneas kommt gerade noch zur rechten Zeit, um die Zerstörung aller Schiffe zu verhindern; doch auch ihn quälen
Zweifel:

«Soll im Sikulerland er bleiben und siedeln, dem
Rufe
Auch des Geschickes zum Trotz, soll er nach Italien
segeln?»
(V, 702-703).

Aus seiner Unschlüssigkeit erlösen ihn sein Freund Nau-
tes und sein Vater Anchises, der – wie es scheint – vom
Himmel herabsteigt und ihm befiehlt, den Rat des alten
Freundes zu befolgen, eine Schar ausgewählter junger
Männer nach Italien zu bringen und dann ihn selbst in
der Tiefe des Hades aufzusuchen:

«. . . denn Kämpfe mit harten und rauhen
Völkern erwarten Dich noch im Land der Latiner, und
ehe
Du sie bestehst, mußt Du zum höllischen Hause des
Dis noch,
Durch des Avernus Schlund, mein Sohn, zu mir Dich
begeben.
Bannen sie mich auch nicht, des Tartarus traurige
Schatten,
Da in Elysiums Au, im Kreis ich der Seligen weile.»

Er weist ihn dann zu einer Sybille, die ihn geleiten und zu
dem Ort führen wird, an dem sich ihm seine eigene Zukunft enthüllen soll wie auch die seiner Nachkommen:

«Schlachte nach Brauch die Zahl schwarzhaariger
Tiere, dann führt die
Keusche Sibylle Dich hin, wo Du das Geschlecht und
die Stadt schaust,
Die Dir beschieden»
(V, 731-737).

Dennoch will der Trojaner nicht ohne jedes Zeichen die
gastfreundliche Gegend verlassen, in der sich auch der
Grabhügel des Vaters befindet. Bevor er aufs Meer zurückkehrt, steckt er deshalb die Mauern einer neuen Stadt
ab – Agesta –, die später den Namen Segesta tragen wird,
errichtet auf dem Eryx einen Tempel der idalischen Venus und pflanzt einen weiten Hain, «geweiht dem Grab
des Anchises» (V, 761).
Als die Stunde des Abschieds gekommen ist, beschließt
Äneas, in Sizilien all die zurückzulassen, die darum baten,
und alle «Gemüter, die keinerlei Ehren bedürfen» (V,
751).
Auf der unermeßlichen Fläche des Meeres trifft zur
Nachtzeit alle unerwartet ein schlimmes Unglück: der
Steuermann des Hauptschiffes, Palinurus, dem die Aufgabe zufiel, die gesamte Flotte zu führen, wird vom
Schlaf übermannt und stürzt ins Meer:

«Siehe, da schüttelt der Gott einen Zweig, benetzt mit
dem Tau aus
Lethe, schwer von stygischer Macht, ihm über die beiden
Schläfen, und bricht ihm, der sich noch wehrt, die ver-
schwimmenden Blicke»
(V, 854-855).

So stark ist die schlafbringende, alle Erinnerung auslö-
schende Kraft des Wassers aus dem Fluß Lethe.

Kaum hat er bemerkt, wie unsicher das Schiff auf den Wellen dahintreibt, übernimmt Äneas selbst den Platz des verunglückten Gefährten, und schließlich landet die Flotte am Strand von Cumae.[2] «Fromm aber strebt Äneas zur Burg, deren Schirmherr Apollo / aufragt» (VI, 9-10). Als er dort die Skulpturen an den Wänden des Tempels betrachtet, erscheint die Sibylle von Cumae und fordert ihn auf, das vorgeschriebene Opfer darzubringen, um dann das Orakel zu befragen.

Sobald sie in den Tempel eingetreten sind, erscheint die Sibylle wie verwandelt, ergriffen von göttlichem Furor, und sie ermahnt den Helden, zu beten und seine Fragen vorzubringen. Er leistet zuerst die vorgeschriebenen Opfergelübde und bittet dann die Sibylle, ihre Wahrsagung nicht unter rätselhaften Zeichen zu geben, die erst entschlüsselt werden müssen, auf Blättern, die der leichteste Windstoß davonträgt,[3] sondern mit verständlichen und eindeutigen Worten. Er erhält nun von ihr die Auskunft, daß die Zeit seiner Prüfungen noch nicht vorüber ist, da viele neue Gefahren – noch schwerer als die in der Vergangenheit bestandenen – ihn und seine Gefährten erwarten. Doch sie werden sie bestehen, wenn sie mutig und unerschrocken bleiben.[4] Nachdem er seine innere Stärke beteuert hat, erfleht Äneas von der Sibylle die Erlaubnis, zum Hades hinabzusteigen, um seinen Vater zu sehen, der ihn in seinen Träumen mehrfach zu sich gerufen hat: «... laß vor Augen mich also und Antlitz treten dem lieben / Vater» (VI, 108-109).

Die Pforten der Unterwelt sind Tag und Nacht geöffnet, und so ist es nicht schwierig einzutreten; den Hades zu durchschreiten und wieder zu verlassen ist dagegen ein schweres Vorhaben, ein Privileg, das Zeus nur wenigen gewährt. Um in seinen Genuß zu kommen, muß Äneas drei Bedingungen erfüllen: einen Goldzweig auffinden und brechen, der sich unter den Ästen eines nahen Waldes verbirgt: diesen muß er «Proserpina, der schönen» als Gabe darbringen. Sodann muß er einen seiner Gefährten bestatten, der unbeerdigt am Strand liegt – sein Leib mache die ganze Flotte unrein und hemme die Verwirklichung seines Vorhabens; schließlich hat er den Göttern der Unterwelt die vorgeschriebenen Opfer zu entrichten.

Bei der Rückkehr von der Sibylle sieht Äneas am Strand den Leichnam seines Trompeters Misenus; stolz auf seine Kunst, die Trompete zu blasen, hatte dieser die Götter herausgefordert, und ein Triton, der ihn um seine Kunst beneidete, stieß ihn kopfüber ins Meer. Mit seinen Gefährten eilt Äneas in den Wald, um Bäume für den Scheiterhaufen zu fällen, auf dem der Leib des armen Misenus verbrannt werden soll; doch seine ganze Aufmerksamkeit gilt der Suche nach dem goldenen Zweig. Unerwartete Hilfe kommt ihm dabei von seiner Mutter, der Göttin Venus: sie schickt zwei Tauben, die sich auf dem kostbaren Zweig niederlassen. Zuletzt bleibt dem Trojaner nichts mehr zu tun, als Misenus' Gebeine zu sammeln und in eine Urne zu legen, die danach in einem Grab zu Füßen eines Berges beigesetzt wird – genau zwischen Procida und Pozzuoli –, der heute noch *Miseno* heißt. So bewahrt die Stätte tatsächlich «ewig . . . durch Zeitenwandel den Namen».[5]

Nach dem Ende der Begräbnisfeierlichkeiten begibt sich der Trojaner erneut zur Sibylle, um ihr den Goldzweig auszuhändigen und nun auch die dritte Bedingung zu erfüllen: er opfert wie vorgeschrieben den Göttern der Unterwelt. Durch ein plötzliches Erdbeben bekunden diese ihre Zufriedenheit. Nun fordert die Sibylle alle Gefährten auf, sich zu entfernen, und ermahnt Äneas, sich mutig in den Fluß Avernus zu stürzen. Dort nimmt der Weg, der zum Vorhof der Unterwelt führt, seinen Anfang.

Im Vorhof des Hades. Äneas und seine Führerin machen
sich auf den Weg, beschienen vom matten Licht der Unterwelt, das an eine Mondnacht bei wolkenverhangenem
Himmel erinnert. Rasch zückt Äneas sein Schwert, aber
die Sibylle weist ihn auf die Vergeblichkeit jeder Gegen-
wehr hin und fordert ihn auf, sich statt dessen mit Mut
und Festigkeit zu wappnen.
Vom Avernus aus gelangen sie in eine enge und dunkle,
übelriechende Höhle. Nach einigen Schritten richtet
Äneas, der sinnloserweise sein Schwert immer noch gezückt hat, seine Aufmerksamkeit auf eine große Ulme in
der Mitte des großen Vorhofs, umgeben von einem Wald:
es ist der unfruchtbare «Baum der Träume».
Abscheuliche Gestalten lassen Äneas vor Furcht auffah-
ren, und mit dem Schwert will er sich gegen die Ungeheuer schützen; doch abermals hält Sibylle ihn zurück,
mit dem Hinweis, daß es sich nur um körperlose Schatten
handelt, um Monstren, die Schmerz, Trübsal, Krankhei-
ten, Alter, Furcht, Hunger, Armut, Elend, Tod, Schlaf,
die trügerischen Freuden des Herzens, Krieg und Zwietracht verkörpern: die Hauptübel, von denen die Menschheit heimgesucht wird. Unter den Blättern dieses Baumes
aber nisten die falschen Träume («somnia vana», VI,
284).
Doch der Vorhof der Unterwelt birgt noch weitere
Schrecken für Äneas. Nahe bei diesen furchteinflößenden
Gestalten lauern andere Ungeheuer, die nicht weniger
grauenhaft sind: die Zentauren, die Hydra, die Chimäre,
die Harpien und der dreileibige Schatten, Wesen, die
geflügelt umherflattern, Trugbilder und Schatten. Welch
schreckliches Vorspiel zur Unterwelt!
Vom Vorhof wenden sie sich nun zum nahe gelegenen
Fluß Acheron. Sie durchqueren einen kleinen Wald, der
bevölkert ist von einer ungeheuren Menschenmenge –
Männern, Frauen, Knaben und Mädchen –, deren Zahl

ständig zunimmt und die sich dem Fluß nähert: alle warten darauf, zum anderen Ufer zu fahren. Die Sibylle zeigt Äneas die Stelle, an welcher der einzige Fährmann zu finden ist, der ergraute, aber starke Charon. Die riesige Menschenmenge, die aus dem Wald hervordrängt, reckt flehend die Hände zu ihm empor, doch nur wenigen Toten wird ihre Bitte erfüllt. Einige von denen, die er zurückweist, sind die Toten, die nicht bestattet wurden: sie müssen Hunderte von Jahren warten: «... und von einem Ufer des Grauens darf er sie nicht zum / anderen fahren durch murrende Flut, eh im Grab ihr Gebein ruht» (VI, 321-328).

Von Mitleid und Neugier gepackt, macht der Trojaner für einen Augenblick halt, um die Schar der Unbestatteten zu betrachten: unter ihnen bemerkt er einige seiner Gefährten, unter anderen auch seinen unglücklichen Steuermann Palinurus, der ihm die Umstände seines Todes berichtet. Er war ins Meer gestürzt, hatte drei Nächte verzweifelt gegen die Wogen gekämpft und am vierten Tag schließlich seinen Fuß auf festes Land gesetzt, aber die Einwohner des Landes hatten ihn erschlagen und seinen Leichnam den Fluten preisgegeben. Nun bittet er um Frieden wenigstens nach dem Tod. Äneas kann nicht zurückkehren, um ihn zu bestatten, und er vermag Charon nicht zu bewegen, ihn über den Fluß zu setzen. Doch die Sibylle sichert ihm ein ehrenvolles Begräbnis zu und weissagt ihm, der Ort, an dem er unbestattet lag, werde für alle Zeit seinen Namen tragen:

«... die Anwohner weit und breit in den Städten, gejagt durch
Himmlische Drohung, leisten Genugtuung Deinen
Gebeinen,
Schichten den Hügel des Grabes und feiern am Grabhügel Opfer,

Und Palinurus' Namen trägt auf ewig die Land-
schaft»
(VI, 380-381).

Vom Acheron zum Styx und zur Vorhölle. Die Gegenwart
eines Lebenden unter den Toten beunruhigt Charon, und
er droht mit seinem Zorn:

«Hier ist das Reich der Schatten, der schlaftrunknen
Nacht und des Schlummers,
Lebender Leiber zu fahren im stygischen Nachen, ist
Frevel»
(VI, 390-391).

Doch schließlich läßt er sich besänftigen, nachdem er vom
hohen Ziel des Äneas und dem Auftrag seines Vaters
Anchises erfahren und den goldenen Zweig gesehen hat.
Charon scheucht nun die Toten fort, die herabgeströmt
waren, und in seinem Nachen – der bedrohlich ächzt –
nehmen nur der Trojaner und die Sibylle Platz. Schnell
rudert er sie zum anderen Ufer des Acheron und der neun
Kreise des schlammigen Sumpfes des Styx, der jede Hoffnung auf Rückkehr raubt: «...es hält sie der Styx mit
neunfach wehrender Windung» (VI, 439). So sind sie
endlich in der Vorhölle angelangt.
Von links nähert sich ihnen der abscheuliche Zerberus,
dessen Hals von Schlangen umwunden ist: die Sibylle
aber scheucht ihn fort, indem sie ihm ein schlafbringendes
Gebäck zuwirft, das ihn für einen Augenblick einschlum-
mern läßt. Zur Rechten des Eingangs übt Minos sein
hohes Amt als Totenrichter aus. Er verhört jeden Verstorbenen über seine Verdienste und seine Schuld und weist
allen Wohnsitz und Strafe zu.
In den Lüften hören sie Wimmern und Weinen; es sind
die Kinder, die noch an der Mutterbrust starben:

«... Enterbte des lieblichen Lebens,
Raffte sie gleich an der Schwelle und fort von der näh-
renden Brust der
Düstere Tag und ließ sie im bitteren Tode versinken»
(VI, 428-429).

Dicht bei den Kindern ruhen die Opfer verleumderischer
Anklagen; nicht weit davon die Selbstmörder, die nunmehr
alle sehnlich wünschen, ans Tageslicht zurückzukehren,
um die bittere Last des Lebens zu tragen. Doch nun hält und
umschließt sie der Styx von allen Seiten. Hier liegen auch
die weitgedehnten «Gefilde der Tränen», wo zwischen
Wäldern und Pfaden abgeschieden all jene leben, die sich
aus Liebe das Leben nahmen. Unter ihnen erscheint in
einem Hain – im Dämmerlicht der Unterwelt – auch die
Karthagerin Dido mit ihrer noch frischen Todeswunde.
Weinend kehrt sich Äneas ihr zu, um den Schmerz zu
lindern, den er ihr zugefügt hat. Doch sie wendet den Blick
von ihm ab und entfernt sich wortlos.[6]
Im Vorhof der Unterwelt finden sich schließlich auch die
Helden, die im Krieg gefallen sind; sie bilden einen schier
endlosen Zug. Äneas spricht mit ihnen, um den Grund
ihrer Ankunft an diesem Ort zu erfahren. Ein Toter erregt das besondere Mitleid des Trojaners: auf grauenvolle
Weise entstellt, mit abgeschnittenen Ohren, abgehauener
Nase und verstümmelten Armen versucht er vergebens,
sich zu verbergen. Es ist einer der Söhne des Priamos, der
unglückliche letzte Gemahl der Helena, die ihn verriet
und ihn in diesem bejammernswerten Zustand zurückließ.
Die Sibylle drängt zum Aufbruch, und Äneas entfernt
sich, begleitet von Deiphobus' Wunsch: «Du, unser
Ruhm, zieh hin! Dir werde ein besseres Schicksal!»[7]

Der Tartarus und der Fluß Phlegethon. Nach dieser traurigen Begegnung sehen die beiden Wanderer plötzlich zu

ihrer Linken ein gewaltiges Gebäude, umgeben von einem dreifachen Mauerring und einem reißenden Fluß, der von Feuer überströmt: es ist der Phlegethon, der den «gottlosen» Tartarus einschließt. Er besitzt eine ungeheure Pforte und Säulen aus Stahl, die niemand zu zerstören vermag, nicht einmal die Götter. Davor sitzt, schlaflos bei Tag und Nacht, Tisiphone, gehüllt in einen blutbefleckten Mantel. Von innen sind Seufzer zu hören, Wimmern und schreckliches Kettengeklirr. Die Sibylle warnt, kein Sterblicher könne je die verrufene Schwelle überschreiten. Doch sie selbst kennt die Vorgänge im Innern genau, seitdem ihr Hekate ihren Dienst anvertraute, und so kann sie eine kurze Schilderung geben.

Der Tartarus ist ein ungeheurer Abgrund, zweimal tiefer als der Abstand von der Erde zur Höhe des Olymp. Rhadamanthus übt dort sein Richteramt aus; er zwingt die Toten, alle Sünden zu gestehen, die sie vor ihrem Tode nicht büßten, weist ihnen ihre Strafe zu und übergibt sie der schlangenbewehrten Tisiphone. Auf der Schwelle des inneren Vorhofs befindet sich «die scheußliche Schlange mit fünfzig düsteren Rachen» (VI, 575). Der Trojaner vermag also nicht einzutreten, vernimmt aber die Beschreibung der Sibylle. Es handelt sich um einen Ort unaussprechlicher Qualen, den kein «Frommer» je betreten durfte. In der Tiefe des Tartarus leiden die Titanen, versengt von Jupiters Blitz; hier hausen die Titanen, die sich gegen den Olymp erhoben und versuchten, die Himmelsburg zu zerstören; auch Salmoneus, der sich göttliche Ehren anmaßte, erleidet hier grausame Pein; hier büßt Tityos, dem ein Geier die Leber wegfrißt, die immer von neuem nachwächst, so daß sich die furchtbare Strafe stets erneuert:

«...ihm hackt ein riesiger Geier mit krummem
Schnabel die Leber, die niemals stirbt; das Fleisch, das

129

den Strafen
Fruchtet, wühlt zum Fraße er durch und haust unter
hoher
Brust; und nie wird Ruhe gewährt neuwachsenden Fi-
bern»
(VI, 597-599).

Über anderen schwebt ein ungeheurer Felsblock, der jeden Augenblick droht, herabzustürzen und sie alle zu
erschlagen, während vor ihren Augen erlesene Speisen
stehen, nach denen sie vergebens ihre Hände ausstrecken
– sofort springt eine Furie empor und bedroht sie mit
ihrer Fackel. Hier werden auch all die bestraft, die den
Bruder haßten, den Vater schlugen, den Freund betrogen
oder die Gattin verrieten. Doch die Prophetin mahnt, sie
nicht nach der grauenvollen Strafe zu fragen, die sie erdulden. Einige sind dazu verdammt, einen riesigen Felsblock zu wälzen, andere sind an Räder gefesselt, die sich
ewig drehen; andere, wie Theseus, sind an den Boden
gefesselt; und der unglückliche Phlegyas warnt mit lautem Schreien: «Lernet Gerechtigkeit, laßt Euch warnen,
und achtet die Götter» (VI, 620). Hier befinden sich auch
jene, die ihre Heimat verrieten, die zu ihrem eigenen
Vorteil Gesetze gaben oder aufhoben, die ihrer Tochter
Gewalt antaten oder andere Verbrechen begingen; Frevler und Strafen sind Legion:

«Hätt' ich hundert Zungen und hundert Münder, dazu
von
Eisen die Stimme, nicht könnte ich jede Art von Verbrechen,
Nicht die Namen der Strafen Dir je erzählend berichten»
(VI, 625-627).

Das Reich des Hades. Äneas und die Sibylle verlassen nun den Tartarus, den rings der Phlegethon umschließt, und nehmen ihren Weg zur Königsburg Persephones wieder auf, die zu ihrer Rechten sichtbar wird. Am Eingang angekommen, besprengt Äneas sich mit reinem Wasser, «das immer fließt», heftet den Goldzweig an die Schwelle, vollendet sein Opfer an die Göttin und setzt mit seiner Führerin den Weg zu den glücklichen Gefilden Elysiums fort: zu den elysäischen Feldern, die von heiterem Licht, Blumen, anmutigen Hainen und Gärten erfüllt sind. Dort wohnen die Seligen; ihre Tage verbringen sie in grasbewachsenen Arenen mit Spielen in der Kampfbahn, unter Gesängen und Tänzen, während Orpheus seine unvergleichlichen Weisen erklingen läßt (VI, 642f.). Tag und Nacht leuchten ihnen «eine eigene Sonne und eigene Sterne».

Unter den Seligen macht Äneas alsbald die Gründer von Troja aus: ihre Waffen und Kampfwagen stehen friedlich und verlassen auf den Feldern, ihre Schlachtrosse grasen frei vor ihren Augen:

« ... denn wer seinen Wagen,
Wer seine Waffen im Leben geliebt, wer schimmernde Rosse
Gern geweidet, dem folgt seine Liebe hinab in die Erde»
(VI, 653-655).

Hier wohnen auch alle, die im Kampf für das Vaterland gefallen sind, die Priester, die Dichter und Künstler;[8] «ihnen allen umschlingt eine schneeweiße Binde die Schläfe» (VI,665).

Hier ist die Sibylle gewissermaßen «ortsunkundig», und um in Erfahrung zu bringen, wo Anchises sich befindet, wenden sie sich darum an die «glücklichen Seelen», vor allem an den Dichter Musaeus. Doch einer der Heroen teilt ihnen mit, daß hier niemand ein festes Haus benötigt: die Seelen können sich in Hainen aufhalten, an den Ufern des Flusses Eridanus ausruhen oder auf den grünen Wiesen lagern. Musaeus fordert sie deshalb auf, einen begrünten Hügel zu überqueren, von wo sie die gesamte Ebene überblicken können.

Anchises zeigt die Seelen, die Rom zur Größe führen werden. Endlich treffen sie auf Anchises; er «musterte eifrig indessen die Seelen, / die das grünende Tal umschloß und die auf dem Weg schon / waren zum Lichte der oberen Welt» (VI, 679-682). Unter den Geistern, die zu neuem Erdenleben bestimmt waren, betrachtet er aufmerksam die Seelen seiner nächsten und entfernteren Nachkommen, die eines Tages das römische Imperium ins Leben rufen sollen.

Der Sohn eilt ihm entgegen, um ihn zu umarmen, doch vergebens: «dreimal, vergeblich umarmt, entrann das Bild seinen Händen.» Trauer erfaßt Äneas über dieses neue Erlebnis im Schattenreich; überrascht und verwirrt, fasziniert ihn ein neues Schauspiel: auf der Strömung und am Ufer eines zweiten Flusses, des Lethe, erblickt er eine gewaltige Schar von Unruhe erfaßter Seelen. Doch begreift er nicht, was er sieht, und die Sibylle schweigt. Nun ist es allein sein Vater, der ihn führt. Dieser gibt ihm jetzt eine erste Belehrung.

Die Einzelseelen sind zugleich Teil einer allgemeinen Weltseele und werden von innen her durch ein himmlisches Feuer bewegt. Bei ihrer Vereinigung mit den «schädlichen Körpern» befleckt sie deren Unreinheit, und dies ist die Ursache aller Furcht, Begierden, Leiden und irdischen Freuden; während der Zeit, in der sie in die Finsternis des Körpers gebannt sind, leben die Seelen wie in einem Gefängnis, ja wie in einem Kerker, aus dem sie

nicht mehr zu ihrem himmlischen Ursprungsort aufsteigen können. Nicht einmal der Tod reinigt die Seelen von
allen «Seuchen des Körpers», weil viele Laster ihre Spuren
hinterlassen haben. Aus diesem Grund werden viele Seelen in der Unterwelt von verschiedenen Qualen gepeinigt
und büßen auf vielfältige Art «die Strafen für frühere
Verfehlungen» ab. Jeder erleidet seine eigenen Manen.[9]
Nur wenigen Seelen gewährt Minos unmittelbar nach
dem Tod Zugang zu den elysäischen Feldern: «... nur
wenige dürfen dort verbleiben.»[10] Nach ihrer Reinigung,
die nicht mehr als tausend Jahre dauert, werden die Seelen zum Ufer des Lethe gerufen, um von seinen Fluten zu
trinken, ihr verflossenes Erdenleben zu vergessen und
Sehnsucht nach neuer Verkörperlichung zu empfinden.
Nicht grundlos spricht Anchises gerade von denjenigen
Seelen, die auf einen neuen Körper warten, denn die
Betrachtung ihres Schicksals gestattet die Vorwegnahme
einer Gesamtschau der Geschichte – oder doch des Teils
der Geschichte, der den «seligen» Anchises betrifft und
den er in den Zügen der Seelen zu lesen versteht. Er
beginnt deshalb, sie eine nach der anderen mit dem Namen zu nennen, unter dem sie in die Geschichte Roms
eingehen werden. Er beginnt mit Silvius, dem künftigen
Sohn des Äneas und der Lavinia, und gelangt schließlich
bis zum unglücklichen Marcellus, dem Neffen des Augustus, der von diesem adoptiert wurde, aber bereits zwan-
zigjährig eines jähen Todes sterben sollte (VI, 760-886).
In diesem weitgespannten Rahmen verleiht die Aufzählung der künftigen Heerführer Roms dem Imperium den
Charakter heiliger Vorherbestimmung. In einem berühmten Passus des sechsten Buches bekräftigt Anchises, daß
andere Völker durch Schrift, forensische Beredsamkeit,
astronomische Studien und ähnliches mehr herausragen
werden – Roms unvergängliche Bestimmung aber sei es,
der vom Krieg erschütterten Welt Gesetze und politische

Ordnung zu geben und den Völkern Frieden und Recht zu verschaffen.[11]

Nachdem er den Sohn ermutigt und mit neuer Hoffnung erfüllt hat, offenbart ihm der Vater die unmittelbare Zukunft. Danach sendet er ihn zurück zur Oberwelt. Zwei Pforten – die «Pforten des Schlafes» – führen aus dem Hades: eine ist aus Horn und wird Pforte des Traumes genannt, weil aus ihr die wahren Schatten hervorgehen, das heißt die Seelen der Toten oder deren Ebenbilder, die den Lebenden prophetische Visionen bringen; die andere Pforte aus Elfenbein ist das Tor der trügerischen Träume. Auf Anchises' Geheiß verläßt Äneas mit der Sibylle die Unterwelt durch diese Tür, denn die Erinnerung an das Gesehene soll in ihm nur undeutlich und unsicher zurückbleiben, klar und entschieden aber allein die Sehnsucht nach Größe und Ruhm sowie der leidenschaftliche Glaube an die unausweichliche Vorherbestimmung seines Volkes. Als Lebender hat Äneas keinen Anlaß, als Traumbild zu erscheinen.

Der Trojaner kehrt also zurück zu den Gefährten und setzt seine Fahrt fort. Der erste Landeplatz ist Gaeta, das den Namen der Amme des Äneas, Caieta, trägt, die hier starb.[12]

Vergils Religiosität erscheint als sehr distanziert, durchzogen von Zweifeln, die seine widersprüchliche und ein wenig verworrene Jenseitsvision erklären mögen. Schon in den Gefilden, die der Vorhölle vorausgehen, beeindrucken vor allem Schmerz und Trauer, die auch jene Seelen heimsuchen, die nicht zu Bußen für begangene Verfehlungen verurteilt sind – die vor der Zeit geborenen Kinder, die zu Unrecht Verurteilten, die Opfer unglücklicher Liebe, die im Kampf gefallenen Helden und so weiter. Man spürt sofort, daß es sich wirklich um Gefilde der Trauer handelt: *lugentes campi* (VI, 441).

Der Aufbau der Virgilischen Jenseitsvision wirkt unsicher und kann sich mit Dante nicht messen. Er spiegelt die künstlichen und unsicheren Vorstellungen wider, die damals in der römischen Welt verbreitet waren. Das eigentliche Ziel Vergils bei der Darstellung von Äneas' Abstieg in den Hades war die Begegnung mit dem Vater Anchises, die Anlaß bot zu einer Präsentation seiner Nachkommenschaft. Darum befindet sich diese auch in einem abgetrennten Bezirk, ohne daß etwas über ihre Lage und über die Möglichkeit eines früheren Erdendaseins ausgesagt wird.

Der einleitenden Sicht des Jenseits – ursprünglich und naiv-animistisch gehalten – folgt bald ein Reflex der Leiden und Kämpfe der überfeinerten klassischen Seele, und im zweiten Teil des sechsten Buches ist der Einfluß der platonischen Auffassungen und orphisch-pythagoreischer Strömungen spürbar. Die mythographische Tradition der Odyssee hingegen hat sich nun verflüchtigt.

Diese Art der Jenseitsdarstellung offenbart zwangsläufig ihre Abhängigkeit von vielen und verschiedenen Traditionen. Doch trotz ihres grundlegenden Mangels an Einheitlichkeit und Klarheit lassen sich in Vergils Jenseitsvision drei Hauptkategorien von Verstorbenen unterscheiden: die zu ewigen Strafen im Tartarus Verdammten (VI, 562-627); sodann der Hauptteil der Verstorbenen, verkörpert in all jenen, die durch Läuterungsqualen im Jenseits und Reinkarnation im Diesseits gereinigt werden sollen – dieser Reinigungsprozedur müssen sich alle Seelen unterziehen, um von den Schlacken, die aus der Zeit ihrer körperlichen Existenz stammen, freizukommen (VI, 729-756); und schließlich die dritte Kategorie der auf ewig Glücklichen, sehr gering an Zahl (VI, 743-744), die frei von jeder Schuld sind, von der sie gereinigt werden müßten, und deshalb sofort nach ihrem Tode ins Elysium gelangen. Der größte Teil der Seelen hingegen ist zur

Wiedergeburt bestimmt, die nicht sofort nach dem Tode erfolgt, sondern erst nach einer langen, qualvollen Wartezeit dort unten, wo jeder «seine eigenen Manen erleidet».

Unklar bleibt, ob Anchises und die anderen Seligen den Weg der Läuterung durchlaufen haben oder ob das Jenseits bei Vergil sich nicht eigentlich für alle als Ort der Läuterung darstellt, so daß der Unterschied nur Dauer und Art der Läuterungsstrafen beträfe, zu denen dann auch die Reinkarnation selbst zu rechnen wäre.

Es wird die Auffassung vertreten, die «lange Frist»,[13] die als Zeitraum für Läuterung und Wiedergeburt genannt wird, stelle eine Anspielung auf die zehntausend Jahre dar, die Platon den Büßenden zuweist,[14] und die elysäischen Felder seien als Ort der Läuterung mit anderen mythischen Reinigungsorten durchaus zu vergleichen.[15]

Am Schluß der Betrachtung bleibt die Frage, ob Vergils Hadesschilderung als Ganzes nicht als Echo orphisch-pythagoräischer Texte zu betrachten sei; jedenfalls bietet sie Gelegenheit, Dantes Verse vom Beginn des *Paradiso* in Erinnerung zu rufen:

«O Ihr, die Ihr in einem kleinen Kahne
Voll Sehnsucht, zuzuhören, auf den Spuren
Mein Boot verfolgt, das hinzieht im Gesang,
Kehrt heim zu Eurem eigenen Gestade,
Treibt nicht aufs Meer hinaus! Ihr könntet draußen,
Indem ihr mich verliert, verlorengehen»
(*Paradiso*, II, 1-6).

«Betrachte die himmlischen Dinge, verachte die irdischen»

CICERO

Der Traum des Scipio. Ciceros Werk *De re publica,* in vielen ihrer Passagen eine seiner bedeutendsten Schriften, entstand zwischen 54 und 52 v. Chr. Es waren Jahre der Bedrängnis und der politischen Leidenschaft, in denen Cicero sein republikanisches Staatsideal bedroht sah.

Anderswo schreibt er: «Ich glaube, daß in anderen Zeiten auch andere es gesagt haben, aber soweit es aus den schriftlichen Quellen hervorgeht, scheint Pherekydes von Syros zum erstenmal gelehrt zu haben, daß die Seelen der Menschen unsterblich sind» (*Tusculanae disputationes*, I, 16, 38). In diesem Abschnitt beschränkt sich Cicero nicht darauf, lediglich die Frage der Unsterblichkeit der Seele zu erörtern. Seine Perspektiven sind von höherer Art, und sein Anliegen ist sehr verschieden von dem, das uns in der griechischen Welt begegnete.

In Dialogform – der Verfasser datiert die Schrift ins Jahr 129 v. Chr. zurück – handelt Cicero in *De re publica* von der Frage nach der besten Regierungsform; er preist die römische Republik als die Verwirklichung des vollkommenen Staates; und am Ende der Schrift fügt er eine berühmt gewordene Schilderung ein, die schon in der Antike die Aufmerksamkeit der Interpreten erregte, das vielgepriesene «somnium Scipionis»: den Traum des Scipio.[1]

Scipio Aemilianus, der als Militärtribun der vierten Legion in Afrika Dienst tut, erscheint im Schlaf der große Scipio, Africanus Maior, der ihm die Gebrechlichkeit und Flüchtigkeit allen weltlichen Ruhms enthüllt. Nur im Jenseits hingegen, so lehrt er ihn, in den Sphären des Himmels, wird tapferen und tugendhaften Männern ewige Glückseligkeit zuteil. In den beiden Scipionen zeigt Cicero die vollkommene Verkörperung des römischen Ideals von Größe und Tugend auf.

«Da zeigte sich mir Africanus...»: er enthüllt dem Aemilianus seine eigene Zukunft und die des Staates; er zeigt ihm den Weg der Politik, die er verfolgen soll und für die er einst reichen Lohn empfangen wird. Die Schilderung des Traumes weist folgende Hauptmomente auf: alle, die dazu beitrugen, der Heimat Größe und Frieden nach außen und innen zu verschaffen, werden einen Platz dauernder Glückseligkeit im Himmel bereitet finden; dort werden sie sich ewigen Lebens erfreuen, denn nichts ist «jenem höchsten Gott, der die ganze Welt regiert», willkommener als ihre Taten. Der Enkel will Gewißheit, daß wirklich sein Großvater zu ihm spricht; deshalb bittet er darum, auch seinen Vater und andere Vorfahren sehen zu dürfen. Die Antwort läßt nicht auf sich warten: die sind die wahrhaft Lebenden, die den Aufstieg zum Himmel genommen haben und den Fesseln des Körpers entronnen sind: «Was Euch Leben heißt, ist Tod.»

Aemilianus erblickt und umarmt seinen Vater und bittet ihn – denn dies ja sei das wahre Leben –, seinen Übergang aus dieser Welt zur anderen zu beschleunigen, wo er ihn wiederfinden werde. Doch sein Vater erwidert ihm, nur die Gottheit selbst könne den Leib aus seiner Erdenhaft befreien und ihm den Weg zum Himmel öffnen. Im Diesseits aber bestehe die Aufgabe der Menschen darin, jenen

Ball, den sie «Erde» nennen, zu hüten und zu regieren. Deshalb empfingen sie auch eine Seele aus Feuer, von gleicher Beschaffenheit wie die Planeten und Sternbilder. Die Seele ist die Wächterin des Körpers und darf ihn nicht verlassen ohne die Zustimmung dessen, der sie mit dem irdischen Leib verband. Der Aufgabe, die ihr die Gottheit selbst zuwies, darf sie sich nicht entziehen.

Der junge Tribun erfährt, daß seine Aufgabe auf Erden darin bestehe, Gerechtigkeit und Pflichtgefühl zu üben («iustitiam cole et pietatem») gegen diejenigen, die ihm am nächsten stehen, vor allem aber gegenüber dem Vaterland: «Ein solches Leben ist der Weg zum Himmel und in diese Gemeinschaft derer, die ihr Leben schon vollendet haben und, vom Körper gelöst, jenen Ort bewohnen, den Du da siehst.» Die Seligen wohnen in einer gesonderten Region des Himmels, «Milchstraße» genannt. Aemilianus, geblendet vom Glanz der Himmelskörper und voller Erstaunen über die Unermeßlichkeit des Himmels, erkennt, wie klein in Wahrheit die Erde ist, auf der sich, von oben, das römische Imperium nur wie ein winziger Punkt ausnimmt.

Immer noch der Traumvision der Erde hingegeben, wird er durch die Stimme seines Großvaters ermahnt: «Siehst Du denn nicht, in welche Bezirke Du gekommen bist?» Und er beschreibt ausführlich die Himmelssphären, die Planeten, ihre Entstehung und die melodische Musik, die von ihnen ausgeht. Doch der junge Mann heftet unablässig den Blick auf die Erde; sein Großvater ermahnt ihn erneut mit einer klaren und eindeutigen Weisung: «Du mußt ... immer auf diese himmlische Welt blicken und jene Menschenwelt verachten.»[2] Und zur vorangegangenen Beschreibung der Wunder des Himmels fügt er nun den Hinweis auf die Geringfügigkeit und Kleinheit der Erde; eng und beschränkt, wie sie ist, tauge sie nicht zu dauerhafter Heimat.

Aemilianus wird nun aufgefordert, den Blick nicht von den Regionen des Himmels zu wenden, wohin das Streben großer Männer gerichtet sein solle, und seine Hoffnung nicht auf das irdische Dasein und menschlichen Lohn zu setzen. «Mit den ihr eigenen Lockungen muß Dich die Vollkommenheit selbst zur wahren Würde emporziehen.»[3] Was hingegen die Menschen von ihm sagen, hat nur geringen Wert und vergeht. Nun bricht der junge Tribun in die Worte aus: «Wahrhaftig, ... wenn um das Vaterland verdienten Männern ein Pfad zum Himmel offensteht, so will ich, ob ich auch schon von Kindheit an in meines Vaters und deine Fußstapfen getreten bin und Euch keine Unehre gemacht habe, doch jetzt, da ein so hoher Lohn ausgesetzt ist, noch viel unermüdlicher mich bestreben.»[4]

Aber Africanus hat noch nicht alles gesagt: « ... wisse wohl: nicht Du bist sterblich, sondern nur dieser Dein Körper; denn Du bist nicht der, der durch diese Deine Gestalt dargestellt wird, sondern der Geist eines jeden Menschen ist der eigentliche Mensch, nicht die äußere Gestalt, auf die man mit dem Finger zeigen kann. Wisse also, daß Du Gott bist,[5] wenn anders Gott ist, was lebt, empfindet, sich erinnert, voraussieht und was den Körper, über den es gesetzt ist, so lenkt, leitet und bewegt, wie jener höchste Gott dieses Weltall; und wie das zu einem gewissen Teil sterbliche Weltall der ewige Gott selbst, so bewegt den gebrechlichen Körper der ewige Geist.» Wenn es nun das Wesensmerkmal der Seele ist, selbst Grund ihrer Bewegung zu sein, so bedeutet dies: «sie ... ist sicherlich nicht entstanden, und ist ewig.»

Damit ist Africanus schon bei seinen letzten Ermahnungen angelangt. «Deine Seele übe in allen edlen Dingen! Das Edelste aber ist das Mühen um das Wohl des Vaterlandes.»[6] Hat die Seele diese Tugenden geübt und sich für sie abgemüht, so steigt sie rascher von der Erde zu jener

Region auf, wo der ältere Scipio schon wohnt und wo ihr ein Platz bereitet ist.[7] Sie erreicht ihre ewige Bestimmung um so schneller, wenn der Geist, in den Körper gebannt, sich über diesen erhebt und sich – durch die Betrachtung dessen, was jenseits der irdischen Welt liegt – so weit wie möglich schon hier auf Erden befreit.

Doch nicht alle besitzen die Seelengröße des jungen Tribunen. Was wird aus diesen anderen? Der ältere Scipio beendet seine Rede, indem er den Blick auf sie lenkt: «...die Seelen derer, die sich den Genüssen des Körpers überlassen, sich gleichsam zu dessen Dienern hergeben und unter dem Antrieb der den Genüssen dienstbaren Lüste der Götter und der Menschen Rechte verletzt haben, die müssen, wenn sie den Körpern entglitten sind, um die Erde selber kreisen und kehren erst, nachdem sie viele Jahrhunderte lang umgetrieben worden sind, an diesen Ort zurück.»

Der ältere Scipio entschwindet, und der junge Mann erwacht aus seinem Traum.

Der erste Vergleich, der sich anbietet, ist der mit dem Mythos von Er, den Platon berichtet; doch für den Aufbau seiner Erzählung verdankt Cicero ihm nur wenig. Ausdrücklich bekräftigt wird hingegen der Bezug zu dem Traum, den Ennius am Beginn seiner *Annalen* berichtet; Cicero zog Ennius allen anderen römischen Dichtern vor und zitiert ihn am Beginn von *De re publica*: «Es kommt ja öfter so, daß unsere Gedanken und Unterhaltungen im Schlafe dann etwas Ähnliches hervorbringen wie das, was Ennius von Homer berichtet, über den er natürlich sehr häufig im Wachen nachzudenken und zu reden pflegte» (*De re publica*, VI, 2). Und Scipio Africanus hat nach Cicero mit Masinissa den ganzen Tag von seinem berühmten Großvater gesprochen: als er, von Weg und Nachtwachen erschöpft, sich zur Ruhe legt, erscheint ihm das geschilderte Traumbild.

Auch im Motiv der Apotheose, die hier Scipio zuerkannt wird, ging Ennius Cicero voraus. In den *Annalen* berichtet auch er, im Traum sei ihm Homers Seele erschienen, um ihm bisher nicht bekannte Dinge über die Natur des Weltalls und das Schicksal der Seelen nach dem Tode mitzuteilen. In dieser Traumvision wird Ennius von Homer belehrt, daß die Seele nicht zugrunde gehe, sondern vielmehr von Körper zu Körper wandere, während ihr Ebenbild oder Schatten zur Unterwelt hinabsteige, von wo es häufig wiederkehre, um sich den Sterblichen zu zeigen.

Das Motiv des Traumes als Zugang zur Kenntnis der göttlichen Geheimnisse ist nicht ohne Vorläufer: Pindar betont den göttlichen Ursprung der Seele und fügt dann hinzu, sie sei tätig, während die Glieder schlafen, und enthülle im Traum dem Schlafenden, welches Glück und welche Übel ihn erwarten.[8] Und Maximos von Tyros berichtet, der kretische Weise Epimenides habe seine einzigartige Kenntnis der göttlichen Dinge auf einen Traum während eines langen Schlafes zurückgeführt: «Sein eigener Lehrer, erfüllte er langen Schlaf mit einem Traum.»[9]

Was die Definition der Natur der Seele und den Lobpreis auf ihre Befreiung aus den Fesseln betrifft, so lassen sich sofort einige Gemeinsamkeiten und Abhängigkeiten ausmachen zwischen Platons Philosophie und den Grundfragen, die Ciceros Text bewegen. Dasselbe läßt sich auch sagen zum Motiv der Glückseligkeit im künftigen Dasein; im Himmel «leben wahrhaft jene, die den Fesseln des Körpers entfliehen wie einem Kerker» (VI, 14). Der Gedanke an Platons *Phaidon* drängt sich hier auf: « ... solange wir noch den Leib haben und unsere Seele mit diesem Übel im Gemenge ist, wir nie befriedigend erreichen können, wonach uns verlangt; ... es ist uns wirklich ganz klar, daß, wenn wir je etwas rein erkennen wollen, wir uns von ihm losmachen und mit der Seele selbst die Dinge selbst schauen müssen. Und dann erst offenbar werden wir haben, was wir begehren...» (*Phaidon*, 66B-E).

Der Gedanke, der Körper stelle eine Fessel und ein Hindernis für die Seele dar, war schließlich unter den Gebildeten der Antike weit verbreitet.

Auch die «Milchstraße», die Wunder des Sternenhimmels, die Harmonien der acht Himmelssphären, deren Kreisen himmlische Musik hervorbringt, und die erklärende Beschreibung der fünf Erdenzonen, von denen Africanus spricht (VI, 16-21), finden ihre Entsprechung in verschiedenen Texten Platons (wie etwa im ersten und zweiten Teil des *Timaios*, 27D-68D).[10] Ebenso ist der Vergleich der aus Feuer gebildeten Seele mit den Gestirnen offensichtlich platonisch. Hat die Seele des Gerechten den Scheideweg des Hades hinter sich gelassen, so begibt sie sich auf die Straße, die zum Himmel führt (*Politeia*, 614B-C). «... andere aber, in einen Ort des Himmels erhoben durch das Recht, leben dort dem Leben gemäß, welches sie in menschlicher Gestalt geführt» (*Phaidros*, 249C). Derselbe Gedanke findet sich bei Diogenes Laertius wieder, der in einem geglückten Epigramm auf Thales sich an Zeus mit den folgenden Worten wendet: «Dank Dir! Du hast ihn entführt in deine Nähe; er konnte von dieser Erde nicht mehr schauen das Sternenzelt.»

Die Riten der Einweihung waren Cicero bekannt, und er hegte große Wertschätzung für sie: «... nichts scheint mir wertvoller als jene Mysterien, durch die wir aus einem ungebildeten und grausamen Leben zur Menschlichkeit emporgebildet und zivilisiert worden sind und die ersten Weihen empfangen haben, die so heißen und in Wahrheit die rechten Prinzipien des Lebens sind, durch die wir nicht nur freudig zu leben, sondern auch mit besserer Hoffnung zu sterben gelernt haben» (*De legibus*, 2, 14, 36).

Nicht zufällig war der kurzen, aber weitverbreiteten Erzählung vom Traum des Scipio gerade durch den Hauch von Weltentsagung, der ihre Eigenart ausmacht, ein nicht unerheblicher Erfolg beschieden, und ihr Einfluß erstreckt sich bis hin zu einigen Richtungen der christlichen Mystik.

«Der Mensch quält sich, um zu wissen, doch nichts entdeckt er»

DIE JUDEN

Unter den Kulturen des antiken Nahen Ostens beansprucht die jüdische eine besondere Stellung. Wenn nicht von einer kulturellen Binnenexistenz, so läßt sich doch zumindest von einer einzigartigen, in sich abgeschlossenen Welt weitestgehender Autonomie sprechen. In mancher Beziehung stellt sich das Judentum als eine Synthese der verschiedenartigsten Strömungen dar, die sich in der Welt des antiken Nahen Ostens finden; gleichzeitig aber hat sich die jüdische Kultur – unter anderem Gesichtspunkt betrachtet – mit bewundernswerter Eigenständigkeit entwickelt.

Die Jenseitsvorstellungen, die in der jüdischen Kultur wachsen konnten, sind darum nicht nur als ein Aspekt der Kultur des Mittelmeerraums von Wichtigkeit. Ihre Bedeutung manifestiert sich vor allem auch in dem immensen Einfluß, den sie auf das Christentum ausübten.

Gerade dieser besonderen Bedeutung wegen scheint es gerechtfertigt, wenn die Erörterung zwei Hauptlinien folgt: die erste stützt sich auf den Teil der Bibel, der unter dem Oberbegriff «Altes Testament»[1] zusammengefaßt wird, die zweite hingegen auf außerbiblische Zeugnisse und auf die alttestamentarische apokryphe Literatur.

Die Unterscheidung von Seele und Leib ist jüdischem Denken fremd und wurde (wie im folgenden noch gezeigt werden soll), wenn überhaupt, dann nur unter großen Schwierigkeiten übernommen. Allem Anschein nach war der Gedanke weit verbreitet, solang irgendein Teil vom Körper des Verstorbenen übrig sei, überlebe etwas von ihm, wenn auch nur im Zustand äußerster Schwäche und Gebrechlichkeit; es existiere gewissermaßen ein Schatten des Verstorbenen weiter. Doch handelt es sich hierbei um nichts, das den Namen «Leben» verdiente. Dieses Fortvegetieren vollzieht sich an einem unterirdischen Ort, den die Juden Sheol nennen und der im ganzen dem entsprechen dürfte, was die Römer «Inferi» und die Griechen «Hades» nannten.

Der schlimmste Fluch sei es, einen Verstorbenen nicht zu bestatten und ihn den wilden Tieren zum Raub zu lassen. Mit diesen Worten schleuderte ein Prophet einem ungerechten Herrscher seine Verwünschung entgegen: «Wer vom Haus Jerobeam in der Stadt stirbt, den sollen die Hunde fressen, und wer auf dem Felde stirbt, den sollen die Vögel fressen» (1 Kön 14,11).

Angesichts der ausweglosen Traurigkeit des Todes galt es als großer Trost, «in gesegnetem Alter» zu sterben und im Grab des Vaters beigesetzt zu werden, in der Gruft der Familie. Dieser Wunsch begleitete denn auch die Toten und erfreute sich als Akt der Pietät allgemeiner Wertschätzung: «David . . . ging hin und ließ sich die Gebeine Sauls und die Gebeine seines Sohnes Jonathan . . .ausliefern», die er beisetzte «im Grab seines Vaters Kisch» (2 Sam 21,12-14). Auch die Bezeichnungen «zu seinen Vätern versammelt werden», «bei seinen Vätern ruhen», als Euphemismen für «sterben», haben hier ihren Ursprung.

Die Armen wurden im allgemeinen in einfachen Massengräbern beigesetzt: es waren die «Gräber des gemeinen Volkes» (Jer 26,23), während die Reichen sich zu Lebzeiten schon ihr Grabmal errichteten. Dennoch besteht eine offenkundige Distanz zu jener Art von grimmigem Eifer und Pomp, denen wir in den Grabriten des alten Ägypten begegneten. Die anscheinend einzige Ausnahme bildet die Totenstadt der Könige von Juda, die «Davidstadt» (1 Kön 2,10; 11,43 u. ö.). Doch ihre Ausmaße sind so bescheiden, daß bis vor kurzem sogar ihre exakte Lokalisierung umstritten war, und auch jetzt, da ihre Lage genau ermittelt ist, bleibt nur festzustellen, wie unangemessen jeder Vergleich mit ägyptischen Verhältnissen wäre. Die gewaltigen Grabanlagen, die man noch heute in der Umgebung von Jerusalem bewundern kann, sind hingegen relativ neuen Datums.

Viel wurde geschrieben über die zahllosen Grabstätten des antiken Judentums, die Archäologen auf dem Ölberg entdeckten, entlang dem Tal des Kidron, auf den Hügeln rings um Jerusalem und in der umfangreichen Nekropole von Beth Shearim (31 Katakomben, die seit 1936 freigelegt wurden). Doch sie alle weisen keine Inschriften auf, und so fällt es schwer, sich über die Empfindungen der Hinterbliebenen klarzuwerden, wenn sie ihre Toten in dieser Weise ehrten. Unbeschadet derartiger Spekulationen, die nicht Bestandteil unserer Untersuchung sein können, bleibt eine allgemeine Einsicht festzuhalten, in der alle Forscher übereinstimmen: die Totenstadt von Beth Shearim ist aus besonderen Motiven zu erklären, die sich eher zufällig ergaben. Die Grabstätten am Tal des Kidron, auf dem Ölberg und in der Umgebung Jerusalems hingegen haben ihren Grund in einer tiefen jüdischen Glaubensüberzeugung, wonach der Ölberg als der Ort galt, an dem sich der ersehnte Messias zum erstenmal offenbaren würde, um eine neue Geschichtsepoche einzuleiten. Und dies ist zweifellos ein Thema, das unsere Untersuchung betrifft, die bereits abgeschlossen schien: die erwähnten Grabstätten beweisen, daß es sich um einen Glauben handelte, der in stärkerem Maß auf die Zukunft hin offen war, als seine literarischen Zeugnisse vermuten lassen.[2]

Die Feuerbestattung ist in Palästina nicht bezeugt, es sei denn für den Zeitraum vor der Einwanderung der Juden; diese selbst aber praktizierten sie niemals. Den Körper zu verbrennen galt als eine Schande, die den schlimmsten öffentlichen Sündern vorbehalten blieb: «Wenn jemand eine Frau und dazu deren Mutter nimmt, so ist dies Blutschande. Man soll ihn und sie verbrennen, damit nicht ferner Blutschande unter euch begangen werde.» «Wenn die Tochter eines Priesters sich durch Unzucht entweiht, so entweiht sie ihren Vater; sie soll verbrannt werden» (Lev 20,14; 21,9).

Die Einbalsamierung war zu keiner Zeit üblich; die einzigen Ausnahmen, für die es einen Beleg gibt, bilden die Einbalsamierung Jakobs und Josephs (die beide in Ägypten starben), und diese Fälle werden denn auch ausdrücklich auf die ägyptische Sitte zurückgeführt (Gen 50,2-3.26).

Der König Hiskija. Als der Prophet dem frommen König Hiskija (716 – 687 v. Chr.), der schwer erkrankt war, den bevorstehenden Tod verkündete, kehrte dieser sein Gesicht zur Wand, beteuerte seinen reinen und gerechten Wandel und weinte dann bitterlich (2 Kön 20,1-13). Tatsächlich kam sein Tod nicht sofort, denn Gott sah seine Tränen, erhörte sein Bitten, gab ihm die Gesundheit wieder und schenkte ihm noch weitere Jahre (2 Kön, 20,4-6). Der Lobgesang an Jahwe, der Hiskija bei dieser Gelegenheit in den Mund gelegt wird, ist eines der deutlichsten Zeugnisse des Alten Testaments zur Vorstellung des Jenseits:

«Ich sagte: In der Mitte meiner Tage
muß ich hinab zu den Pforten der Unterwelt,
man raubt mir den Rest meiner Jahre.
Ich sagte: Ich darf den Herrn nicht mehr schauen
im Land der Lebenden, keinen Menschen mehr sehen
bei den Bewohnern der Erde.
Meine Hütte bricht man über mir ab,
man schafft sie weg wie das Zelt eines Hirten.
Wie ein Weber hast du mein Leben zu Ende gewoben,
du schneidest mich ab wie ein fertig gewobenes Tuch.
Vom Anbruch des Tages bis in die Nacht
gibst du mich völlig preis;
bis zum Morgen schreie ich um Hilfe.
Wie ein Löwe zermalmt er all meine Knochen.
Ich zwitschere wie eine Schwalbe,
ich gurre wie eine Taube.
Meine Augen blicken ermattet nach oben:
Ich bin in Not, Herr. Steh mir bei!
Was kann ich ihm sagen, was soll ich reden,
da er es selber getan hat?
Es flieht mich der Schlaf;
denn meine Seele ist verbittert.

Herr, ich vertraue auf dich;
du hast mich geprüft.
Mach mich gesund, und laß mich wieder genesen!
Du hast mich aus meiner bitteren Not gerettet,
du hast mich vor dem tödlichen Abgrund bewahrt;
denn all meine Sünden warfst du hinter deinen Rük-
ken.
Ja, in der Unterwelt dankt man dir nicht;
die Toten loben dich nicht;
wer ins Grab gesunken ist,
kann nichts mehr von deiner Güte erhoffen.
Nur die Lebenden danken dir,

wie ich am heutigen Tag»
(Jesaja 38, 10-19).

Der Herr ist also in der Unterwelt nicht mehr zu finden; im Reich des Todes gibt es keine Menschen, sondern nur noch Schatten. Der Tod ist wie ein heftiger Windstoß, der das Zelt des Hirten aus der Verankerung reißt und mit sich fortträgt. Was kann der Mensch dagegen tun? Nichts anderes ist ihm möglich, als seine Leiden zu tragen und die Augen zum Himmel zu erheben, zu dem, der dem Menschen das Leben schenkt und ihn dem Verderben entreißen kann. Gott ist nicht in der Sheol; ihn zu preisen ist ein Vorrecht der Lebenden.

Was aber ist die Sheol? Es handelt sich um die gebräuchlichste Vokabel des Alten Testaments zur Bezeichnung des Jenseits; und zwar um eine spezielle Benennung, die nur die antike jüdische Literatur kennt, um auf das «Reich der Toten» hinzudeuten.

Es ist nicht klar, aus welchem Grunde dieser Begriff, der sich in anderen semitischen Sprachen nur ausnahmsweise findet, in der hebräischen Literatur so gebräuchlich wurde. Auch seine ursprüngliche Bedeutung ist trotz aller wissenschaftlichen Bemühungen bis heute nicht erhellt. Manche Gelehrte nehmen an, die ältesten Bedeutungen seien «religiöse Befragung», «Gerichtsort» und schließlich «Unterwelt». Angesehene Forscher der semitischen Kulturen[3] schlagen auch vor, in «Sheol» einen Terminus technicus zu sehen, der ursprünglich eine Art gerichtlicher Untersuchung bezeichnete.

Was immer jedoch die Grundbedeutung des Begriffs gewesen sein mag – in der Bibel jedenfalls ist niemals die Rede von einem in der Sheol stattfindenden Totengericht, es finden sich auch keine Stellen, die auf eine solche Bedeutung hinweisen könnten. Das Wort ist vor allem ein Indiz dafür, daß über das Problem des Jenseits nachge-

dacht wurde; und so findet es sich denn weit öfter in der
poetisch-lehrhaften Literatur (Psalmen, Sprüche, Buch
Hiob, Jesaja, Ezechiel . . .) als in den geschichtlichen Büchern.
Die Sheol ist ein Gefängnis und ein Ort der Auflösung,
des Todes, des Verderbens, des Zerfalls, der Verwesung
und des Schweigens: sie ist unter der Erde gelegen und
finster, es gibt in ihr Gebirge und Flüsse.[4] Ein eindringli-
cher Abschnitt des Buches Hiob sagt: «Blick' weg von
mir, damit ich mich etwas freue, / bevor ich fortgeh' ohne
Wiederkehr / ins Land des Dunkels und des Schattens, /
ins Land der Finsternis, da keine Ordnung, / wo, wenn es
leuchtet, ist's wie tiefe Nacht!» (10,20-22).
Der charakteristische Ausdruck, um die Weise zu bezeichnen, wie die Sheol die Toten aufnimmt, lautet «verschlingen». Auf diese Benennung nimmt ein sehr später
Text des Buches Jesaja Bezug, wo es mit ironischer
Schärfe heißt: «Gott hat den Tod verschlungen für immer» (Jes 25,8); die Sheol ist so fürchterlich, weil Gott
nicht in ihr ist, obwohl außer Zweifel steht, daß auch sie
Gottes Macht unterworfen ist: «Stiege ich zum Himmel
hinauf, so bist Du zugegen, / wollte ich in der Unterwelt
lagern, so bist Du auch dort . . . Und sagte ich auch:
Finsternis soll mich bedecken / und Nacht mich umgeben
wie sonst das Licht, / so ist doch Finsternis selbst nicht
dunkel für Dich, / Nacht ist Dir hell wie der Tag» (Psalm
139,8-12).
Die jüdischen Autoren wollten in der Bibel nie eine wie
auch immer geartete Beschreibung der Sheol geben; sie
charakterisierten sie mit einzelnen Worten, und die einzigen Texte, die auf irgendeine Weise auf das Dasein der
Verstorbenen in der Sheol Bezug nehmen, sind diejenigen, die ich im folgenden anführe; an dichterischem Rang
stehen sie zweifellos hinter den Texten der *Odyssee* und
der *Äneis* zurück, die in den vorangegangenen Kapiteln

behandelt wurden; doch haben sie den Vorzug, keine genaue Kenntnis der Unterwelt vorzutäuschen, wohl aber einen dauerhaften Glauben an das Jenseits zu bezeugen.

Bitten eines Kranken. Ein Psalm schildert uns die seelische Unruhe eines Kranken, also des Menschen schlechthin, der Kenntnis seiner selbst besitzt und seine Empfindungen im Angesicht des Todes in Worte faßt. Ohne je aufzuhören, seinen eigenen Glauben zu bezeugen, beleuchtet der Psalmist – mit teils leidenschaftlichen, teils verhaltenen Worten – die mythischen Bilder, die Vorstellungen, den Glauben an das Jenseits, der die dunklen Stunden des Lebens begleitete:

«Jahwe, mein Gott, am Tage rufe ich Dich,
ich klage vor Dir in der Nacht.
Es dringe zu Dir mein Gebet,
neige Dein Ohr meinem Flehen.
Denn meine Seele ist gesättigt mit Leid,
dem Totenreich nahe ist mein Leben.
Ich werde zu denen gezählt, die fahren zur Grube,
ich bin ein Mensch ohne Kraft,
entlassen unter die Toten,
gleich den Erschlagenen, die ruhen im Grabe:
Deren Du nimmer gedenkst,
die keinen Teil mehr haben an Deiner Sorge.
Du warfest mich in die unterste Grube,
in die Finsternis, in den Abgrund.
Schwer lastet auf mir Dein Unmut,
all Deine Wogen brechen herein über mich.
Meine Freunde hältst Du mir ferne,
Du machst mich ihnen zum Greuel,
ein Gefangener bin ich und kann nicht entrinnen.
Meine Augen dunkeln vor Elend,
Jahwe, an allen Tagen rufe ich Dich,

nach Dir breite ich aus meine Hände.
Willst Du Wunder tun an den Toten?
Stehn die Schatten auf und verkünden Dein Lob?
Erzählt man im Grabe von Deiner Huld,
von Deiner Treue im Totenreich?
Werden Deine Wunder der Finsternis kund
und dem Lande des Vergessens Deine Gnade?»
(Psalm 88, 2-17).

Wie König Hiskija, so weiß auch der Psalmist, daß das
Jenseits kein angenehmer Ort ist; es ist Gottes Hand, die
dem Leben ein Ende setzt; der Toten gedenkt Gott nicht
mehr, sie sind in den Abgründen, in den Tiefen der Finsternis. Seine Bitte richtet sich darum auf das Leben im
Diesseits. Er weiß, daß sein Gott für die Toten keine
Wunder tut, er weiß auch, daß die «Schatten» sich niemals erheben, um Gott in der Unterwelt zu loben;
schließlich weiß er, daß man am Ort des «Verderbens»
nicht mehr von Gottes Güte spricht und daß die göttliche
Gerechtigkeit nicht mehr ins Reich der Finsternis dringt:
denn – wie wir noch sehen werden – das letzte Schicksal
ist für alle gleich. Der Betende bittet um seinen Anteil am
Dasein, er bittet in Demut um Gerechtigkeit: denn alles
Leben ereignet sich hier auf Erden.

Refaim ist ein hebräisches Pluraletantum von unsicherer
Etymologie;[5] der Begriff zog, besonders aufgrund neuer
Funde, die Aufmerksamkeit verschiedener Forscher auf
sich, die auch der Umstand erstaunte, daß er in der Bibel
nicht weniger als achtmal in Verbindung mit dem Wort
«Sheol» auftritt.[6] Nach Meinung einiger Wissenschaftler
deutet er auf etwas wie untermenschliche Wesen, antike
Unterweltsgötter, deren Gestalt mit Zeugung und Fruchtbarkeit verknüpft wird. Doch ist es viel wahrscheinlicher,
daß er die Verstorbenen in der Sheol als «Versammelte,

Vereinigte» bezeichnet und so auf den rätselhaften Zustand hinweist, in dem sie sich befinden.

Abbadon ist ein abstrakter Begriff, der «Zerstörung, Untergang» bedeutet, aber stets im konkreten Sinn gebraucht wird: «Ort der Zerstörung», also: Sheol.

> «Vor Jahwe (liegen offen) selbst Unterwelt und Totenreich
> wieviel mehr die Herzen der Menschenkinder!»
> (Spr 15,11)

> «Unterwelt und Totenreich werden nicht satt,
> und auch die Augen der Menschen werden nicht satt»
> (Spr 27,20).

Ein Tyrann in der Sheol. Kein jüdischer Autor hätte je gewagt, sich seinen eigenen Abstieg zur Sheol vorzustellen. Bei allen Texten, die ich wiedergebe, handelt es sich um Momentaufnahmen, um vage Umrisse des Jenseits, die jeder Dynamik, jeder Lösung entbehren und denen weiterführende Perspektiven verschlossen sind.
An einer Stelle der Bibel, in einem Abschnitt, der mehr als andere Züge des Phantastischen annimmt, malt sich der Prophet Jesaja die Ankunft eines Tyrannen in der Sheol und die Zerstörung seines Grabmals hier auf Erden aus. Zwar bleibt es unklar, um welchen Gewaltherrscher es sich handelt – wahrscheinlich um einen assyrischen oder einen babylonischen König –, doch das Detail ist nicht von großer Bedeutung; der Text ist darum so kostbar, weil er der einzige in der Bibel ist, der eine – wenngleich märchenhafte – Darstellung des Jenseits bietet.
Der Dichter beginnt, indem er das Erstaunen der Welt über den Tod des Tyrannen schildert:

154

«Wie hat der Zwingherr doch geendet,
geendet seine Anmaßung. Es brach
Jahwe den Stab der Frevler, den Stock der Tyrannen,
der mit Ingrimm die Nationen schlug, mit Schlägen
ohne Zahl,
der im Zorne Völker niedertrat, sie schonungslos verfolgte.
Nun ruht und rastet alle Welt, man bricht in Jubel
aus . . .»

Und schon befinden wir uns in einer höchst lebendigen
und detailreichen Schilderung der Sheol, wohin der tote
Gewaltherrscher hinabsteigt, um von ihren Bewohnern in
Empfang genommen zu werden:

«Die Sheol aber drunten ist deinetwegen aufge-
schreckt in der Erwartung deines Kommens.
Sie jagt die Schatten auf um deinetwillen, der Erde
Fürsten insgesamt;
läßt von ihren Thronen sich erheben alle Könige der
Völker.
Sie alle heben an und sprechen nun zu dir:
Auch du bist kraftlos nun wie wir, du bist uns gleich
geworden?
Hinab in die Sheol fuhr deine Pracht, das Rauschen
deiner Harfen.
Auf Moder bist du jetzt gebettet, Gewürm ist deine
Decke.»

Der Dichter fährt dann fort mit Worten von schneidender
Schärfe, die er den Bewohnern der Sheol in den Mund
legt und die sie an den Tyrannen richten, der nun endlich
zu ihnen herabkam:

«Wie bist du vom Himmel gefallen, Glanzgestirn,
Sohn der Morgenröte!
Wie bist du zu Boden geschmettert, du, der alle Völker
versklavte!
Du plantest in deinem Herzen: Zum Himmel will ich
steigen,
meinen Thron über Gottes Sterne setzen, auf dem
Versammlungsberg,
im höchsten Norden will ich wohnen.
Ich will zu Wolkenhöhen mich erheben, gleich sein
dem Allerhöchsten.
Doch hinabgestürzt bist du in die Sheol, in die aller-
tiefste Tiefe.
Die dich einst sahen, betrachten dich nun, schauen
dich sinnend an:
Ist das der Mann, der die Welt erschütterte, der Kö-
nigreiche wanken ließ,
der die Welt zur Wüste machte und ihre Städte nieder-
riß,
der seinen Gefangenen das Gefängnis nie geöffnet?»

Zur Ironie gesellt sich der Hohn des Vergleichs zwischen
dem Los des Tyrannen und dem der anderen, die bereits
in der Sheol hausen:

«Die Könige der Völker ruhen all in ihren Gräbern,
ein jeder liegt in seiner Gruft.
Du aber bist weggeworfen, ohne Grab, wie ekliger Ab-
fall.
Unter Erschlagenen und Schwertdurchbohrten, die zu
den Steinen der Grube fahren, bist du wie ein zertrete-
nes Aas.
Nicht wirst du das Grab mit ihnen teilen, weil du das
Land verwüstet,
dein eigenes Volk gemordet hast.

156

In Ewigkeit soll man des Frevlers Brut nicht mehr nennen.
Richtet eine Schlachtbank für seine Söhne her ob ihrer Väter Schuld,
daß sie nimmer sich erheben, um die Welt zu erobern und das Antlitz der Erde zu bedecken.»

Dieser kurze Abschnitt ist überreich an bedeutungsvollen Bildern: was aber vor allem ins Auge springt, ist die Vorstellung, wonach das Jenseits für alle ein gleiches Schicksal bereithält. Wer hier auf Erden sich für einen «Luzifer» hielt – das heißt: für einen Lichtbringer – und für einen «Sohn der Morgenröte», wird für die anderen Schatten zur Zielscheibe ihres Spottes; seine Welt stürzt ein, ihm wird sogar die Möglichkeit genommen, in seiner Nachkommenschaft auf irgendeine Weise auf Erden fortzudauern: die Söhne der Gottlosen werden nur wenige Jahre leben, und ihre Gräber werden geschändet. Das Jenseits also bietet nur ein schattenhaftes Dasein, das gleich ist für alle: für die Schuld der Gottlosen aber zahlen und büßen deren Nachkommen oder Verwandte, die noch hier auf Erden leben; im Jenseits dagegen sind alle gleich. Die einzige Belohnung erfolgt im Diesseits und besteht in der Bestattung an der Seite der Angehörigen und in den Ehren, die dem Toten an seinem Grabe erwiesen werden.

Die Könige von Ägypten und Assyrien in der Sheol. Dem zitierten Text des Jesaja sehr ähnlich sind zwei andere, die von dem Propheten Ezechiel stammen, der etwa zweihundert Jahre später lebte.
Wenige Monate nach der Einnahme Jerusalems durch das Heer Nebukadnezars (587 v. Chr.) macht sich der Prophet zum Sprachrohr der Empörung und des Zornes über die Untätigkeit der Ägypter zum Zeitpunkt der babyloni-

schen Übermacht. Alle Völker dieser Zeit und vor allen anderen die Juden sahen in Ägypten die einzige Macht, die imstande wäre, der Expansion des mesopotamischen Riesenreiches Einhalt zu gebieten.

Der Prophet beschreibt (Ez 32) in apokalyptischen Bildern die Anmaßung des Pharao und seines Heeres, und er stellt ihr – wiederum in apokalyptischer Diktion – die Antwort der Gottheit gegenüber: «Ich werde viele Völker in Unruhe versetzen, wenn ich deine Gefangenen unter die Nationen bringe in Länder, welche du nicht kennst.» Er sagt einen Krieg mit dem Herrscher Babylons und die Niederlage des Pharao voraus und schildert sodann dessen Abstieg zur Sheol, zusammen mit seinem ganzen Heer: dort kann er niemandem mehr Schaden bringen. Er wird anderen Völkern begegnen, die er einstmals niederwarf und die sich nun versammeln, sein Los zu beklagen. Dem Pharao und seinem Heer verweigert Ezechiel sozusagen die «Soldatenehre»: in der Sheol werden sie nicht den Helden zugesellt, die mit ihren Waffen im Kampfe fielen; ihr Platz ist vielmehr bei den Übeltätern. Diese Unterscheidung findet, so scheint es, in anderen Texten keine Entsprechung.

An anderer Stelle (Ez 31) bejubelt der Prophet die Niederlagen, die das assyrische Reich erlitt, nachdem es mit der Eroberung Ägyptens und der Zerstörung Thebens auf dem Gipfel seiner Macht angelangt war; diejenigen Völker, die aus dem Fall des assyrischen Imperiums Gewinn zu ziehen hoffen, warnt er: « . . . alle sind dem Tod geweiht, sie kommen zur Unterwelt, mitten unter die Menschen; zu denen, die in die Grube gestiegen sind», und er fährt fort – mit seltsamen und unvergleichlichen Worten –, die Macht des assyrischen Reiches sei so gewaltig gewesen, daß bei ihrem Niedergang Gott der Sheol selbst zu trauern gebot: «Am Tage, da sie zur Sheol hinabfuhr, da ließ ich trauern über sie die Flut und hielt ihre Ströme zurück, so daß ihre vielen Wasser stockten; ich hüllte ihretwegen den Libanon in ein Trauergewand, und um ihretwillen verschmachteten alle Bäume des Feldes. Im Dröhnen ihres Sturzes machte ich Völker erbeben, als ich sie in die Sheol hinabstieß zu denen, die in die Grube hinabgestiegen sind. Da trösteten sich in der Unterwelt alle Bäume Edens, die schönsten und besten vom Libanon, alle, die Wasser tranken. Auch sie fuhren mit ihr hinab zur Sheol, zu den vom Schwert Erschlagenen, die Stämme, die unter ihrem Schatten inmitten der Völker gesessen hatten.»

Sheol und Gehenna. Ausgehend von der ursprünglichen Bedeutung des Begriffs «Sheol» (als der Ort, der das endgültige und unausweichliche Schicksal aller Menschen darstellt), erfuhr der Terminus zahlreiche Metamorphosen. In den meisten und ältesten Zeugnissen erscheint die Sheol als der Ort, der Guten wie Bösen unterschiedslos vorherbestimmt ist. Die einzige Unterscheidung, die sich in dieser Hinsicht erkennen läßt, ist die in Gruppierungen familiärer, ethnischer und gesellschaftlicher Art, wie sie im Diesseits bestanden: deshalb wird gesagt, wer stirbt, gehe ein «zu seinen Vätern».
Doch diese Grundauffassung erfuhr im Lauf der Zeiten immer stärkere Ablehnung zugunsten einer anderen moralischer und religiöser Art: und diese letzte gewann etwa seit der Epoche der persischen Herrschaft, seit 538 v. Chr. also, zunehmend an Boden.
Auf der Grundlage dieser neuen Vorstellung entwickelte sich eine Überzeugung, die selbst dem Glauben an die Auferstehung Raum gab: ich meine den Gedanken von Gerechtigkeit und Vergeltung. Auf diese Weise wurde die Sheol wesentlich zu dem Ort, an welchem, im Unterschied zur irdischen Welt, Gerechte und Missetäter voneinander getrennt sind. Sie erscheint deshalb auch nicht

mehr als eine einzige riesige Stätte, sondern als eine Region mit einer gegliederten und genau unterschiedenen Topographie; außerdem ließ der Auferstehungsglaube sie als Ort der Erwartung und des Übergangs erscheinen. «Wehe euch, die ihr eurem Gefährten Böses zufügt, denn ihr werdet zerstört in der Sheol» (Henoch 99,11). «Ihr Seelen der Gerechten, fürchtet nichts, sondern hofft auf die Stunde eures Todes in Gerechtigkeit» (92,4); und an anderer Stelle heißt es über die Bösen: «Wißt, daß ihre Seelen zur Sheol hinabsteigen müssen und daß sie elend werden und ihre Trübsal groß sein wird» (103,7).

Wahrscheinlich wuchs parallel zu diesem Vorstellungswandel die Überzeugung, die Auferstehung sei allein den Gerechten vorbehalten (während die Übeltäter in der Sheol verblieben). Diesen Wandel der Auffassungen illustriert auch die Wechselbeziehung und schillernde Bedeutung der Begriffe «Sheol» und «Gehenna». Der Dichter der Psalmen Salomos (der sie zwischen den Jahren 79 und 47 v. Chr. verfaßte) umschreibt das Schicksal der Bösen wie folgt: «Deshalb ist ihr Erbteil die Sheol, die Finsternis und das Verderben, und sie haben nicht teil am Tag der Gnade, der den Gerechten vorbehalten ist. Die Heiligen des Herrn aber erben das Leben und ewige Freude.» (Psalmen Salomos, 14,6)

Die Stimme des Kohelet. In den Jahren etwa von 300 bis 197 v. Chr., das heißt in der Zeit der ptolemäischen Herrschaft über Palästina, schrieb ein einzigartiger Denker ein Buch, das ohne Zweifel – im Hinblick auf das Problem der *conditio humana* – das interessanteste des Alten Testaments darstellt: den *Ecclesiasticus* oder *Kohelet.*[7]

An jeder Stelle läßt dieses Buch die starke Individualität des Autors und seinen kritischen Geist ebenso durchscheinen wie die außerordentliche geistige Vitalität dieser Epoche. In verändertem Kontext und mit hoher Originalität handelt der unbekannte Autor vom Problem des Todes auf dem Hintergrund des menschlichen Daseins – in einer Sprache von schonungsloser Unmittelbarkeit, die in den Büchern des Alten Testaments ohne Vorbild ist. Sie steht sinnbildlich für eine völlig neue Art, sich diesem Thema zu nähern, es gleichsam auf seinen Ursprung zurückzuführen und jeden Schein zu zerstören, der es umhüllen könnte, so daß zuletzt das Religiöse, das bis dahin die anderen Autoren inspiriert hatte, sich zu verflüchtigen scheint und nur noch wie ein Relikt anmutet.

Im Ablauf des menschlichen Lebens werden nicht länger die Spuren eines göttlichen Planes wahrgenommen: Erfolg und Mißerfolg resultieren allein aus dem vorbestimmten Schicksal, nicht aus Gerechtigkeit oder Frevel. «Eines und gleich ist das Schicksal für alle, Gerechte und Übeltäter, Reine und Unreine ... für die Guten wie die Bösen» (9,2). Auf Erden gibt es keine Vergeltung für Gutes und Böses: «Was hat der Weise dem Toren voraus? Was gewinnt der Arme, der Gerechtigkeit übt gegen seine Mitmenschen?» (6,8).

Auch nach dem Tod ist keine Vergeltung zu erhoffen: «Nackt, wie er aus dem Mutterschoß hervorging, wird er zurückkehren, so wie er gekommen ist ... Wer darf Gewinn hoffen, der sich vergeblich mühte für den Wind?» (5,14-15).

Der Tod bedeutet das Ende jeglicher Hoffnung: «Wer lebt, hat immer Hoffnung; wahrlich, besser ein lebender Hund denn ein toter Löwe. Die leben, wissen wenigstens, daß sie sterben müssen; die aber tot sind, wissen nichts, haben nichts zu gewinnen, und selbst ihr Gedächtnis fällt in Vergessenheit.» Güte und Bosheit, Gerechtigkeit und Ungerechtigkeit haben keinerlei Einfluß auf das menschliche Schicksal, ja sie können sogar zu völlig widersprüchlichen Folgen führen: manchen Gerechten widerfährt, was des Bösen Lohn sein sollte; und manche Ungerechten ernten den Lohn der Gerechten (8,14; 9,4-5).

Kühl und desillusionierend bietet das Buch Kohelet dem Menschen keinen einfachen Weg zum Heil, weder für das irdische noch für das jenseitige Schicksal. Im Gegenteil, es bekennt, eigentlich sei es weit besser, gar nicht zu existieren, besser als das Leben wäre der Tod: « . . . die Toten, die schon verschieden sind, preise ich glücklicher als die Lebenden. Und glücklicher als alle ist, wer noch nicht existiert, wer noch nicht all das Elend sah, daß sich unter der Sonne begibt.» Mit anderen Worten: «All dies habe ich geschaut in meinen vergänglichen Tagen: trotz all seiner Gerechtigkeit schwindet der Gerechte dahin; trotz all seiner Frevel lebt lange ein Gottloser» (4,2-3; 7,15).

Folgerichtig lehrt Kohelet, im Hinblick auf das Jenseits sich nichts zu erhoffen, und er rät dem Schüler: «Was immer Deine Rechte zu tun findet, tu es, sobald Du kannst; in der Sheol, zu der Du gehst, gibt es weder Tätigkeit noch Denken, noch Erkenntnis, noch Weisheit» (9,10). Das gleiche Geschick erwartet alle, Mensch wie Tier, und «der Atem ist ein einziger für alle, der Mensch unterscheidet sich nicht vom Tier . . . alle gehen zum selben Ort: vom Staub kommen sie, und zum Staube kehren sie zurück» (3,19-20). Den Sinn von alledem vermag der Mensch nicht zu erfassen, er begreift nicht eine von Gottes Taten: «Der Mensch müht sich ab, um zu wissen, doch nichts erfaßt er; und auch dem Weisen gelingt es nicht, vermeint er gleich zu wissen» (8,17).

Ungeachtet des grausamen Pessimismus, der diese Zeilen durchzieht (und über den moderne Interpreten sich mitunter so weit verbreiten, daß er zum Gemeinplatz wurde), kann der aufmerksame Leser einen gewissen Interpretationsspielraum ausmachen: nichts anderes freilich als einen Ermessensraum der Deutung, als «Leerstellen», die den Leser über die Deutung im Ungewissen lassen. Nichts wird eindeutig ausgesagt, als daß alle Handlungen der Menschen Gottes Urteil unterworfen sind, dessen Folgen und Wirkung jedoch im Dunkeln bleiben. Es sind diese Leerstellen, diese Sprünge, die den Schlußpassagen des Buches – mit die schönsten überhaupt – das Gepräge geben: unvergeßliche Worte einer bewegenden Meditation über Alter und Tod.

«Denke an Deinen Schöpfer in den Tagen Deiner Jugend, ehe die bösen Tage kommen und die Jahre sich nahen, von denen Du sagen wirst: sie gefallen mir nicht!» (11,1).

In lebensvollen Bildern, reich an Gehalt – und in Verbindung mit scharfsinnigen psychologischen Beobachtungen –, vergegenwärtigt Kohelet mit lebhafter Anteilnahme das Entschwinden der Lebenskraft, bis hin zum Sturz in jene metaphorische «Brunnen», nachdem der «Silberfaden» gerissen, die Lampe aus Gold zerbrochen, der Krug zerschellt ist und «der Atem zurückkehrt zu Gott, der ihn gab».

Im hebräisch geschriebenen Teil des Alten Testaments ist der Ecclesiastes die letzte Äußerung, das späteste Zeugnis zur Existenz des Menschen hier auf Erden und zum Problem des Jenseits: sowohl Ben Sirach als auch das Buch der Weisheit gehören nicht mehr zum hebräischen Teil der Bibel.

Ben Sirach. Das Buch Ben Sirach, oder *Jesus Sirach* bzw. *Ecclesiasticus,* zeigt eine Ausweitung der Perspektive, in der sowohl die Verbindung des Autors mit der Tradition seines Volkes als auch die Rezeption neuer Einflüsse, besonders des Hellenismus, zusammentreffen: diese letzteren freilich sind nicht mehr Teil unserer Erörterung.[8]
Der hebräische Text dürfte um etwa 190 v. Chr., die griechische Version ungefähr um das Jahr 130 entstanden

sein, überarbeitet vom Neffen des Autors im ägyptischen Alexandria. Auch der Ecclesiasticus wirft erneut das Problem des Todes auf – «O Tod, wie bitter ist der Gedanke an dich ...» (41,1) –, und er schlägt zwei mögliche Erklärungen vor: in der Schöpfung gibt es Dinge, die wesenhaft gut, und solche, die schlecht sind: erstere sind den Guten, letztere den Bösen vorbehalten (39,25-29).

Doch das Denken dieses Weisen, seine zweifellos faszinierenden Überlegungen, die zugleich seine Bindung an die jüdische Tradition bezeugen, erweisen sich letztendlich als ernüchternd. Verfolgen wir seinen Gedankengang: «... Sei eingedenk, daß der Tod nicht zaudert, der Ratschluß der Sheol steht nicht bei Dir, bevor Du stirbst, tue dem Freunde wohl...» Alles irdische Dasein verbraucht sich wie ein Kleidungsstück, denn ein ewiges Gesetz sagt: «Der Tod ist unausweichlich.»

Wie das Laub eines blätterreichen Baumes, so

«fällt das eine, und das andere sprießt hervor;
so sind auch die Geschlechter der Menschen,
das eine stirbt, das andere entsteht»
(14,12-18).

Ben Sirach führt den Leser auf den Wegen seines Denkens behutsam voran; und es ist nicht ohne Reiz, ihm dabei bis zum Ende zu folgen, weil nur so seine Schlußfolgerungen verständlich werden. Gott, so lehrt er, hat alles gut gemacht; weder körperliche noch moralische Übel haben ihren Ursprung in ihm. Doch «seit er den Menschen erschuf, ließ er ihm die Freiheit seines Willens»; es liegt an ihm, Gottes Gesetze zu befolgen und aus ihnen die Weisheit zu gewinnen, seinen Willen zu tun: «Vor Dir stehen Wasser und Feuer; streck Deine Hand aus nach dem, was Dir gefällt. Vor Augen des Menschen stehen Leben und Tod, jedem wird gegeben, wonach ihn verlangt» (15,14-17). Ben Sirach versichert nun, Gott habe den Menschen aus der Erde gebildet, wohin er zurückkehre, und bezeichnet dann die Gaben, die ihm verliehen wurden: die Kraft der Überlegung, ein verständiges Herz, einen Geist, der Gut und Böse zu unterscheiden weiß. Zudem wacht Jahwes Auge über ihm, und Gott ist nicht gleichgültig gegenüber seinem sittlichen Verhalten: «Wohl weiß er, daß ihr Los bejammernswert ist, darum ist er an Erbarmen überreich» (17,1-14).

Diese friedvolle, gelassene und gleichsam triumphierende Kennzeichnung des Menschen führt nun zu Folgerungen, die auch den einleitenden Aussagen ihre Bedeutung geben.

Alles zu besitzen ist dem Menschen verwehrt: «Des Sterblichen Sohn ist nicht unsterblich, und was ist glanzvoller unter der Sonne als er? Und doch vergeht er. Auch sein Fleisch und sein Blut haben Neigung zum Bösen ... Staub und Asche sind alle Menschen ... Was ist der Mensch? Was bedeutet er? Was ist sein Gut und sein Übel?» (17,25-27; 18,6-7).

Der Mensch lebt höchstens hundert Jahre; er ist wie ein Wassertropfen im Ozean, wie ein Sandkorn in der Wüste; was bedeutet die Zahl seiner Jahre, gemessen an der Ewigkeit? Darum ist der Herr voller Geduld und Langmut (vgl. 18,8-10).

Der Tod also erweist sich als das dem Menschen bestimmte Geschick. Ben Sirach unterscheidet nicht zwischen Gerechten und Ungerechten. Die Grundfrage und das Lebensrätsel der frühen Sumerer kehrten unverändert bei diesem «Sohne Abrahams» wieder, der gleichfalls aus Ur, dem Land der Sumerer, kommt wie sein gewaltiger Vorfahr.

Fast mit den Worten des Gilgamesch ruft Ben Sirach aus:

«O Tod, wie bitter ist der Gedanke an Dich,
für den, der seine Zufriedenheit im Reichtum sucht,
für den, dessen Los seinen Wünschen folgt,
für den, der noch Kraft besitzt, des Lebens sich zu
freuen!
O Tod, wie erwünscht ist Dein Gebot dem Mann,
der darbt oder dessen Kraft versiegt,
dem Schwachen, dessen Fuß stolpert in allem, was er
tut,
dem Trauernden ohne Hoffnung!»
(41,1-2).

Der Leser hat richtig verstanden. Ben Sirach läßt ihn
darüber nicht im Zweifel, obwohl es einer Bekräftigung
nicht mehr bedürfte:

«Fürchte nicht den Tod, denn er ist Dein Erbteil,
Bedenke, viele gingen Dir voran und viele folgen.
Dies gab Gott allen, die leben.
Was sträubst Du Dich gegen das Gesetz des Höchsten?
Tausend Jahre oder zehn,
in der Sheol ist eine Klage mehr um das Dasein.
... des Menschen Sohn ist nicht unsterblich»
(41,3-4; 17,25).

Ist der Tod auch Rückkehr zu des Menschen Ursprung,
so bleibt dennoch etwas von ihm zurück: es ist sein ruhmvoller Name, der überlebt. Diesem Gedanken waren wir
bereits bei den Sumerern begegnet und in skeptischer
Distanzierung bei Kohelet.
In dem Passus, der vom tugendhaften Weisen handelt,
hebt Ben Sirach hervor, daß viele seinen Scharfsinn loben
werden, daß er niemals in Vergessenheit geraten, sondern
sein Name durch die Generationen überliefert werde; die

Missetäter dagegen hinterlassen eine verachtete Nachkommenschaft, und ihren Nachfahren haftet auf ewig Schande an. Folgerichtig beschließt er seine Meditation mit den Worten: «Sei besorgt um Deinen guten Namen, denn er hängt ab von Dir ... Gering nur ist die Zahl der Tage des Glücks, doch Tage ohne Zahl hat des Gerechten Name» (41,6-13).

In der Vorrede zu dem langen Abschnitt, in dem er das Lob der berühmten Ahnen Israels singt (Kap. 44-50), hebt Ben Sirach hervor, daß von den anderen keinerlei Erinnerung übrigbleibt; mit ihnen selbst schließt ihr Dasein ab, als hätten weder sie noch ihre Nachkommen je gelebt.

Ben Sirach gibt nicht vor, das ewige Rätsel gelöst zu haben; er hat jedoch qualvoll darüber nachgedacht. Der Tod ist « ... das Schicksal aller, die da leben, der Menschen wie der Tiere; doch siebenmal schlimmer ist er für die Sünder» (40,8). Seine Überlegungen faßt er in folgenden Versen zusammen:

«Ein Los voller Schmerzen gab Gott dem Menschen zum Geleit.
Ein lastendes Joch liegt auf den Söhnen der Menschen ...
vom Tage, an dem sie ihrer Mutter Schoß verließen, bis zum Tag, da sie zurückkehren zur Mutter aller:
Sein Name ist: Grübeln, Unrast des Herzens,
Und banges Warten auf den Tod»
(40,1-2).

Ben Sirach spricht anschließend von der göttlichen Vorsehung und von Gottes genauer und unmittelbarer Kenntnis aller menschlichen Taten; ihr entspricht umgekehrt des Menschen Unfähigkeit, Gottes Ratschluß zu ergründen. Gleich dem Kohelet weiß oder ahnt auch er eine ganz neue Lösung der Frage, doch schweigt er sich darüber aus. Auch er ist ein Mensch seiner Zeit und ein Vertreter der damaligen kulturellen Strömung innerhalb seines Volkes. So schreibt er etwa: «Was von der Erde kommt, kehrt zur Erde zurück, was dagegen aus der Höhe kommt, kehrt zurück zur Höhe» (40,11), doch was genau er damit meint, bleibt unklar.

Folgende Vorstellungen des Jenseits bilden den Hintergrund für den größten Teil des Zeitraums, den das Alte Testament umspannt. Im Ablauf der Epochen glaubt man in der Bewegung einer jeden von ihnen einen Schritt nach vorn zu sehen oder zu ahnen, eine vertiefte Sicht, besonders im Buch Hiob, in den Psalmen, in den Weisheitsbüchern, bei manchen der Propheten. Zumindest im Grundverständnis ist ein dauernder Fortschritt erkennbar: etwa in der Einsicht, die Ungerechten seien wie eine Herde, genährt und beherrscht vom Tod, auf dem Weg zum Grabe, um dann in der Sheol zu vergehen; im Hinblick auf das eigene Schicksal hingegen herrscht die Überzeugung vor (unklar bleibt lediglich, wie tief sie dringt), Gott werde sich als Retter aus der Gewalt der Unterwelt erweisen (Psalm 49,15-16). An anderer Stelle meint ein Dichter ein mildes und barmherziges Licht zu sehen, entzündet für die verstorbenen Gerechten (Psalm 112). Und es fehlt nicht an Texten, in denen man das Echo einer polemischen Kontroverse zu vernehmen glaubt: dieser Eindruck gewinnt an Überzeugungskraft, wenn ihre Entstehung in die Zeit der Makkabäer datiert wird; denn zu diesem Zeitpunkt war der Glaube an Unsterblichkeit, jenseitige Vergeltung und Auferstehung schon weit verbreitet und wurde durch eine breite Bewegung verschiedener Denker gestützt. So erklären sich Äußerungen wie die folgenden: «Nicht die Toten preisen Jahwe, / keiner, der hinabsteigt zur Stille. / Wir aber, die Lebenden, preisen Jahwe / heute und immerdar» (Psalm 115,16-17). Und ferner, aber unter entgegengesetzten Vorzeichen: «Ich werde nicht sterben, ich lebe, / und künden will ich die Taten Jahwes. / Geschlagen hat mich Jahwe ... / doch er gab mich dem Tode nicht preis» (Psalm 118,17-18). Eine andere Vorstellung, die jedoch über ihr Anfangsstadium nicht hinausgelangt scheint, wird in folgendem Hymnus deutlich ausgesprochen:

«Jahwe macht tot und macht lebendig,
er stürzt in die Sheol und führt herauf»
(1 Sam 2,6).

Ursprünglich jedenfalls wurde Leben im Jenseits nur zwei Gestalten des Alten Bundes zugesprochen, von denen es in sehr bedeutsamer Weise heißt, daß sie vom Tode verschont blieben: Henoch und Elija, die Gott «zu sich nahm» (Gen 5,24; 2 Kön 2,1-13).

Vom Buch der Weisheit
bis zum Ende der hasmoneischen Ära

Platon schreibt zu Beginn seiner Erörterung der Frage, die auch uns beschäftigt: «Ich sagte also, ganz wie ich dachte, daß die Untersuchung, die wir unternehmen, nichts Geringes wäre, sondern ein sehr Scharfsichtiger dazu gehöre, wie mir schiene» (*Politeia*, 368D). Diese Überlegung scheint auch angebracht für jeden, der unserer Erörterung nach allem bisher Gesagten weiter folgen möchte. Was sich nun anschließt, könnte tatsächlich wie ein Umsturz der vorherigen Gedanken erscheinen.
Wir befinden uns in der Epoche der Makkabäer (oder der Zeit der Hasmonäer), die im allgemeinen vom Jahr 166 bis 63 v. Chr. datiert wird; ein Geschichtsabschnitt, in

169

dem sich tiefgreifende Änderungen vollzogen. Eine umfassende geistige Gärung wirkte sich im Widerstreit der Ideen und in ideologischen Konflikten aus, vielfältige Handlungsimpulse lassen sich bis ins dritte Jahrhundert vor Christus zurückverfolgen, und sie ziehen sich, wenn auch in verlangsamter und abgeschwächter Form, bis ins dritte nachchristliche Jahrhundert hin.

Es ist die Zeit, in der in Ägypten die jüdische Diasporagemeinde von Alexandria erstarkte und sich in vieler Beziehung festigte. In ihrem größeren Teil zum griechischen Sprachraum gehörend, charakterisieren sie literarische Aktivitäten von gewiß verschiedenem Wert, die jedoch – jedenfalls verglichen mit denen des Judentums in Palästina – stets bahnbrechend waren. Zwei Werken vor allem kommt größte Bedeutung zu: der Übersetzung der Bibel aus dem Hebräischen ins Griechische und dem Buch der Weisheit; der Autor, der deutlicher als alle anderen die Diaspora von Alexandria repräsentiert, ist der Philosoph Philon.[9]

In Palästina kam es zur gleichen Zeit zu einer heftigen, gegen das Judentum gerichteten Religionsverfolgung, die Antiochos IV. entfesselt hatte und die im Jahr 167 ihren Anfang nahm; daher datiert auch die Bewegung der Makkabäer. Das Judentum machte erstmals die Erfahrung des Martyriums seiner Gläubigen. Damals entstanden und organisierten sich zum erstenmal religiöse und politische Parteien. Zahlreiche Fragen reiften in dieser Epoche heran, während viele bereits geläufige Probleme nun einer tieferen Betrachtung unterzogen wurden.

In dieser Zeit der Diasporagemeinde zu Alexandria verfaßte ein anonymer jüdischer Philosoph das Buch der Weisheit, in dem, erstmals in der ganzen Bibel, das Schicksal des Menschen im Leben nach dem Tode klar und eindeutig gezeichnet wurde. Der Autor bedient sich zwar griechischer Sprache und Metaphorik, entwickelt hier aber eine einzigartige und zum Teil völlig neue Konzeption.[10]

In zwei entgegengesetzten Bildern vergegenwärtigt er Denken und Handeln der Gottlosen wie der Frommen: der Gottlose nimmt allein die traurige Außenseite des Lebens wahr, das in der Unterwelt endet, aus der keiner wiederkehrt; seine Geburt ist für ihn bloßer Zufall, im Lebenshauch, der sie belebt, sieht er nichts als flüchtigen Rauch, sein Denken erscheint ihm wie ein Funke, bestimmt, plötzlich zu erlöschen und zu Asche zu werden, während der Odem des Lebens vergeht wie eine nächtliche Wolke beim ersten Strahl der Sonne. Daraus folgert der Gottlose zeit seines Lebens: «Freuen wir uns der Güter der Gegenwart ... laßt mit Rosen uns bekränzen, ehe sie welken.» In seinem Verhalten gegenüber den Mitmenschen verrät sich der Gottlose, indem er die Schwachen unterdrückt, stets dem Gesetz des Stärkeren folgt und darum all jene beseitigt, deren Verhalten einen ständigen Vorwurf für ihn darstellt; sie (das heißt die Gerechten) sind eine Anklage «gegen unser Treiben, schon ihr Anblick ist uns lästig». Zuletzt aber fordert der Gottlose Gott selbst heraus, die Hoffnung und Zuflucht der Gerechten (Weish 2).

Die Gerechten bleiben unverstanden; für die ganze Dauer ihres Erdenlebens unterwirft Gott sie harten Prüfungen, so daß sie ihren Mitmenschen wie Bestrafte und Gepeinigte erscheinen. In Wirklichkeit aber, so schreibt der Autor, befinden sie sich zeit ihres Daseins auf Erden «in Gottes Händen», und nichts vermag ihren Sinn vom Weg der Gerechtigkeit und Weisheit abzubringen; ihr Herz ist voll der Hoffnung auf Unsterblichkeit. Gott prüft sie, um zu sehen, ob sie seiner wert sind: nur darum überantwortet er sie dem Schmelztiegel (3,1-6).

Mit folgender Vision beschreibt der Autor seine Vorstellung von der Selbstverurteilung der Gottlosen und vom

Endgericht: sie erkennen, daß sie Toren waren und ihrem
Denken keine Wahrheit innewohnte: «So sind wir also
vom Weg der Wahrheit abgeirrt, und das Licht der Gerechtigkeit hat uns nicht geleuchtet, und die Sonne ist uns
nicht aufgegangen. Bis zur Entkräftung sind wir die Pfade
der Sünde und des Verderbens gegangen und durchwan-
derten unwegsame Wüsteneien, den Pfad des Herrn aber
haben wir nicht erkannt» (5,6-7). Gottes Gericht verdammt sie: «Dann werden sie zu einem Leichnam, dessen
man nicht achtet, und zum Gespött bei den Toten in
Ewigkeit. Denn Er wird sie kopfüber hinabstürzen und
bis auf den Grund erschüttern; sie werden vollständig
vernichtet und müssen Qual erdulden, und ihr Andenken
wird verschwinden» (4,19). Das Strafgericht über ihre
Missetaten wird für ewig Bestand haben: «Ja, die Hoffnung der Gottlosen gleicht der Spreu, die vom Lufthauch
weggetragen, und dem dünnen Schaum, der von dem
Sturm gejagt wird, dem Rauch, der vor dem Wind zer-
stiebt, der Erinnerung an einen Gast, der nur einen Tag
verweilte» (5,14); allein, ihre späte Einsicht rettet sie nicht
mehr.
Die Gerechten aber, die Gott seiner würdig befand, werden «zur Zeit ihrer Heimsuchung ... aufleuchten und wie
Funken in den Stoppeln dahinfahren. Sie werden Völker
richten und über Nationen herrschen; der Herr wird auf
ewig ihr König sein» (3,1-8; 5,15). Den Gerechten liebt
Gott, und sein Sterben ist ein Übergang aus dieser Welt,
wo er zusammen mit den Übeltätern lebte, zur Sphäre des
Himmels, damit der Betrug seine Seele nicht in Versuchung führt. Sein Tod ist also eine «Befreiung» und ein
Beweis der Sorge Gottes «für seine Heiligen ... Da er
Gott wohlgefällig war, wurde er (von ihm) geliebt, und
weil er mitten unter Sündern lebte, ward er entrückt ...
Wer früh zur Vollendung reifte, hat lange Zeiten ausge-
füllt. Denn der Herr hatte an seiner Seele Wohlgefallen;

darum eilte sie aus der Mitte der Gottlosigkeit hinweg»
(4,10-14). Wahrhaft ehrwürdig ist nicht lange Lebens-
dauer hier auf Erden, das wahre Greisenalter des Menschen ist Weisheit und ein makelfreies Leben (4,6-9).
Die Gerechten werden also in Ewigkeit leben, ihr Lohn
ruht in Gott, sie werden eine strahlende Herrschaft und
eine glanzvolle Krone zum Lohn erhalten, Gottes Macht
aber ist ihnen Schirm und Schild (5,14-18).

Um den offenkundigen Gegensatz zwischen dieser Konzeption vom künftigen Leben und der Belohnung der
Gerechten und den zuvor betrachteten Auffassungen
recht zu bewerten, müssen wir uns vergegenwärtigen, daß
im jüdischen Denken die menschliche Persönlichkeit als
beseelter Körper und nicht als verkörperte Seele gilt. In
deutlicher Abhebung zu den Überzeugungen eines Platon
oder eines Cicero sagt unser Autor an keiner Stelle, der
Mensch sei unsterblich oder die menschliche Seele nicht
dem Tode unterworfen. Für ihn ist Unsterblichkeit keine
Eigenschaft, die der menschlichen Natur als solcher zu-
käme, sondern eine ganz besondere Qualität, die der
Mensch unmittelbar von Gott als Geschenk oder zum
Lohn für seine Gerechtigkeit und Weisheit empfängt.
Auch die Unverweslichkeit wird auf einzigartige Weise
gedeutet: der Autor sieht in ihr eine positive Gabe, die
Gott den Gerechten verleiht und die es der menschlichen
Natur erlaubt, in persönliche Beziehung zu ihrem Schöpfer zu treten: «Unverweslichkeit und Unsterblichkeit aber
bringt in Gottes Nähe» (6,18-19). Die Unverweslichkeit
gibt dem Menschen, der ihrer würdig ist, Anteil an der
Ewigkeit Gottes (2,23).
Der Philosoph betont immer wieder, daß der Mensch als
sterbliches Wesen erschaffen wurde: «Auch ich bin ein
sterblicher Mensch wie alle und ein Abkömmling des erst-
erschaffenen Erdensohnes. Im Mutterleib wurde ich zu

Fleisch gebildet ...»; auf dieselbe Weise treten alle ins Leben und verlassen es wieder (7,1-16; und ebenso 9,14; 15,8-17; 16,4). Weder menschliches Verdienst noch menschliche Erfindung, ist die Unsterblichkeit somit Gottes einzigartige Gabe zum Ruhm und Lohn seiner Frommen; ein Geschenk wie auch die Liebe Gottes, die geistige Kindschaft, die ewige Herrschaft und Gottesebenbildlichkeit (3,9; 5,5; 6,21).

«Liebe aber ist Beobachtung ihrer Gebote, Haltung der Gebote aber ist Sicherung der Unsterblichkeit, Unsterblichkeit aber bringt für immer in Gottes Nähe» (6,18-21).

Abschließend bekräftigt der Autor, daß der Tod nicht das Werk Gottes sei, der keine Freude am Untergang seiner Geschöpfe habe, und daß diese nicht der Gewalt der Unterwelt unterworfen seien:

«Hat er doch alles zum Sein erschaffen,
und heilbringend sind die Geschöpfe der Welt.
Es ist kein verderbliches Gift in ihnen,
noch gibt es auf Erden eine Herrschaft des Hades.
Denn die Gerechtigkeit ist unsterblich.
Die Gottlosen aber rufen mit Gebärden und Worten den Tod herbei
und verzehren sich in Sehnsucht nach ihm, als wäre er ihr Freund ...»
(1,13-16).

Die Grundlinien dieser Konzeption sind in der geistigen Tradition des Judentums fest verankert, doch Pforten, die bisher nur halboffen standen, sind nun weit geöffnet. Jene Haltung des oftmals tief empfundenen Ungenügens und des verbreiteten Pessimismus angesichts des Jenseits und der Deutung der menschlichen Existenz erfährt nun ihre Auflösung. Die ursprünglich-naive Unruhe beruhigt sich zu einer gelassenen Deutung, die sich nur in verhaltenen

Andeutungen äußern kann, durchzogen von Sehnsüchten und Hoffnungen, aber auch von pessimistischem Realismus.

Ursprünglich kannte jüdisches Denken eine Unterscheidung zwischen Guten und Bösen nur für das Diesseits: langes und glückliches Dasein, materielles Wohlergehen und bleibender ruhmvoller Name für die Guten; Unglück, früher Tod und Vergessen durch die Nachwelt für die Bösen; im Jenseits dagegen dachte man sich die Sheol für alle gleich.

Erfahrung, tieferes Nachdenken, der vorurteilsfreie Vergleich von Theorie und Alltagswirklichkeit sowie das Erscheinen der reifen Reflexion der Philosophen (Weisheitsbücher) führten schließlich zur Einsicht in die Nichtigkeit dieser Auffassung: nur eine hartnäckige Überzeugung ließ sie noch einige Jahrhunderte überleben, ohne indes ihre inneren Widersprüche überwinden zu können. Der Verfasser des Buches Hiob und der Prophet Jeremia verfluchten den Tag ihrer Geburt; Ben Sirach behielt einigen wenigen, den Guten, den Ruhm eines ehrenvollen Namens vor. Die Umbrüche im jüdischen Denken über das Jenseits machen es notwendig, die ganze mühselige Wegstrecke eingehend zu beleuchten, die es zurücklegte. Versuchen wir, einige Schlußfolgerungen zur Diskussion zu stellen.

Der Autor des Buches der Weisheit sah sich angeregt durch das ihm überlieferte jüdische Denken, den Glauben seines eigenen Volkes, wie auch durch die zeitgenössischen Strömungen des Hellenismus und konnte so die jahrhundertealte Reflexion seiner Vorgänger über das Schicksal des Menschen zu bewußterer Einsicht und größerer Reife führen. Der jüdisch-hellenistische Schriftsteller hat das Bild des Lebensbaumes vor Augen, den Gott dem Menschen anbietet – nicht gibt – (Gen 2,9) und den Adam verwirkte, doch ebenso auch die sogenannte «Verurteilung» – Staub bist Du, und zur Erde kehrst Du zurück (Gen 3,9). Somit greift er zwei Traditionen auf, die im Einklang mit seinem religiösen Glauben seine biblische Anthropologie rechtfertigen: von Natur aus sterblich, kann der Mensch durch göttliche Gnade Unsterblichkeit erlangen; die Lösung des Rätsels der Gegenwart aber wird offenbar, wenn Gott seinen Urteilsspruch verkündet. Der Autor lebt in der Überzeugung, den Menschen und seine Zukunft mit anderen Augen zu sehen als die Schriftsteller, die ihm vorangingen; und doch kreisen seine Erörterungen, wenn auch in bewußter Form und mit letzter Entschiedenheit, noch immer um die Unterscheidung zwischen Gerechten und Ungerechten: er hält sich stets an vorgegebene Linien und überläßt sich niemals abweichenden Urteilen oder Beschreibungen.

Die Entstehung dieses Buches bezeichnet einen wichtigen Punkt in der bewegten Geschichte des jüdischen Denkens. Nirgendwo in der Bibel war bislang ausgesprochen worden, das wahre Schicksal des Menschen überschreite seine irdische Existenz und bestehe in der ewigen Glückseligkeit, «in Gottes Hand» (3,1; 5,15). Als grundlegend erweist sich jedoch auch hier die Überzeugung, daß Gott zum Leben, nicht für den Tod erschuf, und die völlige Distanzierung des Autors von der Auffassung des Menschen als einer Verbindung aus Seele (unsterblich und himmlischen Ursprungs) und Körper (irdisch und vergänglich): eine Unterscheidung, die ihm ebenso unnatürlich war, wie sie sich in vielen griechischen und römischen Texten (wir sahen es bereits) von selbst versteht.

Die Makkabäer und Daniel. Diese neuartige Sichtweise überwand einen uralten, doch zaudernden Glauben, der niemals zuvor gewagt hatte, einen so kühnen Schritt zu tun.[11] Die ersten Glaubensmärtyrer zur Zeit des Makkabäeraufstands stellten eben dem Glauben, für den sie ihr

Leben gaben, ein neues und radikales Problem: das Martyrium weckte die Überzeugung von der Auferstehung und verankerte sie im jüdischen Denken, gerade weil jeder Glaube an eine Unsterblichkeit der Seele fehlte.

Das erste Zeugnis dieses gedanklichen Neubeginns begegnet uns in der Erzählung vom Martyrium der sieben (nicht namentlich genannten) Brüder und ihrer Mutter. «Trostreich ist es für uns, durch Menschenhand zu sterben, wenn wir die von Gott gegebene Hoffnung hegen dürfen, von ihm auferweckt zu werden. Für dich freilich (das heißt den Tyrannen) gibt es keine Auferstehung zum Leben» (2 Makk 7,14).[12]

Ein anderer Text bezeugt uns eine «neue» Auffassung vom Jenseits, die zur Grundlage einer dauernden Praxis werden sollte und es, zumindest im Christentum, bis heute geblieben ist: das Opfer für die Toten. Ein solches brachte Judas Makkabäus (wie es scheint, zum ersten Mal überhaupt) für seine in der Schlacht gefallenen Mitstreiter dar: «Dann veranstaltete er eine Geldsammlung unter den Soldaten und schickte ungefähr zweihundert Silberdrachmen nach Jerusalem, um ein Sündopfer darbringen zu lassen. So handelte er sehr schön und edel, da er die Auferstehung bedachte. Wenn er nämlich nicht an die Auferstehung der Gefallenen geglaubt hätte, wäre es überflüssig und lächerlich gewesen, für Tote zu beten. Auch bedachte er, daß jenen, die fromm entschlafen sind, ein ganz herrlicher Lohn aufbewahrt ist, ein heiliger und frommer Gedanke. Deshalb veranstaltete er das Sühnopfer für die Verstorbenen, um sie von ihrer Sünde zu erlösen» (2 Makk 12,38–46).

Auf ungefähr die gleiche Zeit geht ein anderes, noch deutlicheres Zeugnis zurück, das sich in einem der Bücher findet, die zum hebräischen Teil der Bibel gehören. Der Prophet Daniel spricht von einer Zwischenperiode, oder vielleicht auch vom Ende der Welt, und schreibt dazu:

«Viele von denen, die im Staub der Erde schlafen, werden aufwachen, die einen zu ewigem Leben, die anderen zur Schmach, zu ewiger Schande. Da werden die Einsichtigen leuchten wie der Glanz des Firmamentes, und die, welche viele zur Gerechtigkeit geführt, leuchten wie die Sterne in alle Ewigkeit» (Dan 12,2-3).

Zum ersten Mal wird hier, im Zusammenhang der Auferstehung, eine klare Unterscheidung zwischen Gerechten und Gottlosen ausgesprochen, die auf ihr verschiedenes Los Bezug nimmt. Ausdrucksstarke und prophetische Zusammenfassung dieses Glaubens – der sich rasch durchsetzen und verbreiten sollte – sind auch folgende Worte Daniels, deren Bedeutung sich uns nun ganz erschließt: «Glücklich, wer ausharrt ... Du aber geh und ruhe; und Du wirst Dich erheben zu Deinem Lose am Ende der Tage» (Dan 12,12-13). Deuten diese Worte hin auf eine Unsterblichkeit der Seele?

Der jüdische Geschichtsschreiber Flavius Josephus, der in den Jahren zwischen 75 und 79 sein Werk *Über den Jüdischen Krieg* verfaßte, betont ausdrücklich, daß im Judentum vier philosophische Schulen existieren: die Sadduzäer, die Pharisäer, die Essener und die Zeloten (*Jüdischer Krieg*, II, 119; *Jüdische Altertumskunde*, XVIII, 16). Im Hinblick auf die Frage, die uns im vorliegenden Zusammenhang beschäftigt, hebt Flavius Josephus die folgenden Unterscheidungen hervor: die Sadduzäer leugnen das Weiterleben nach dem Tode, die Strafen in der Unterwelt und ebenso die Belohnungen; die Pharisäer sind der Auffassung, die Seele sei unsterblich, «doch allein die Seelen der Guten gehen in einen anderen Körper über, während die der Übeltäter mit nie endender Strafe gepeinigt werden». Danach kommt er auf den Mut zu sprechen, den die Essener beim Widerstand gegen die Verfolgung durch die Römer bewiesen, und äußert sich in aller Ausführlichkeit dazu: «Denn kräftig lebt bei ihnen die

Überzeugung: vergänglich seien zwar die Leiber, und ihr Stoff sei nichts Bleibendes, die Seelen aber seien unsterblich und würden immer bestehen; sie seien zwar, nachdem sie, aus feinstem Äther bestehend, in einem Schwebezustand waren, mit den Leibern wie mit Gefängnissen verbunden, durch einen sinnlichen Liebeszauber herabgezogen; wenn sie aber aus den körperlichen Fesseln nach langer Knechtschaft erlöst werden, dann würden sie Freude haben und sich in die Höhe schwingen. In Übereinstimmung mit den Söhnen der Griechen tun sie dar, daß den guten Seelen ein Leben jenseits des Ozeans beschieden sei und ein Ort, der von Regen und Schnee und Hitze nicht belästigt wird, dem vielmehr vom Ozean her ein ständig sanft wehender Zephir Frische spendet. Den Schlechten dagegen sprechen sie eine dunkle und winterliche Schlucht zu, voll von unablässigen Strafen. Es scheint mir die gleiche Vorstellung zu sein, der entsprechend die Griechen ihren Tapferen, die sie Heroen und Halbgötter nennen, die Inseln der Seligen zuweisen, den Seelen der Schlechten aber im Hades den Ort der Frevler, wo nach ihrem Mythos gewisse Personen gezüchtigt werden, Männer wie Sisyphus und Tantalus, Ixion und Tityus. So setzen sie erstlich die Lehre von der ewigen Dauer der Seelen voraus und spornen dann damit die Menschen zur Tugend und zur Abwehr des Schlechten an. Sie meinen nämlich, die Guten würden zu Lebzeiten noch besser werden durch die Hoffnung auf Ehre auch nach dem Tod, die Triebkräfte der Schlechten aber würden durch Furcht gehemmt, da sie erwarten, daß sie, selbst wenn sie zu Lebzeiten unentdeckt blieben, ewigen Strafen verfallen würden. Dies ist also die heilige Lehre der Essener über die Seele; in die Herzen derer, die einmal von ihrer Wahrheit gekostet haben, senken sie damit eine Idee wie einen Köder ein, von der sich fürder niemand mehr freimachen kann» (*Jüdischer Krieg*, II, 154-158).

Zu dieser lehrmäßigen Schilderung der Essener gesellt sich eine Darstellung des Hippolitos von Rom, der teilweise von Flavius Josephus beeinflußt ist, jedoch auch auf andere, uns heute unbekannte Quellen zurückgreift; so versichert er: «Die Lehre von der Auferstehung ist bei ihnen fest gegründet. Sie bekräftigen, daß das Fleisch auferstehen und unsterblich sein wird, so wie die Seele unsterblich ist; diese geht nach dem Tode an einen angenehmen Ruheort, reich an Licht und kühlenden Winden; es ist der Ort, von dem auch die Griechen wissen und den sie Insel der Seligen nennen» (*Refutatio*, IX, 27).

Und dennoch finden wir zu unserer Enttäuschung in der gewaltigen Menge der entdeckten essenischen Manuskripte keinen ganz sicheren Beleg ihres Jenseitsglaubens, auch wenn einige Passagen ihrer Schriften die angeführten und andere Aussagen völlig bestätigen.

Was die Zeloten angeht (auf die Flavius Josephus nur unter ausschließlich politisch-sozialem Gesichtspunkt zu sprechen kommt), findet einer ihrer bekanntesten Anführer, Eleazar, Erwähnung, der die letzte übriggebliebene Schar der Aufständischen in ihrem Kampf gegen die Römer befehligte: er suchte Zuflucht in der Festung Massada und überredete – nach Flavius Josephus – all seine Anhänger zum Freitod, indem er etwa auf folgende Art zu ihnen sprach: «Seit langer Zeit, seit unser Geist sich der Erkenntnis öffnete, haben die von unseren Vätern überlieferte Ordnung des Gesetzes wie auch die Gebote Gottes uns stets belehrt, ... daß für die Menschen das Leben ein Unglück bedeutet und nicht der Tod. Der Tod jedoch gibt den Seelen ihre verlorene Freiheit zurück und läßt sie so jenen Ort der Reinheit erreichen, der ihr angestammter Sitz ist; ... solange sie hingegen Gefangene eines sterblichen Körpers sind, ... sind sie in Wahrheit tot ...; tatsächlich eignet sich das Göttliche nur wenig, mit Sterblichem zusammenzuwohnen» (*Jüdischer Krieg*, VII, 343-344). Die Rede Eleazars erinnert an jene, die Flavius Philostratos Apollonius von Tyana zuschreibt, der zu einigen Gefangenen sagt: «Zeit dieses Lebens – wie wir es nennen – befinden wir Menschen uns in einem Kerker. Die Seele selbst, an einen vergänglichen Körper gebunden, erduldet zahllose Leiden und ist der Gewalt alles dessen unterworfen, was der schwachen Menschheit widerfährt; und die das Haus erfanden, waren nicht eingedenk, daß sie – so scheint es mir wenigstens – um sich her die Mauern eines zweiten Gefängnisses aufrichteten ... Denke ich an die Städte und ihre Mauern, so scheinen sie mir nichts als das Gefängnis aller» (*Leben des Apollonius von Tyana*, VII, 26).[13] Denselben Gedanken machen sich die Schüler des Apollonius zu eigen (VIII, 7), und er kehrt wieder im berühmten *Orakel des Apollonius*:

«Unsterblich ist des Himmels, und nicht dein die Seele,
die nach des Leibs Verlöschen rasch empor zur Höhe steigt
gleich wie ein edles Roß, das erst dem Stall enteilt zur Freiheit
und harte Knechtschaft flieht, die es verachtet.
Bist du nicht mehr hinieden, wirst du schauen,
was nie erforscht, wer noch von dieser Welt»
(ebd., VIII, 31).

Gewiß zeigt sich die Sprache von Flavius Josephus beeinflußt vom philosophischen Denken der Griechen, doch zweifellos liegen seine geistigen Wurzeln in den verschiedenen hebräischen Denkströmungen, die ihm wohlbekannt waren. Die ursprüngliche Situation wandelte sich in seiner Epoche und entwickelte sich auf der Linie, die etwa durch den Namen des Propheten Daniel, durch die Verfasser des Buches der Makkabäer und durch das alexandrinische Judentum gekennzeichnet wird. In der Folgezeit, am Ende des ersten vorchristlichen Jahrhunderts, gelangte der grundsätzliche Vorstellungswandel in der jüdischen Jenseitskonzeption an sein Ziel: nur die Richtung der Sadduzäer, in der aristokratischer Geist und ein starres Festhalten am mosaischen Gesetz gleichermaßen zum Ausdruck kamen, verkörperte als einzige die rückständige Denkrichtung, der wir am Eingang des Kapitels begegnet sind. Doch liegt es in der Natur des Problems selbst begründet, daß Unklarheiten blieben hinsichtlich des Zeitpunkts und der Begleitumstände des Gerichts, ohne daß davon der Glaube an Unsterblichkeit, Vergeltung und Auferstehung je grundsätzlich berührt wurde.

Die apokryphen Schriften

Zwischen dem dritten und dem zweiten vorchristlichen Jahrhundert entwickelten sich im Judentum teils neue Jenseitskonzeptionen, teils auch hatten sie sich bereits herausgebildet. Sie sind uns heute aus der apokryphen Literatur der Zeit bekannt.
Ein kurzer Blick auf einige apokryphe Schriften erlaubt uns deshalb die Abrundung der kulturellen Gesamtschau jener Epoche, die sich von der Zeit der Festigung des Judentums bis zum Aufkommen des Christentums erstreckt.

Henoch und das Jenseits. Das *Buch Henoch* fand weiteste Verbreitung. Im Grunde handelt es sich dabei jedoch um ein Konglomerat von Schriften, deren Autor und Entstehungsdatum unbekannt sind, die aber, jedenfalls soweit es sich um ihre ältesten Teile handelt, bis ins dritte Jahrhundert v. Chr. zurückzudatieren sind. Wie im folgenden zu zeigen sein wird, nimmt es eine Mittelposition ein zwischen den Vorstellungen des antiken Orients (Sumerer und Ägypter) und denen des griechisch-lateinischen Okzidents.[14]

Der Protagonist und fiktive Verfasser des Buches, Henoch, zeigt die Folgen des Sündenfalls der Menschheit und des Sturzes der Engel von ihren Anfängen her auf (Kap. 1-11) und führt so eine völlig neue Perspektive ein. Begleitet von einem Engel als «Deuter und Fürsprecher» *(Angelus interpres),* legt er einen ersten Weg (Kap. 17-20) bis zu den äußersten «Pforten» der Erde zurück und sieht die ganze Welt in einer phantastischen Gestalt; diese Vision erinnert in mancher Hinsicht an die griechisch-römische Literatur. Der Autor erblickt die Stätten, an denen, «bis zum Tag des großen Gerichts», die Engel und die Frauen, welche die Sünde in die Welt brachten, ihre Strafe erleiden; die Namen von sechs gewaltigen Engeln werden ihm offenbar, doch sieht er sie nicht und spricht mit keinem von ihnen. «Ich, Henoch, ich als einziger sah dies Schauspiel mit Augen, die Grenzen von allem; keiner lebt, der gesehen hätte, was ich sah» (19,3).

Im Verlauf einer zweiten Fahrt wird Henoch zur Unterwelt geführt (Kap. 21-36), zu gewaltigen Feuern, Gebirgen, Klippen und Abgründen, wunderlichen Bäumen, Feuerzungen. Und er sieht Ströme von Wasser und Licht, Schluchten jeder Art und die «verwunschene Schlucht für die in alle Ewigkeit Verfluchten» (27,2); ebenso aber auch den Ort, an dem die Barmherzigen «in alle Ewigkeit dem Herrn der Herrlichkeit» lobsingen. Die Engel und Wegführer, die ihn geleiten, zeigen ihm die sieben Gebirge des Westens, den Berg inmitten der Erde und deren gesamte Grenzen. Diese utopischen Orte weisen eine unverkennbare Ähnlichkeit mit denen auf, die uns bei unserer Betrachtung der griechisch-römischen Welt begegneten, doch die Ziele und Ideen, für die sie hier stehen, sind davon recht verschieden. Henoch spricht vom bevorstehenden Strafgericht über die Missetäter. «Besser wäre es, sie wären nie geboren», heißt es über sie, und weiter: «Kein Erbarmen gibt es für sie.» Auch hört Henoch Stimmen zum Herrn der Welt aufsteigen, die ihn um Gnade und Erbarmen für alle Geschöpfe anflehen (38,2; 39,7; 39,13).

Gottes Gericht ist gerecht, weil Gut und Böse, das die Menschen begehen, im Himmel auf «himmlischen Tafeln» verzeichnet sind: auf einer Waagschale liegt das Gewicht, das Gott in seinem geheimen Ratschluß unabänderlich und ohne Fehl festsetzte, in der anderen aber die «Spuren» der Menschen, das heißt die Werke ihres Erdendaseins. Gute und Böse werden gleicherweise zugegen sein, denn dem Endgericht geht die Auferstehung der Toten voraus: «Die Erde und die Unterwelt geben heraus, was ihnen anvertraut war, und das Totenreich gibt zurück, was es schuldet. Und Gott wählt aus ihnen die Heiligen und Gerechten» (51,1-2).[15]

Höchst bitter ist das Schuldbekenntnis der Verworfenen, das in seiner sprachlichen Gestalt an das Buch der Weisheit erinnert: «Wir sind vertrieben, und fürderhin gibt es nicht Ruhe noch Rast für uns. Das Licht wandelte an uns vorüber, und in Ewigkeit wird Finsternis unser Wohnsitz sein, weil wir nicht an ihn geglaubt haben ...» (63,6-7).

Unter den qualvollen Strafen, die auf die Sünder warten, finden sich ewiges Dunkel, Schande, Würmer, Feuer, Fesseln und Ketten und so fort. Interessanterweise ist dabei zu beobachten, daß – nach Überzeugung unseres Autors – Gottes Gericht einen Unterschied macht zwischen den einen, die aus Hochmut sündigten, und all jenen, die aufgrund der allgemeinen menschlichen Neigung zum Bösen fehlten. Den ersten sind ewige Strafen zugedacht, den zweiten dagegen Vernichtung und dauernder Tod (Kap. 54-55): «Das Wort aus seinem Mund wird alle Sünder und Verderbten zermalmen, und sie werden verbannt von seinem Angesicht» (62,2).

Unter den Glückseligkeiten der Gerechten werden besonders hervorgehoben: das Licht, das Leben in dauernder Gerechtigkeit, der immerwährende Friede, dessen sie sich erfreuen, das ihnen geschenkte Wissen um alle Naturgeheimnisse, ihre ruhmvolle Teilnahme am himmlischen Gastmahl, wo sie das Fleisch der Fabeltiere Leviathan und Behemoth verzehren (60,24). «Ich sah den Sitz der Gerechten und den friedvollen Wohnsitz der Heiligen ...; meine Augen erblickten den Platz, der ihnen ob ihrer Gerechtigkeit und ihres Glaubens bereitet ist ..., und die Zahl der Gerechten war unermeßlich ... Ich sah ihre Wohnstatt im Schatten des Herrn der Heerscharen ...» (39,4-7).

Nach Meinung unseres Autors wurden die Menschen den Engeln gleich erschaffen, doch einige der Geister lehrten sie verderbte Künste. Deshalb gehen sie zugrunde, und die Macht des Todes verschlingt sie: «Seid gewiß, all ihr Gerechten, daß die Sünder für die Verdammung bestimmt sind und zugrundegehen werden am Tag der Gerechtigkeit ..., da wird keiner sein, der für sie beim Herrn der Heerscharen um Erbarmen fleht ...» (38,6; 97,1).

Henochs staunenerregende Reise und die Visionen, die ihn begleiten, sind nicht von Neugier eingegeben und ebensowenig von bloßem Erkenntnisdrang; alles spricht vielmehr dafür, als bestimmendes Motiv etwas anderes anzunehmen. Die irdische Welt ist nach Überzeugung des Autors ihrem innersten Wesen nach verkehrt und entspricht nicht mehr dem ursprünglichen Entwurf noch dem Willen ihres Schöpfers.[16] Dem Seher wird die Gnade zuteil, eine andere Welt zu erblicken, den Grund aller Unvollkommenheiten und Übel des Diesseits zu erkennen und die Heilmittel zu sehen, die das Jenseits dafür bereithält. Zum Vorschein gelangt eine neue Welt von idealer Gestalt, die frei ist von Übel und Unrecht. Diese Welt wird an die Stelle der gegenwärtigen treten, die nur vorläufig ist und vergeht.

Das Buch bietet keine Gesamtschau der Toten im Jenseits; der Verfasser will Vergangenes und Künftiges erzählen, doch immer mit Blick auf diese Welt. Der Übergang von der Vergangenheit zur Zukunft wird gekennzeichnet durch das «große Gericht», auf das die Erwartung der Guten – seien es Menschen oder Engel – sich richtet. Die Zeit des Übergangs ist traurig und schmerzvoll für manche, die dort Qual und Strafe leiden; für andere hingegen ist sie etwas Vorläufiges, charakterisiert durch die Erwartung einer Glückseligkeit, die sie noch nicht völlig erwarben (deshalb bedürfen sie noch des Erbarmens und der Fürbitte); für wieder andere handelt es sich um eine Wartezeit, in der sie in verschiedener Hinsicht bereits im Vorgefühl künftiger Glückseligkeit leben, die jedoch nach dem Endgericht umfassender und tiefer sein wird. Berührungspunkte dieser doppelten Vision mit Platon und Vergil sind unübersehbar.

In der Konzeption des Buches Henoch steht am Beginn des großen Weltgerichts die allgemeine Auferstehung und die Trennung der Guten von den Bösen. Auf die Gerechten warten ein neuer Himmel und eine neue Erde, ohne Übel und Schmerz; das Los aller anderen ist Vernichtung: «Dein Traum ließ dich alle verborgene Schuld dieser Erde schauen; sie wird in einen Abgrund versenkt und völlig zerstört» (83,7).

Von den Erwählten des Endgerichts heißt es: «Die in der Wüste starben oder von den Fischen des Meeres verschlungen oder von wilden Tieren zerfleischt wurden, sollen wiederkehren und voll Zuversicht sein..., denn vor dem Herrn der Heerscharen geht keiner je verloren, noch kann er in Nichts zergehn» (61,5). Das Weltall kehrt in seinen ursprünglichen Zustand zurück und beginnt sein wahres und eigentliches Dasein.

Nachdem er alle Geheimnisse des Himmels, der Erde, der Unterwelt und die Grundfesten des Himmels geschaut hat, bricht Henoch in den Ruf aus: «Fürchtet nicht . . . die Sünder, denn Gott wird sie in eure Hand geben und euch zum Gericht überliefern . . .; Weh über euch, die ihr eurem Gefährten Übles tut . . ., die ihr die Gerechten verfolgt . . ., wehe euch, die ihr durch Gewalt den Gerechten niederhaltet . . . Wißt, all ihr, die ihr gerecht seid, daß die Sünder zur Verwerfung bestimmt sind und am Tage ihrer Ungerechtigkeit (das heißt am Tage des Gerichts) vergehen werden» (95,5-7; 96,7-8; 97,1).

In einem anderen Buch ägyptisch-jüdischen Ursprungs, das nach Henoch benannt ist und den Titel *Die Geheimnisse des Henoch* trägt (oder auch *2 Henoch*), entstanden vermutlich zwischen den Jahren 1 und 50 v. Chr.,[17] begegnen wir einer Lehre ohne Beispiel: nach dem Glauben des Verfassers wurden die Seelen ursprünglich gut geschaffen, mit freiem Willen und klarer Erkenntnis des Guten und Bösen begabt; die Mängel, die im gegenwärtigen Zustand an ihnen wahrzunehmen sind, kommen aus ihrer Verbindung mit dem Körper: auch ihre Hinneigung zum Guten oder Bösen hat hierin ihren Grund. Menschen und Engel werden für Sünden jeder Art dem Gericht unterworfen und bestraft (31,2; 30,15-16; 40,12-13; 65,6). Die Gerechten aber entgehen dem Gericht und erhalten ewiges Leben zum Lohn, das heller strahlt als die Sonne, frei ist von aller Qual und jedem Übel, von Bedrängnis und Mangel und in dem ein unvergängliches Paradies ihre immerwährende Wohnung sein wird (9,1; 65,9). Die Missetäter hingegen erwartet eine Hölle von ewiger Dauer, mit Martern aller Arten entsprechend dem Maß ihrer Verfehlungen. Es leuchtet unter diesen Voraussetzungen ein, daß der Verfasser keinerlei Interesse für das Problem der leiblichen Auferstehung zeigt. Er glaubt an die Unsterblichkeit der Seele und folgt in dieser Hinsicht Platon. Deshalb verweilt er mit Absicht bei der Schilderung der Strafen für die Übeltäter und des Lohnes für die Gerechten, der keineswegs materieller Natur ist.

Die Sheol in der Vision des Henoch. In seiner zweiten Jenseitsreise behandelt Henoch den Ort, an dem die gefallenen Engel gepeinigt werden, an der Grenze zum Chaos. Im Anschluß daran beschreibt er die Unterwelt, die er sich – wie vor ihm schon die Sumerer und Babylonier, die Ägypter und Griechen – als einen Ort im äußersten Westen der Erde vorstellt. Eben darin unterscheidet sich der Verfasser von der verbreitetsten Strömung des biblischen Judentums seiner Zeit, daß er die Sheol nicht unter der Erde, sondern im fernen Westen ansiedelt. Darüber hinaus erweist sich dieser Text des Henoch als der älteste, in dem sich eine Vorstellung der Sheol manifestiert, die in ihr ein grundsätzlich gleiches Endziel für Gute und Böse sieht, zugleich jedoch den Ort einer für beide Gruppen sehr verschiedenen Erwartung: für die Guten – wir sahen es bereits – löst sie sich am Tag des Endgerichts (in gleichem Sinn auch Hen 51,1; 102,5), wenn die Erde all die ihr anvertrauten Sterblichen zurückgibt und auch die Sheol herausgibt, was sie empfing (Hen 51,1).
Doch sehen wir uns den Text genauer an, der uns, ungeachtet einiger Schwierigkeiten der Interpretation, eine Schilderung der Guten und der Bösen ahnen läßt, die auch für den weiteren Verlauf unserer Untersuchung von großem Interesse ist: eine Darstellung, die, wie sich im folgenden zeigen wird, völlig den Ideen der Pharisäer und Chasidäer entspricht.
«Und von dort», so beginnt unser Text, «wanderte ich an

188

einen anderen Ort, und er zeigte mir im Westen einen gewaltigen Berg von großer Höhe, der mit Edelsteinen geziert war und vier liebliche Gegenden aufwies; und in seinem Innern war er hohl, weiträumig, glatt und fast schlüpfrig und erfüllt von tiefer Finsternis. Nun redete Raphael, einer der Engel, die mich geleiteten, zu mir und sprach: Diese lieblichen Gegenden sind gemacht, damit sich dort die Seelen der Toten sammeln. Sie sind hier für sie gebaut, um alle Seelen der Söhne der Menschen aufzunehmen. Und diese Orte hier, wo sie stehen werden, sind für sie gemacht bis zum Tag des Gerichts und solange ihre Zeit währt. Und lange währt die Zeit, bis über sie gewaltiges Gericht gehalten wird» (22,1-4).

Die Guten. Er fährt fort: «Und ich gewahrte die Geister der Söhne der Menschen, die gestorben waren, und ihre Stimme erhob sich bis zum Himmel und klagte. Da befragte ich Raphael, den Engel, der bei mir stand, und sprach zu ihm: Wessen Seele ist diese, deren Stimme so gewaltig aufsteigt und sich klagend erhebt? Und er gab mir Antwort und erwiderte: Dieser Geist, der seinen Körper verließ, ist der Abels, der vom eigenen Bruder, Kain, erschlagen wurde und nicht abläßt zu klagen, bis dessen Stamm von der Erde vertilgt ist und seine Nachkommenschaft verachtet ist bei allen Stämmen der Menschen. Und dann fragte ich ihn auch nach dem Urteil ihrer aller und sagte: Warum stehen sie da, einer getrennt vom anderen? Und er antwortete mir und sprach: Diese drei Berge dienen dazu, die Geister der Toten voneinander zu scheiden. Und auf dieselbe Weise sind getrennt die Seelen der Gerechten. Dies hier ist eine Quelle des Wassers aus Licht» (22,5-9).

Die Gottlosen. «Auf dieselbe Weise wurde ein Ort erschaffen für die Sünder, wenn sie sterben und begraben werden, ohne daß zeit ihres Lebens einer über sie Gericht hielt. Und hier befanden sich ihre Seelen abgetrennt von

den anderen, in dieser großen Qual bis zum Tage des Gerichts, der Strafe und der Peinigung, vorherbestimmt für jene, die Lästerungen gegen die Ewigkeit ausstoßen; sie bleiben hier bis zum Tage der Bestrafung ihrer Seelen, und hier wird er sie fesseln auf ewig. Und wenn dieser Berg seit Beginn der Welt und auf diese Weise von den anderen getrennt und den Seelen derer bestimmt ist, die, nachdem sie in der Zeit der Sünder starben, Klage führen über den Untergang ihrer Seelen, so ward er erschaffen für die Seelen jener, die nicht gerecht waren, sondern Sünder, die voll Sünden sind und bei den Sündern stehen und so sind wie sie. Doch ihre Seele wird nicht vernichtet am Tage des Gerichts, und sie werden nicht auferstehen.
Da lobte ich den Herrn der Herrlichkeit und sprach: Gepriesen sei mein Herr, der Herr des Ruhmes und der Gerechtigkeit, der alles lenkt und regiert auf ewig» (22,10-14).

Gericht und Verwerfung im Buch Henoch. Das Thema des allgemeinen Gerichts zieht sich durch das ganze Buch Henoch (46,4-8; 48,8-10; 53,1-54,3). Doch ein Abschnitt ist für uns von besonderem Interesse, nicht nur seines Umfangs wegen, sondern weil er um Könige und Mächtige kreist und so ein Zeugnis der Gesellschaft bietet, in welcher der Autor lebte, und des Bildes, das er sich von ihr machte. «Der Herr befahl den Königen, Gewalthabern, den Großen und Vornehmen und allen Erdenbewohnern, und er sprach zu ihnen: Öffnet eure Augen, erhebt euren Blick, damit ihr den Erwählten (das heißt den Messias) erkennt. Und der Herr der Heerscharen saß auf dem Thron seiner Herrlichkeit, und der Geist der Gerechtigkeit war über ihm, und das Wort seines Mundes vernichtete alle Sünder und Verderbten, und sie wurden vertilgt von seinem Angesicht» (62,1-2).
«Und an jenem Tag werden alle Könige, Gewalthaber,

die Großen und alle, die das Land besaßen, vor ihm
stehen, ihn erblicken und ihn erkennen, der auf dem
Thron seiner Herrlichkeit sitzt, und kein unnützes Wort
wird gesprochen werden vor ihm. Große Drangsal wird
über sie kommen, wie die einer Frau in Wehen, die unter
Qual gebiert, wenn ihr Sohn sich anschickt, den Mutterschoß zu verlassen, und sie leidet unter den Schmerzen
der Geburt. Die eine Hälfte von ihnen wird zur anderen
hinüberblicken, sie werden erbleichen und ihre Häupter
senken, und Qual wird sie ergreifen, wenn sie jenen von
der Frau Geborenen sehen, der sich niederließ auf dem
Thron seiner Herrlichkeit. Und die Könige, Gewalthaber
und alle Gebieter werden Lob, Preis und Ehre dem erweisen, der allem Verborgenen gebietet, denn von Anbeginn
war der Sohn der Mutter aller Lebenden verborgen und
der Höchste hütete ihn im Angesicht seines Heeres und
machte ihn kund seinen Erwählten. Und die Zahl der
Heiligen und der Erwählten wird sich verbreiten, und
alle, die er erwählte, werden an jenem Tage vor ihm
stehen» (62,3-8).
«Alle gebietenden Könige und Großen und die Gebieter
der Erde werden bei seinem Anblick auf ihr Angesicht
niederfallen, ihn anbeten und ihre Hoffnung setzen auf
jenen Sohn des Sohnes der Mutter der Lebenden und
Erbarmen von ihm erflehen. Und der Herr der Heerscharen wird ihnen gebieten, sich ohne Verzug zu entfernen
von seinem Angesicht, und ihre Mienen werden erfüllt
sein von Trauer und Scham.
Er wird sie den Engeln der Züchtigung überliefern, damit
sie Rache nehmen an denen, die seine Söhne und seine
Erwählten bedrückten. Und sie werden zum Schauspiel
für alle Gerechten und für seine Erwählten, die über sie
spotten werden, denn der Zorn des Herrn der Heerscharen wird sie zerschmettern, und der Dolch des Herrn der
Gewalten sich sättigen an ihrem Blut. Und die Gerechten

und die Erwählten werden errettet an jenem Tage und fürderhin nicht mehr das Antlitz der Sünder und Verderbten schauen. Und der Herr der Heerscharen nimmt bei ihnen seinen Sitz, und sie werden in der Ewigkeit wohnen, essen, schlafen und sich erheben.

Die Erwählten und die Gerechten werden sich von der Erde erheben, nicht fürder mehr ihr Haupt senken und anlegen das Kleid des Lebens. Und dies ist das Gewand des Lebens vor dem Herrn der Heerscharen; und auch euer Gewand wird nicht alt werden und euer Ruhm kein Ende haben vor dem Herrn der Gewalten» (62,9-16).

Visionen des Esra. Auf die Aussagen der Bibel über Henoch, der von der Welt entrückt wurde («er wandelte mit Gott, dann war er nicht mehr; denn Gott hatte ihn hinweggenommen . . .», Gen 5,23-24), ging wahrscheinlich jene uralte und weitverbreitete Tradition zurück, von der die Rede war. Die Mythisierung einer großen Gestalt der Geschichte, Esras, des Vorkämpfers der Verbannten, die er von Babylon nach Jerusalem zurückführte, verdichtete sich zu einer weiteren Tradition, bei der es fast unmöglich scheint, historisch Verbürgtes von der Legende zu scheiden.[18]

Als Bezugspunkt dient uns im folgenden die sogenannte *Visio beati Esdrae,* eine jüdische Schrift, die etwa um 100-120 v. Chr. entstand.

Den Verfasser bedrängen eine Reihe von Fragen. Sein Volk wurde von Gott der Gewalt seiner Feinde überliefert, Jerusalem zerstört – doch die Sieger waren in moralischer Hinsicht den Besiegten nicht überlegen. Wen also traf die Schuld an diesem Unheil: Adam? Warum aber hatte Gott, der Allwissende, ihn dann erschaffen? Warum legte er Adams Schuld auch den Nachgeborenen zur Last? Wenn Gottes Wege für den Menschen unerforschlich sind, warum verlieh er ihm dann die Gabe des Ver-

192

standes? Der Autor sieht sich diesen Fragen machtlos
gegenüber. Es fällt ihm nicht schwer, sich unfähig zu
bekennen, das Schicksal seines Volkes und der Menschheit vorherzusehen: wäre es nicht vielleicht besser für
beide, sie wären nie erschaffen?
Von daher nimmt eine geschichtliche Reflexion ihren
Ausgang, in deren Verlauf der Autor Gewißheit erlangt,
daß Adams Neigung zum Bösen immer die Oberhand
gewann; der «Engel und Deuter» erklärt ihm, das Ende
der Welt stehe bevor, die ihre Jugend und Unschuld verloren habe und gealtert sei; die «himmlischen Schatzkam-
mern», denen die Gerechten beigerechnet werden, seien
in Kürze gefüllt und Gott – der Schöpfer der Welt –
werde ihr bald ein Ende setzen und so ein ewiges Zeitalter der Glückseligkeit eröffnen (IV Esra 3,1-6. 34).

Bewegt und bedrängt ruft der Seher aus: «O Erde, was
hast du gezeugt? Kommt der Geist vom Staube, wie alles
andere Geschaffene, wahrhaftig, so wäre besser, selbst
der Staub wäre nie gewesen. Mit dem Alter wächst in uns
auch die Erkenntnis, und Schrecken erfüllt uns, denn wir
wissen: wir müssen sterben.» Doch wird er daran erinnert, daß der kleinen Zahl der Geretteten nur geringe
Bedeutung zukommt: je seltener eine Sache ist, um so
größer ist auch ihr Wert. Der Lohn der Gerechten wird
groß sein und erst sichtbar werden, wenn die Zahl der
Erwählten, die Gottes Vorsehung festsetzte, vollständig
ist. Doch Gott allein kennt diese Zahl und den Zeitpunkt
ihrer Erfüllung. Paradies und Gehenna sind die Aufent-
haltsorte, die erst im großen Endgericht offenbar werden;
niemand kennt hier im Diesseits den Ort, der ihm im
Jenseits zuerkannt wird – erst am Ende aller Zeiten wird
er ihn erblicken. Der Tod ist ein gemeinsames Schicksal
für alle, und erst bei seinem Eintritt wird eines jeden
Geschick sichtbar. Sobald sie der Befehl des Höchsten

trifft, verläßt die Seele den Leib, kehrt zurück zu dem, der sie erschuf, und harrt der Entscheidung zwischen Gut und Übel.

Ist die Seele die eines Gerechten, wandelte sie auf den Wegen des Höchsten – in zuversichtlichem Glauben an Gott, bereit, voll Vertrauen die Plagen des Erdendaseins zu tragen –, so erfüllt sie nun tiefe Freude; sieht sie doch die für die Gottlosen bestimmten Strafen und die Herrlichkeit, die sie nach dem Endgericht erwartet. Nun entdeckt sie, welch grauenhafter Verderbnis sie entrann, und ist voll Hoffnung auf die selige Unsterblichkeit. Sie erkennt die strahlende und unvergängliche Herrlichkeit, die am Ende auf sie wartet, denn ihre Freude ist voller Gewißheit: frei von aller Furcht, kann sie kaum erwarten, den zu schauen, für den sie lebte und litt.

Handelt es sich dagegen um eine Seele, die nicht die Wege Gottes ging, so irrt sie eine Woche ziellos umher, gemartert von ihrer eigenen vielfachen Schuld. Von Gewissensbissen gepeinigt, erkennt sie, daß Schuld und Unrecht ihrer Vergangenheit unwiderruflich sind; zugleich sieht sie den Lohn, der den Gerechten bereitet ist, und erblickt – in raschen Visionen – die Qualen, die nach dem Tag des großen Gerichts auf sie warten; von weitem aber gewahrt sie die friedvollen Wohnungen der Gerechten, von Engeln bewacht. Sie schaudert angesichts der Martern, die ihr bevorstehen, und unter dem gewaltigen Strom göttlichen Lichts, der sie durchdringt, fühlt sie sich zerrissen von Gewissensqualen, Selbstvorwürfen, Verwirrung und Scham.

Diese beiden Beschreibungen besitzen zweifellos psychologisches Gepräge und bringen ausgezeichnet die Gefühle zum Ausdruck, die während der Zeit zwischen Tod und Gericht die Seele zu durchlaufen hat. Die subtile und feinsinnige Schilderung ist im antiken Schrifttum ohne Parallele.

An ihrem Ende findet sich ein interessanter und einzigartiger Hinweis: unmittelbar nach dem Tode wird der Seele gestattet, sieben Tage lang im Jenseits umherzuschweifen, um die Überraschungen kennenzulernen, die sie erwarten. Erst dann geht sie zu ihrem Wohnsitz ein, wo sie bis zum Gericht verbleibt. Es scheint, als sei dieses Privileg den Gerechten vorbehalten, als würden hingegen die Schlechten sofort ihren peinvollen Gewissensbissen überliefert; doch ist auch denkbar, daß der Verfasser hierin ein jedermann zugedachtes Geschick sah (vgl. IV Esra 7,80. 100-101).

Der Autor des vierten Buches Esra verfügt nicht über die schneidende Konsequenz Kohelets, läßt aber eine persönliche und tiefempfundene, ganz ungewöhnliche Anteilnahme am menschlichen Schicksal in dieser Welt und an seinem Los im Angesicht des Jenseits erkennen.

Der Engel und Deuter *(Angelus interpres)* erklärt ihm ferner, daß durch Adams Sündenfall die Straßen der Welt eng und unwegsam geworden seien, aber jeder Mensch für seine Taten selbst die Verantwortung trage; nach ihrem Tode bestehe darum keine Möglichkeit der Fürbitte für die Bösen. Am Tag der Auferstehung und des allgemeinen Gerichts öffnet sich für die Geretteten das Paradies, der Baum des Lebens wird von neuem gepflanzt, ein Zeitalter der Glückseligkeit nimmt seinen Anfang, und alle Trauer wird vergessen sein (7,45-9,26). Und – mit deutschen Gelehrten zu reden – das Ende der Zeiten entspricht deren glücklichem Beginn: Urzeit-Endzeit.

Die siebzig Grade der Unterwelt. Dieser Schau fügt sich gleichsam wie von selbst eine kleine Schrift mit dem Titel *Visio beati Esdrae*[19] ein. Der Held der Erzählung bittet Gott um die Kraft, beim Anblick des Jenseitsschicksals der Sünder nicht zu erschrecken. Und Gott schickt ihm

sieben Engel, die ihn durch die siebzig Kreise der Unterwelt geleiten sollen.

Esra sieht die Tore der Unterwelt: Türen aus Flammen,
bewacht von zwei Löwen, deren Augen und Nüstern
Feuer speien. Gute und Böse scheinen durch dasselbe Tor
einzutreten: die Guten durchqueren es jedoch, ohne von
den Flammen berührt zu werden, und die Engel erläutern
dazu, der Ruhm der Gerechten sei bis zum Himmel aufgestiegen; denn sie gaben Almosen, halfen den Bedürftigen und waren durchdrungen vom Verlangen, Gutes zu
tun. Kurz danach treffen andere Seelen ein. Flammen
erfassen sie, die Löwen ergreifen sie; und zugleich mit
ihnen beginnt Esra seinen Weg durch die Unterwelt, wo
er die Sünder erblickt und die zahlreichen Strafen, die
diese heimsuchen. Das Schema ist in seinen Grundzügen
vorgegeben, wird aber in der Schilderung der Verdammten und ihrer Qualen äußerst lebendig gehandhabt. Der
Besucher tritt nicht in unmittelbaren Kontakt mit den
verschiedenen Sündern, die ihm die Engel-Deuter zeigen,
doch bei ihrem Anblick läßt er nicht ab, immerzu auszurufen: «Domine, parce peccatoribus» (Herr, erbarme
Dich der Sünder). Die Schrift erweist sich als höchst originell und rechtfertigt eine kurze Zusammenfassung,
scheint sie doch, unter chronologischem Gesichtspunkt,
das erste Werk dieser Art zu sein. Zugleich bietet sie ein
ausgezeichnetes Vorbild für die christliche Gattung der
Apokalypse, von der im folgenden noch zu sprechen sein
wird.

Hier nun die Liste der Sünder – sie bleiben namenlos –,
die Esra, stets in Begleitung der Engel, der Reihe nach
erblickt:

1. Engel schleudern Feuer ins Gesicht von Menschen, die
dann mit Geißeln aus Flammen geschlagen werden, während die Erde selber ruft: «Schlagt sie ohne Erbarmen,
denn auf mir haben sie gesündigt» – es handelt sich um

die Strafen für Männer, die ihre Gattin mit verheirateten Frauen betrogen, und für Ehefrauen, die sich schminkten, um die Männer zu schlechten Gedanken zu verleiten.

2. Engel schlagen Frauen und Männer, die mitten im Feuer aufgehängt sind; die Rede ist von Menschen, die ihre Mutter entehrten.

3. Esra steigt immer tiefer in die Unterwelt hinab und gewahrt nun einen Herd, gefüllt mit Pech und Schwefel, über den die Guten ohne Gefahr hinwegschreiten, während «Unterweltsengel» die Sünder ohne Gnade in dieses Feuer tauchen: es sind Verleumder, Neider, Menschen, die Fremde und Gastfreunde nicht aufnahmen und den Bedürftigen nicht beistanden.

4. An einem finsteren, lichtlosen Ort gewahrt er den «Wurm von riesiger Gestalt, der niemals stirbt»; beim Atemholen schlingt er die Sünder ein, die vor ihm stehen, beim Ausatmen speit er die Verfärbten aus; diese Sünder gaben sich jeder Art von Bosheit hin.

5. Die Vision, die sich nun anschließt, ist das erste Zeugnis eines seltsamen Totengerichts, das später nicht ohne literarische Nachfolge blieb. Esra sieht einen gewaltigen Feuerstrom, über den eine Brücke führt; Gerechte, die sie überqueren, schreiten voll Freude über sie hinweg; vor den Sündern dagegen nimmt die Brücke die Gestalt eines dünnen Fadens an, so daß keiner das andere Ufer erreicht, sondern alle ohne Rettung in den Fluß stürzen.[20]

6. Alle, die Wanderern böswillig den falschen Weg wiesen, werden gebunden, und «Unterweltsengel» treiben ihnen Dornen in die Augen.

7. Könige und Fürsten «dieser Welt» werden in einen großen Feuerofen geschleudert, während eine Schar von Geringen und Armen gegen sie Klage führt: «Das sind jene, die uns quälten und uns, die doch frei geboren wurden, versklavten.»

8. Die Söhne, die ihre Eltern mißhandelten, werden in

einen Ofen aus Pech und Schwefel geworfen, ebenso alle, die Gott leugneten oder den Arbeitern den gerechten Lohn vorenthielten.

9. Frauen, die Kinder aus ehebrecherischen Verhältnissen gebaren und sie töteten, werden in einen Herd geworfen, während die von ihnen gemordeten Kinder sie anklagen und sprechen: «Herr, diese raubten uns das Leben, das Du uns gegeben hast.»

10. Nun zieht eine grauenvolle Szene Esras Blick auf sich: erhängte Frauen, an deren Brüsten Schlangen saugen; es handelt sich um jene, die ihre eigenen Kinder töteten, und um solche, die den Waisen ihre Muttermilch verweigerten.

Von diesem trüben Schauspiel suchen ihn die Engel Michael und Gabriel abzubringen, indem sie ihn zum Himmel entführen; doch Esra bittet, alle göttlichen Strafen für die Sünder sehen zu dürfen. Nun folgen die letzten Szenen in der Unterwelt: wilde und gefräßige Tiere zerfleischen die falschen Zeugen und die Diebe. Zuletzt lassen die Engel-Deuter ihn vierzehn Stufen hinabsteigen, und am Ausgang der Hölle finden sich feuerspeiende Löwen und Hunde. Es sind Wächter, die nur den Gerechten den Weg freigeben, die von hier zum Paradies aufsteigen: zur von Licht erfüllten Stätte des Heils, an der es niemals an Manna, an himmlischer Nahrung, fehlt.

Zuletzt tragen die Engel Michael und Gabriel Esra empor bis zum siebten Himmel, «zu den Pforten Gottes, meines Herrn»; weiter aufzusteigen bleibt ihm als Sterblichem verwehrt.

Das Werk schließt mit einer an Gott gerichteten Bitte um Erbarmen für die Sünder; und der göttlichen Antwort, daß jeder selbst verantwortlich ist für seine Taten, erwidert Esra wiederum – denn Gottes Strenge mit den Sündern scheint ihm übergroß –: «Herr, den Tieren hast Du größeres Erbarmen erwiesen als uns; denn diese nähren

sich von Gras und singen nicht Dein Lob, und doch
sterben sie ohne alle Sünde; uns aber peinigst Du im
Leben und nach dem Tod.» Doch unerschütterlich beharrt Gott auf seinem Sinn und gibt ihm zur Antwort:
«Esra, ich habe den Menschen nach meinem Bilde geformt und ihm geboten, nicht zu sündigen – und doch
sündigt er. Darum nur muß er leiden.»

Abraham und der Tod. Das *Testament des Abraham* stellt
ein glanzvolles Beispiel spätjüdischer Literatur dar. Im
ersten vorchristlichen Jahrhundert in Ägypten überarbeitet, bietet es uns wie die vorangegangenen Schriften einen
Baustein des vielfältig differenzierten jüdischen Denkens
über das Jenseits. Der unbekannte Autor setzt sich zum
Thema, das Verhalten einer der größten Gestalten des
Alten Testaments an ihrem Lebensende zu beschreiben. In
der einfühlsamen Phantasie des Werks wird das Sterben
Abrahams wie folgt erzählt.[21]
Gott schickt seinen Engel Michael zur Erde, um Abraham
seinen bevorstehenden Tod anzukündigen. Doch als der
Engel beim Patriarchen eintrifft und als Abgesandter des
Himmels festlich empfangen wird, bringt er es nicht über
sich, die ihm anvertraute Mission auszuführen. Gott er-
leichtert ihm seine Aufgabe, indem er Abrahams Sohn
Isaak einen klaren und eindeutigen Traum schickt, den
dieser dem Vater erzählt. Der Engel aber übernimmt es,
ihn zu deuten: «Wisse, verehrungswürdiger Abraham,
daß nun die Zeit gekommen ist, zu sterben, dieses Leben
zu verlassen und zu Gott einzugehen ...» Der Engel gibt
sich mit den Worten zu erkennen: «Ich bin Michael, der
Erzengel, der vor Gottes Angesicht steht. Ich wurde zu
Dir gesandt, um Dir die Nachricht Deines Todes zu bringen ...» Abraham antwortet ihm: «Ich folge Dir nicht!»
(Kap. 7). Mit dieser Weigerung Abrahams kehrt der Engel zum Himmel zurück und wird erneut zum Patriar-

chen mit der Belehrung gesandt, daß niemand dem Tod entgehen und somit auch er sich ihm nicht entziehen kann: «Weißt Du nicht, daß die Nachkommen Adams und Evas alle sterben?»

Diesmal äußert Abraham eine Bitte: «Ich möchte die ganze bewohnte Erde sehen und alle Werke Deines Wortes ...; habe ich erst alles gesehen, so fühle ich keine Trauer mehr, muß ich auch alles verlassen» (Kap. 9). Sein Gebet wird erhört: eine Wolke, umgeben von Engeln, ergreift Abraham und läßt ihn nach und nach die ganze bewohnte Erde schauen. Von der Höhe des Himmels erblickt Abraham einige Menschen, die Böses tun, und ruft Gottes Strafen auf sie herab; diese brechen denn auch sofort über die Sünder herein und reißen sie in einen jähen Tod. Doch eine göttliche Stimme gebietet dem Engel, Abrahams Vision zu unterbrechen, und zwar mit einer für uns besonders interessanten Begründung: «Sähe er alle, die in Sünden leben, so vernichtete er jedes Geschöpf. Siehe, Abraham sündigte nie, und so empfindet er kein Mitleid mit den Sündern. Ich bin es, der die Welt erschuf, und keinen will ich dem Verderben überliefern. Bevor ich einem Sünder den Tod schicke, warte ich, daß er sich bekehre» (Kap. 10).

Der Patriarch wird nun dem Blick auf die Erde entzogen und zur ersten Pforte des Himmels geführt,[22] um Gericht und Belohnung der Toten zu beobachten: «Dann wird er anders über die Seelen denken, die er dem Untergang weihte» (Kap. 11). Nachdem er die Schwelle überschritten hat, öffnen sich vor ihm zwei Straßen – die eine breit und geräumig, eng die andere –, die zu zwei Pforten führen. Auf dem Platz, der an die beiden Pforten grenzt, sitzt ein Mann auf einem goldenen Thron und äußert Schmerz und Trauer, gelegentlich aber auch Freude. Der Engel erläutert Abraham, der Mann auf dem Throne sei Adam; Klagen und schmerzliche Gebärden gelten dem

Anblick der auf ewig Verlorenen, die Zeichen der Freude aber den Geretteten. Die enge Pforte «führt zum Verderben und zur ewigen Strafe ... Unter siebentausend wird nur eine Seele gerecht und ohne Makel befunden.»[23]
Genau in der Mitte zwischen beiden Pforten sitzt ein Mann auf einem Thron aus Kristall, vor sich eine Tafel und ein geöffnetes Buch; zu beiden Seiten des Thrones erblickt er zwei Engel mit Schriftrollen, Feder und Tinte. Vor ihm steht ein Engel mit einer Waage in Händen; ihm zur Seite aber hält eine strenge und unerbittliche Engelsgestalt eine Posaune, der eine verzehrende Flamme entsteigt, zur Prüfung und Unterscheidung der Seelen.[24]
Der Mann auf dem Thron aus Kristall ist Abel: er waltet als Richter. Der Engel ihm zur Rechten verzeichnet die guten Taten der Gerechten, der zur Linken aber vermerkt alle Schandtaten der Sünder. Der Engel mit der Waage wägt die Seelen: «Wahrlich, alles wird gerichtet im Feuer und mit der Waage» (Kap. 12-13). Entspricht das Gewicht der Schuld dem der guten Taten, so wird die Seele weder unter die Erwählten noch unter die Verdammten versetzt, sondern beiden zugerechnet. Ihr Schicksal bleibt somit in der Schwebe bis zum großen Endgericht.
Abels Urteilsspruch gilt nur bis zum «großen und ruhmvollen Gericht Gottes», das allein ewig, unwiderruflich und unabänderlich ist. Das Los der Seelen, die sich in der Mitte zwischen Erwählten und Verdammten befinden, ist folglich noch zu wandeln: Abraham und der Engel, der ihm als Führer und Deuter dient, flehen zu Gott für eine dieser Seelen; so erhöhen sie für sie das Gewicht des Guten und öffnen ihr die Tür des Paradieses.[25] Der Patriarch erinnert sich der Sünder, auf die er einen jähen Tod herabrief, und bittet für sie. «Abraham, Abraham», antwortet ihm die Gottheit, «ich habe Deine Stimme gehört ..., Deine Schuld verziehen und jene wiedergerufen, die Du verloren wähntest; ich führte sie ins Leben zurück,

um meiner großen Barmherzigkeit willen, und ich habe das Gericht über sie aufgeschoben» (Kap. 14).

Abrahams Wünsche sind nunmehr erfüllt. Gott gebietet dem Erzengel Michael, ihn zur Erde zurückzuführen, nach Hause zu bringen und ihm aufzutragen, seine irdischen Angelegenheiten zu ordnen: «Der Tag ist nahe, an dem Du diesen Leib verlassen und vor Gott erscheinen sollst.» Doch noch immer ist der Patriarch nicht zu überzeugen, und er erwidert: «Ich folge Dir nicht.» Nun wird Michael zum Himmel zurückgerufen und an seiner Stelle der Tod entsandt.

Der Tod jedoch ist nicht für alle gleich. Er ist «die Geißel der Welt», erscheint den Menschen aber auf ganz verschiedene Weise und hat Befehl, sich dem Patriarchen sanft und behutsam zu nähern. Doch umstimmen läßt er sich nicht: «Nicht eher weiche ich von Dir, als bis ich Deine Seele mit mir führe.» Abraham will sich nicht fügen, doch der Tod ist festen Sinnes: «Leg Deine List ab, hör auf, mich zu fragen . . .» (Kap. 19-20).

Umgeben von seinem Sohn Isaak und seiner Frau Sarah, sucht Abraham Ruhe auf seinem Lager, und der Tod – er steht ihm zur Seite – fordert ihn auf, seine Hand zu küssen. Doch seine Aufforderung ist Täuschung und Betrug. «Er küßte die Rechte des Todes, und seine Seele blieb an ihr haften.» Sofort ergreift der Erzengel Michael die Seele des Patriarchen und trägt sie, geleitet von anderen Engeln, zum Paradies, wo sich die Zelte der Gerechten und die Wohnstätten der Gerechten befinden «im Schoß dessen, bei dem weder Trauer noch Schmerz ist . . ., sondern nur Friede, Glückseligkeit und Leben ohne Ende» (Kap. 20).

So endet die Geschichte jenes mythisierten Abraham, in dessen Gestalt der Autor die Gefühle eines Großteils der Menschen versinnbildlicht.

«Die Stunde ist gekommen,
daß ich Anker lichte . . .
Ich sehne mich danach,
aufzubrechen . . .»

DAS CHRISTENTUM

An dieser Stelle unserer Untersuchung über das Jenseits-
bild des Menschen seit den Zeiten der Ägypter und Sumerer finden wir uns vor einer beispiellosen Lücke. Es ist
eindrucksvoll festzustellen, wie die schriftlichen Quellen
des christlichen Glaubens, das Neue Testament (die
Evangelien und andere Schriften), in dieser Hinsicht eine
bestürzende Nüchternheit an den Tag legen, die in der
Gegenüberstellung mit der vorangegangenen literarischen
Tradition geradezu paradox erscheint.
In der Verkündigung Christi und seiner Apostel lassen
sich in der Tat keinerlei Beschreibungen des Jenseits ausmachen, abgesehen von einigen charakteristischen Ele-
menten und Hinweisen, die jedoch seltsam karg und un-
bestimmt bleiben. Dem Menschen wird zur Norm gemacht, sein Dasein auf das Jenseits hin auszurichten,
ohne daß doch dieses je wirklich vergegenwärtigt oder
beschrieben würde. Wir sehen uns also mit der Verkündigung einer Lehre vom Jenseits konfrontiert, die ganz auf
die Gegenwart bezogen ist, da das Leben im Diesseits
über das jenseitige Heil des Menschen entscheidet. Neben
diesen Fixpunkten aber findet sich eine große Zahl unkla-
rer, unbestimmter und für uns nur schwer definierbarer
Elemente; und wenn auch gerade an ihnen die Phantasie

wie der Erkenntnisdrang christlicher Schriftsteller sich entzündeten, trug doch auch dieser Umstand nicht dazu bei, eindeutiger erscheinen zu lassen, was von Anfang an dunkel und rätselhaft gemeint war.

Versuchen wir also, uns an sicher Vorgegebenes zu halten und auf Ungewisses nur da zurückzugreifen, wo es sich als unumgänglich erweist.[1]

Christi Predigt und die seiner Apostel nimmt verschiedene und vielfältige Traditionen wieder auf: unter gewissen Gesichtspunkten läßt sie sich jenem Strang des jüdischen Schrifttums zuordnen, der – wie wir sahen – im Buch der Weisheit gipfelt, und ebenso auch dem literarischen Komplex der Bücher des Propheten Daniel, dem zweiten Buch der Makkabäer, ferner einer gewichtigen Strömung der jüdischen apokryphen Literatur; wir werden im folgenden noch sehen, wie sich diese gleichsam wie von selbst literarischen Traditionen des Hellenismus einfügt.

Welches also sind die wichtigsten Aspekte der Jenseitskonzeption, die sich dem Neuen Testament ablesen läßt (und außerdem den Texten der apokryphen christlichen Literatur, deren berühmtestes Zeugnis wir noch vorstellen werden)?

Das Neue Testament

Das Reich. Kernpunkt der Lehre Christi ist die Erwartung des himmlischen Reiches (oder des Reiches Gottes): darauf gründet er das letzte Geschick des Menschen, sein ewiges Heil. Die Rückkehr des Menschen zu Gott ist so die Weise, in der sich für jeden die persönliche Ankunft des Reiches Gottes verwirklicht.

Dieser schwierige und mühevolle Heilsweg, der so vielen menschlichen Wünschen und Neigungen entgegensteht,

duldet keine diskriminierende Aufteilung der Menschen
in Gerechte und Sünder, noch Voraburteile jedweder Art;
das ihm innewohnende Gesetz scheint eher geeignet, die
tiefsten Sehnsüchte einer kleinen Minderheit zu wecken
als diejenigen der Massen, handelt es sich doch um ein
Gesetz des Leidens und der Selbstverleugnung, das freilich für alle Menschen gleicherweise Gültigkeit beansprucht. Bevor es sich noch in seiner endgültigen und
himmlischen Form offenbart, zeigt sich das Reich in einem irdischen und vorläufige Stadium des Übergangs:
irdisch sind seine Anfänge, die im Zeichen der Demut,
der Selbstverleugnung und Entsagung, der Leiden und
gläubiger Zuversicht stehen; diese richten sich auf Gott
und den Erlöser Jesus Christus: auf die Erwartung seiner
Wiederkunft, bei der er sein Heilswerk und die endgültige Erlösung seiner Gläubigen vollenden wird. Für Jesus
wie für alle Gläubigen nimmt dieser Glaube seinen Ausgang im Diesseits und erfährt hier seine erste Verwirklichung in der schmerzvollen Phase der «Umkehr» und
«Bekehrung».
Um Bekehrung handelt es sich in der Tat: um das Verlassen eines Weges, um einen ganz anderen zu betreten.
Christus wendet sich an seine Jünger mit der Versicherung: «Fürchte dich nicht, du kleine Herde! Euer Vater
hat beschlossen, euch das Reich zu geben», und schärft
ihnen sogleich das Gesetz der Selbstverleugnung ein (Lk
12,32-34). Freut die «kleine Herde» sich über die geglückte Verwirklichung eines ihr von Christus erteilten
Auftrags, so ermahnt er sie: «Freut euch nicht über das,
was ihr vollbracht habt, freut euch vielmehr, weil eure
Namen im Himmelreich eingeschrieben sind.» Dieses
kommende Reich der Himmel, das jeder Mensch Tag für
Tag hier auf Erden vorbereiten muß, erscheint häufig
unter dem Bild des Gastmahls, in dem sich alle Freude
verbindet (Mt 8,11-12;22,2-14 und Lk 14,15-24). Im anti-

ken Orient waren Gastmähler selten, aber prächtig und aufwendig, und entschädigten für unzählige Enttäuschungen und Entbehrungen des Alltags; von daher erschließt sich uns die Sehnsucht eines namenlosen Zuhörers, der angesichts der Predigt Jesu in die Worte ausbricht: «Selig, wer am Mahl im Reich Gottes teilnehmen darf!» (Lk 14,15).[2]

Nichts anderes wird hier verlangt als eine grundstürzende Umwertung aller Werte, deren Bedeutung in der radikalen Neudeutung alles dessen liegt, was wir mit dem Begriff «Reichtum» verbinden: im Verzicht auf ihn aus Sehnsucht nach den ungreifbaren und unsichtbaren «Schätzen des Himmels» (Mt 6,19-20; Lk 12,33-34), in der verbindlichen Einladung zu einem Handeln, das wenig oder keine irdische Genugtuung verschafft, sondern ganz aus der Hoffnung auf himmlischen Lohn und auf die Auferstehung der Gerechtfertigten lebt (Lk 14,12-14); schließlich in der Aufforderung an die Gläubigen, täglich ihr Kreuz auf sich zu nehmen und Christus bis ans Ende seines Weges nachzufolgen: «Wer nicht sein Kreuz trägt und mir nachfolgt, kann nicht mein Jünger sein»; «Wer zu mir gehören will, der verleugne sich selbst, nehme täglich sein Kreuz auf sich und folge mir nach» (Lk 14,27 und 9,23).

Je mehr wir über diese Ideale nachsinnen, um so deutlicher erschließt sich uns ihre tiefe Verbindung nicht nur mit den zuletzt betrachteten jüdischen Denkern, sondern auch mit allen anderen, die uns im Lauf unserer Untersuchung begegneten: Ausgangspunkt und Perspektiven ihres Denkens sind je verschieden, doch zeigen sich alle davon überzeugt, der Mensch sei verantwortlich für sein Handeln und darum oft zu schmerzlichen Entscheidungen gezwungen.

In der Sprache der Gleichnisse – der einzigen, die sich diesem Thema angemessen zeigt – taucht immer wieder

die Metapher von der Welt als vorübergehender Wohn-
stätte des Menschen auf: der Mensch befindet sich hienieden gewissermaßen auf einer Reise, in einem Zelt. Seine
ewige Heimat, die zugleich «der Wohnsitz Gottes» ist,
befindet sich im Himmel. «Ja, während wir in diesem Zelt
wohnen, seufzen wir in Bedrängnis, . . . und wer uns dazu
bestimmt hat, ist Gott . . .» (2 Kor 5,1-5).

Der Tod. Zweitausend Jahre nach der Verkündigung
Christi – einer Predigt des ewigen Heils und der Glückseligkeit im Jenseits – ist der Tod weiterhin Anlaß zu Unruhe und Angst. Auch wenn der Christ in ihm nur den
Übergang von einem Leben zum anderen sieht, erlebt er
ihn doch stets in Furcht. Diese Furcht sollte selbst Christus zeit seines Lebens, in den entscheidungsschweren Au-
genblicken im Garten von Gethsemane und während seines Kreuzestodes, begleiten: «Vater, wenn Du willst, laß
diesen Kelch an mir vorübergehen. Doch nicht mein, sondern Dein Wille geschehe» (Lk 22,42). Und den Schmer-
zensschrei des Psalmisten legt der Evangelist dem sterbenden Christus in den Mund: «Mein Gott, mein Gott,
warum hast Du mich verlassen?» (Mk 15,34). Der Apostel
Paulus drückt geradezu das Verlangen aus, bei Christi
Wiederkunft noch am Leben zu sein, um «verwandelt» zu
werden, ohne den Tod zu schauen: «Und wir seufzen im
gegenwärtigen Zustand und sehnen uns, mit dem himmlischen Haus überkleidet zu werden, . . . weil wir nicht
entkleidet, sondern überkleidet werden möchten, damit
so das Sterbliche vom Leben verschlungen wird» (2 Kor
5,2-4).[3] Und dennoch war er fest überzeugt davon, daß
wir mit Christus leben werden, wenn wir mit ihm sterben
(2 Tim 2,11; 3,12).
Am Ende seines Lebens schrieb der Apostel: «Denn ich
werde nunmehr geopfert, und die Zeit meines Aufbruchs
ist nahe. Ich habe den guten Kampf gekämpft, den Lauf

vollendet, die Treue gehalten. Jetzt liegt für mich der Siegeskranz der Gerechtigkeit bereit, den mir der Herr, der gerechte Richter, an jenem Tage geben wird; doch nicht mir allein, sondern auch allen, die seiner Wiederkunft mit Liebe entgegengehen» (2 Tim 4,6-8).

Wenn ich richtig sehe, fassen diese Worte aus dem «Testament des Paulus» an seinen Schüler Timotheus die ganze Lehre Christi zum Problem des Todes zusammen: sobald die Zeit gekommen ist, ins Jenseits aufzubrechen – «den Anker zu lichten» –, soll der Mensch zurückschauen, von sich sagen dürfen, er habe gut gekämpft (und wie Christus gleichsam sein Blut zum Trankopfer gebracht); er soll erkennen dürfen, daß er seinen Glauben rein bewahrt hat, um nun voller Liebe die Wiederkunft Christi zu erwarten – das ist die innere Haltung des Christen angesichts des Todes; wenngleich dieser nicht aufhört, seine menschliche Natur schmerzlicher Trennung und tiefer Zerrissenheit auszusetzen – unverzichtbare Voraussetzungen für den Erwerb der «Krone der Unsterblichkeit».

Das Gericht. Nach der Lehre Christi besteht kein Zweifel, daß dem Tode das Gericht unmittelbar folgt. Allgemeiner Richter ist Gott, «einer nur ist Gesetzgeber und Richter: er, der die Macht hat, zu retten und zu verderben» (Hebr 12,23; Jak 4,12). Er hat Christus zum Richter erwählt über Lebende und Tote (Apg 10,42). Im Jakobusbrief steht: «Auch der Bauer wartet auf die . . . Frucht des Feldes, er wartet geduldig, bis im Herbst und im Frühjahr der Regen fällt. Ebenso geduldig sollt auch ihr sein: stärkt eure Herzen, denn die Ankunft des Herrn ist nahe. Klagt nicht übereinander, Brüder, damit ihr nicht gerichtet werdet! Seht, der Richter steht schon vor der Tür» (Jak 5,7-9). Der Eindruck liegt nahe, als habe der christliche Glaube von Anfang an jene umfassende Heilserwartung verdichtet und weiterverbreitet, die seit geraumer Zeit in einigen jüdischen Kreisen lebendig war, ihr aber gleichzeitig eine völlig gewandelte Bedeutung verliehen, was die Sicht des Menschen und der gesamten Menschheit im Licht der christlichen Ideale betrifft. An die Stelle der phantastisch-utopischen Schilderungen mancher jüdischen Schriften tritt in der ursprünglichen und unverfälschten Botschaft Christi die zuversichtliche Gewißheit seiner zweiten Wiederkunft, bei der die Erneuerung des Menschen Endgültigkeit erlangt in der unwiderruflichen Zuweisung ewiger Glückseligkeit oder Strafe. «Denn wir alle müssen vor dem Richterstuhl Christi offenbar werden, damit jeder den Lohn empfängt für das Gute oder Böse, das er im irdischen Leben getan hat» (2 Kor 5,10).

Die Glaubenszeugnisse des Christentums stimmen überein in der Ankündigung eines Gerichts von unerbittlicher Gerechtigkeit und in der Einschärfung des festen Glaubens an Christus als notwendiger und unverzichtbarer Bedingung der Erlösung. Eine gewisse Kenntnis und «Vertrautheit» mit Christus genügt nicht: «Nicht jeder, der zu mir sagt: Herr! Herr! wird ins Himmelreich eingehen . . .» Die Verurteilung aber wird vollständig und unwiderruflich sein: «Ich kenne euch nicht. Weg von mir, ihr Gottlosen.» Und ebenso: «Ich weiß nicht, woher ihr seid . . . Weg von mir, ihr habt alle Unrecht getan!» (Mt 7,21-23; Lk 13,25-27). Die Verwerfung drückt sich auf verschiedene Weise aus, doch ihre Begründung ist stets dieselbe: «Wer sein Kreuz nicht nimmt und mir nachfolgt, ist meiner nicht wert. Wer sein Leben gewinnen will, der wird es verlieren; wer aber sein Leben verliert um meinetwillen, der wird es finden» (Mt 10,38-39). Alle also werden «einmal vor dem Richterstuhl Gottes stehen» (Röm 14,10).

In den Evangelien steht ein klassischer Text zum Thema des Gerichts; abgesehen von der unvergleichlichen literarischen Faszination, die von ihm ausgeht, macht er die unlösbare Verbindung deutlich, die nach Christi Lehre zwischen dem Ausgang des Gerichts und dem Verhalten des Menschen im Alltag besteht. Am Tage des Gerichts, so wird gesagt (Mt 25,31-46), versammeln sich die Menschen aller Völker vor Christus dem Richter. Dieser scheidet sie voneinander: zur Rechten die Guten, zur Linken die Bösen. Jenen öffnet er feierlich die Pforten des Paradieses, und begründet ihren Lohn mit folgenden Worten: «... ich war hungrig, und ihr habt mir zu essen gegeben; ich war durstig, und ihr habt mir zu trinken gegeben; ich war fremd, und ihr habt mich aufgenommen; nackt, und ihr habt mich bekleidet; ich war krank, und ihr habt mich besucht; ich war im Gefängnis, und ihr seid zu mir gekommen.» Erstaunt nicht so sehr über den Lohn als über seine Begründung, werden sie fragen, wann sie Christus je hungrig, durstig, fremd, nackt, krank oder im Gefängnis gesehen haben; seine Antwort aber wird sein: «Amen, ich sage euch: Was ihr einem meiner geringsten Brüder getan habt, das habt ihr mir getan.» Dieselbe Begründung, aber im negativen Sinn, begleitet die Verdammung der Bösen, die gleichfalls erstaunt sind, weil sie Christus niemals in einer solchen Lage gesehen haben: «Was immer ihr einem dieser Geringsten nicht getan habt, das habt ihr auch mir nicht getan.» «Ewiges Leben» wird den einen zum Lohn, den anderen «ewige Qual».

Die Auferstehung. Die Frage nach der Auferstehung, die zur Zeit Christi die ganze jüdische Kultur durchzieht, wurde ihm auch unmittelbar gestellt: wenngleich in zweideutiger Absicht (Lk 20,27-40). Einige Sadduzäer, die den Glauben an die Auferweckung der Toten leugneten, fragten ihn, wem nach der Auferstehung eine Frau gehören solle, die in diesem Leben nacheinander sieben Brüder geheiratet hatte: «Welchem von ihnen wird die Frau bei

der Auferstehung gehören?» Die Frage stellt sich nicht –
so lautet Jesu Antwort –, denn «bei der Auferstehung der
Toten» und für jene, die der Teilnahme am Reich Gottes
für würdig befunden werden, gibt es weder Heirat noch
Gatten, sondern alle werden sein «wie die Engel» (Lk
20,36). Die Worte, die nun folgen, verdeutlichen noch
besser seinen Gedankengang und übersteigen jede Diskussion: der Gott Abrahams, Isaaks und Jakobs ist «kein
Gott von Toten, sondern von Lebenden; denn in ihm
leben alle».

Es ist keineswegs verwunderlich, daß die Christen sehr
bald anfingen, über die Lehre von der Auferweckung
nachzudenken, den Eckpfeiler ihres Glaubens. Von Anfang an wird sie in enger Verbindung mit der Auferstehung Christi gesehen und gedeutet, von der sie abhängt.
Wie Gott Christus von den Toten auferweckt hat, so wird
er auch all die auferwecken, die mit Christus im Glauben,
in der Taufe und im Heiligen Geist eins wurden. Die
Auferstehung Christi ist die «Erstgeburt der Entschlafenen».

Durch einen Menschen, Adam, kam der Tod, aufgrund
der Heilstat eines anderen Menschen, Christus, aber werden die Toten auferstehen (1 Kor 15,20; vgl. Röm 8,5 bis
11). Die unwiderruflichen Worte Christi machen die Entschiedenheit verständlich, mit der die Verfasser des
Neuen Testaments ohne Vorbehalt von der Auferstehung
der Toten reden: die Artikel des christlichen *Credo* bean-
spruchen uneingeschränkte Verbindlichkeit.

Die Erörterung nimmt ihren Anfang, sobald nach der Art
und Weise der Auferstehung gefragt wird: eine Diskussion mit stets offenem Ausgang. Paulus beschreibt den
menschlichen Körper in seiner irdischen Gebundenheit als
«Leib des Todes», «Fleischesleib», «Leib der Sünde»
(Röm 7,24; 6,6; Kol 2,11). Dieser Leib wird belebt von
der *psyche* (Seele), dem natürlichen Lebensprinzip des

Menschen während seiner Erdenzeit; Paulus bezeichnet ihn deshalb auch als «psychischen Leib». Dem Christen aber weist er ein weiteres Lebensprinzip zu, das *pneuma* (Geist), gleichsam eine neue Seinsqualität, die der Christ im Akt des Glaubens und in der Taufe als Folge seiner Verbindung mit Christus empfängt.[4] Dieses *pneuma* macht ihn zu einem «pneumatischen», das heißt «geistigen», Leib. Der «psychische» Mensch besitzt weder die Sensibilität noch die Einsicht des «pneumatischen» Menschen (1 Kor 2,14-15). Dieser Übergang des menschlichen Körpers von der psychischen zur pneumatischen Ordnung beginnt – nach Paulus – andeutungsweise schon zur Zeit der irdischen Existenz des Menschen, vollendet sich aber erst in der Auferstehung (Röm 5,1-11; 8,1-11): «Wenn aber der Geist dessen, der Jesus von den Toten auferweckt hat, in euch wohnt, dann wird er, der Christus von den Toten auferweckt hat, durch seinen Geist, der in euch wohnt, auch euren sterblichen Leib lebendig machen» (Röm 8,11).

Zur Frage nach den Begleitumständen der Auferstehung schreibt Paulus in klaren Worten: «Gesät wird in Verweslichkeit, auferweckt in Unverweslichkeit. Gesät wird in Unansehnlichkeit, auferweckt in Herrlichkeit; gesät wird in Schwachheit, auferweckt in Kraft. Gesät wird ein irdischer Leib, auferweckt ein geistiger Leib ... Es muß nämlich dieses Verwesliche Unverweslichkeit anziehen und dieses Sterbliche Unsterblichkeit. Wenn aber dieses Verwesliche Unverweslichkeit angezogen haben wird und wenn dieses Sterbliche Unsterblichkeit angezogen haben wird, dann wird sich das Wort erfüllen, das geschrieben steht: Verschlungen ward der Tod im Sieg. Wo ist, o Tod, dein Sieg? Wo ist, o Tod, dein Stachel?» (1 Kor 15,42-54).

Auf welche Weise dies alles geschieht, wird nie ausdrücklich gesagt; die Frage berührt nicht den Glauben als solchen. Ein gnostischer Lehrer aus der ersten Zeit der christlichen Verkündigung meinte, den Gedanken des Apostels Paulus so verdeutlichen zu sollen: «Wisse wohl, der Erlöser hat den Tod verschlungen, weil er die Welt verließ und zu einem anderen Wohnsitz überging. Aus eigener Kraft erhob er sich, nachdem er das Sichtbare verschlang und uns den Weg unserer Unsterblichkeit gezeigt hat. So haben wir also – wie der Apostel schreibt – mit Christus gelitten, sind auferstanden mit ihm, sind zum Himmel aufgefahren mit ihm. Haben wir also unser Leben geführt, wie es jenen ansteht, die seinen Namen führen, so sind wir seine Strahlen und werden von seinem Licht umhüllt bis zu unserem Sonnenuntergang, das heißt bis zu unserem Tode in diesem Leben. Von ihm werden wir dann zum Himmel emporgezogen wie Strahlen der Sonne, frei von allem, was uns hemmen könnte. Und dies also ist die geistige Auferstehung, in der die psychische und auch die leibliche verschlungen werden.» Der gleiche gnostische Lehrer ist sich der Schwierigkeit des behandelten Themas wohl bewußt und fährt darum fort: «Doch wenn einer uns keinen Glauben schenkt, so gibt es keine Möglichkeit, ihn zu überzeugen. In Wahrheit, mein Sohn, bewegen wir uns im Bereich des Glaubens und nicht der Überredung: wer starb, wird auch auferstehen!»[5]

Dieser Glaube nahm einen Hauptteil der Verkündigung des Apostels Paulus ein, wie verschiedene Begegnungen und Auseinandersetzungen bezeugen. Als er auf dem Athener Areopag vor den Griechen sprach, unterbrachen ihn seine Zuhörer – nachdem er die Auferstehung erwähnt hatte – mit den Worten: «Darüber wollen wir dich ein andermal hören» (Apg 17,32). Selbst bei den Christen in Korinth hatte Paulus zahlreiche Schwierigkeiten zu überwinden (1 Kor 15,1-8). Und als er vor dem jüdischen Senat, dem Synedrion, zu erscheinen hatte, unterteilte er

die Anwesenden in einen sadduzäischen und einen phari-
säischen Teil und bekräftigte: «Brüder, ich bin Pharisäer
und ein Sohn von Pharisäern. Wegen der Hoffnung und
der Auferstehung der Toten stehe ich vor Gericht» (Apg
23,6-8).

Die Strafen. Die Verkündigung Christi über das Jenseits
erstreckt sich auch auf eine besondere Lehre über die
jenseitige Strafe für die Bösen. Das Neue Testament sagt
ihnen «Heulen und Zähneklappern», «Finsternis», «ewige
Pein», einen «See aus Feuer», «unauslöschliches Feuer»,
«immerwährende Strafe» oder einfach die Hölle[6] voraus.
An einer Stelle redet Jesus seine heuchlerischen Zuhörer
mit den Worten an: «Ihr Schlangen! Ihr Natterngezücht!
Wie wollt ihr dem Gericht der Hölle entrinnen?» (Mt
23,33). Und er mahnt: «Es ist besser, verstümmelt oder
lahm in das Leben einzugehen, als mit beiden Händen
oder beiden Füßen ins ewige Feuer geworfen zu werden»
(Mt 18,8-9). Den gleichen Ton schlagen einer der sogenannten *Katholischen Briefe* (der sogenannte *Judasbrief,*
Kap. 6), und die *Geheime Offenbarung* des Johannes an,
der schreibt: «Und der Teufel, ihr Verführer, wurde in
den Pfuhl von Feuer und Schwefel geworfen, wo auch
das Tier und der Lügenprophet sind; und sie werden
gepeinigt bei Tag und Nacht in alle Ewigkeit» (Offb
20,10; vgl. auch 14,9-11).[7]
Was jedoch Umstände, Dauer und Art der Höllenstrafen
angeht, die stets Anlaß zu Erörterungen und ein Stachel
der Phantasie waren,[8] finden sich nur wenige verbindliche
Aussagen.
Das Lukas-Evangelium enthält eine unvergleichliche Parabel, die innerhalb ihrer Gattung ein Zeugnis von einzigartiger Sprachgewalt und Aussagekraft darstellt: sie schildert das Erdenschicksal eines Armen namens Lazarus, zu
dem auf Erden nur die Hunde gut sind und der die

Verachtung eines Reichen erfährt. Beide sterben, der Arme und der Reiche: Lazarus aber gelangt sofort ins Jenseits an die Seite des großen Patriarchen Abraham, der Reiche hingegen fährt unter heftigen Todesqualen zur Unterwelt. Von weitem sieht der Reiche Abraham und Lazarus, und er bittet den Patriarchen, diesen zu ihm zu schicken, um ihm ein wenig Linderung zu verschaffen (so tief ist in ihm die Gewohnheit eingewurzelt, sich bedienen zu lassen). Abraham antwortet: «Mein Kind, denke daran, daß du in deinem Leben schon alles Gute hattest, Lazarus aber nur Schlechtes. Jetzt wird er dafür getröstet, du aber wirst gepeinigt. Und außerdem ist zwischen uns und euch ein tiefer Abgrund, so daß niemand von hier zu euch oder von dort zu uns kommen kann» (Lk 16,19-26). In einem der Briefe des Apostels Paulus wird das menschliche Leben mit einem Haus verglichen, das der Christ beharrlich Stein für Stein aufbauen muß, seiner Glaubensüberzeugung gemäß: «Jeder aber sehe zu, wie er darauf weiterbaut. Denn einen anderen Grund vermag niemand zu legen als den, der gelegt ist, und das ist Jesus Christus. Ob aber einer auf diesen Grund aufbaut Gold, Silber, kostbare Quader, Holz, Heu, Stroh, das wird sich bei eines jeden Werk herausstellen.» Der Tag des Gerichts wird eines jeden Werk erkennbar machen, indem er es der Probe durch das Feuer aussetzt: «Wenn jemandes Werk, das er darauf baute, Bestand hat, so wird er Lohn empfangen. Wenn jemandes Werk verbrennen wird, so wird er bestraft werden; er selbst wird zwar gerettet werden, jedoch so wie aus dem Feuer» (1 Kor 3,8-15). Ein schwer zu deutender Text, in dem manche Ausleger eine Vorausdeutung auf die Lehre vom Fegfeuer sahen.

Die Unterwelt. Das Bild der Unterwelt erscheint an verschiedenen Stellen des Neuen Testaments, doch kommt ihr kein besonderes Gewicht zu: tatsächlich steht sie dem

Typus der jüdischen Sheol näher als dem des griechischen Hades oder des römischen Orkus. Die Unbußfertigen, die sich in ihrem Hochmut bis zum Himmel erheben, werden kopfüber «bis zur Unterwelt» hinabfahren (Lk 10,15). Die «Pforten der Unterwelt» werden erwähnt (Mt 16,18), das heißt die Kräfte des Bösen, und es liegt in der Konsequenz dieses Bildes, wenn von Christus ausgesagt wird, er besitze die «Schlüssel» der Unterwelt und des Todes (Offb 1,18).

Im Tode stieg Christus zur Unterwelt hinab, aber Gott «... hat ihn auferweckt und von den Wehen des Totenreiches befreit; es war ja nicht möglich, daß er von ihm festgehalten wurde» (Apg 2,24). Christi Abstieg zum Totenreich ist ein Artikel des christlichen Glaubens und wird in verschiedenen Texten erwähnt: «‹Wer wird hinabsteigen in die Unterwelt, nämlich, um Christus von den Toten heraufzuholen?›» (Röm 10,7); und ferner: «Das ‹er stieg hinauf›, was besagt es anders, als daß er auch zur Erde herabstieg?» (Eph 4,9-10).

Der erste Petrusbrief enthält einen rätselhaften Text, in dem es von Christus heißt: «So ging er auch hin und predigte den Geistern im Gefängnis, die einst ungehorsam waren, als Gott in den Tagen Noahs geduldig wartete, damals, als die Arche gebaut wurde»; und kurz danach heißt es, daß «auch Toten die Heilsbotschaft verkündet wurde» (1 Petr 3,19-20; 4,6). Der Abstieg Christi zur Unterwelt, der hier nur angedeutet wird, wurde durch die apokryphen Schriftsteller später großzügig ausgestaltet.

Die Gerechten. Der Lohn der Guten wird in den Evangelien und den anderen Büchern des Neuen Testaments häufig erwähnt, doch – ebenso wie auch die Strafen – nie detailliert beschrieben. Die einzigen Äußerungen, die darauf Bezug nehmen, nennen als Lohn der Guten das «Reich Gottes», das «himmlische Hochzeitsmahl» (wie weiter oben erwähnt) und, noch ausdrücklicher: «mit Christus sein» – wir werden dann «immer beim Herrn sein. So tröstet einander mit diesen Worten», schreibt Paulus (1 Thess 4,17-18).

Genau darin also, wie ausdrücklich hervorzuheben bleibt, besteht die vollkommene Erfüllung jedes menschlichen Verlangens, das sich so geadelt und in die Sphäre der Unendlichkeit Gottes versetzt sieht. Genauer Ausdruck alles dessen ist in christlicher Terminologie die Formel «mit Christus sein». So wird geradezu gesagt, «keiner von uns lebt sich selber, und keiner stirbt sich selber. Denn wenn wir leben, so leben wir dem Herrn; und wenn wir sterben, so sterben wir dem Herrn. Ob wir also leben oder sterben, wir gehören dem Herrn»; und ebenso: «Ich habe das Verlangen, aufzubrechen und bei Christus zu sein, denn das wäre weitaus das Bessere» (Röm 14,7-8; Phil 1,23).

Die Seele. An dieser Stelle erhebt sich eine spontane Frage: Übernahm also der christliche Glaube die klassische Unterscheidung zwischen «unsterblicher» Seele und sterblichem «irdischem» Körper, das heißt den Glauben an das Weiterleben der Seele? Das jüdische Denken sah sich hier gleichsam zwei philosophischen Modellen gegenüber: einer Kultur von weitestem Einfluß (der griechisch-römischen), die, wie es scheint, mit dem Körper im Grunde nichts anzufangen wußte und deshalb seine schrittweise Überwindung predigte, um so die himmlische Herkunft der Seele zur Geltung zu bringen, die allein der Fortdauer würdig sei; und einer anderen vieltausendjährigen Kultur von nicht geringerem Glanz (die ägyptische), für die der Leib unabdingbar zur Fülle des Lebens gehörte, und zwar im Jenseits ebenso wie hier auf Erden. Die jüdische Kultur verhielt sich angesichts dieser Alternative lange Zeit unsicher und neigte stets dazu, den

217

Körper als auch im Jenseits unverzichtbar für ein wahrhaft menschliches Dasein anzusehen. Eine klare Unterscheidung zwischen Seele und Körper war ihr immer geläufig, nicht so sehr hingegen die Trennung von beiden;
und noch weniger galt ein Leben als Ideal, das ausschließlich der Seele vorbehalten war. Dennoch setzte sich in der
Schlußphase der antiken, vieltausendjährigen jüdischen
Kultur zunehmend eine Tendenz zu immer deutlicherer
Klärung durch (wie weiter oben gezeigt wurde), die den
Einflüssen der griechisch-römischen Kultur ebenso Raum
gab wie dem genuinen Erbe der jüdischen Kultur, die in
vieler Hinsicht der ägyptischen nahestand. Es scheint
keine zu kühne Behauptung, daß das Neue Testament in
gewisser Hinsicht jenen Spuren folgt, die der Autor des
Buches der Weisheit vorgezeichnet hat: «der allein unsterblich ist», ist Christus (1 Tim 6,16); er allein vermag
dem Menschen die Unsterblichkeit wiederzugeben, die er
in Adam verlor (Röm 5,15-19), und nur in der Vereinigung mit ihm besitzt der Mensch das Leben.[9] Wir können
geradezu von einer Aufhebung der wichtigsten Mittelmeerkulturen im Christentum sprechen, die sich auf dem
Wege über die jüdische Kultur vollzieht.
Auch in diesem Zusammenhang sagt die christliche Lehre
nichts Eindeutiges zu der Frage, «wie» dies geschehe:
aber in der einzigen dem Gegenstand angemessenen Sprache – derjenigen der Bilder und Symbole – gibt sie dem
Gläubigen die Gewißheit, daß Schuld und Verdienst unmittelbar nach dem Tod dem göttlichen Richterspruch
unterworfen werden. Diese Glaubensgewißheit läßt sich
unter anderem aus Christi Abstieg zum Reich des Todes
ableiten, aus der Parabel vom Reichen und vom armen
Lazarus und aus der ekstatischen Vision des Apostels
Paulus: «Ich kenne einen Diener Christi, der vor vierzehn
Jahren – ob im Leibe, das weiß ich nicht, oder außer dem
Leibe, das weiß ich nicht, Gott weiß es – bis zum dritten

Himmel entrückt wurde» (2 Kor 12,2). Sie ergibt sich ebenso aus den Worten, die Jesus im erhabenen Augenblick seines Todes spricht, als Antwort auf die Bitte des «guten Schächers»: «Amen, ich sage dir: Heute noch wirst Du mit mir im Paradiese sein» (Lk 23,43). Der Gedankengang des Paulus, hier auf Erden seien wir «fern vom Herrn in der Fremde. Wir gehen unseren Weg im Glauben, nicht im Schauen», und seine Schlußfolgerung, er zöge es vor, «... aus dem Leib aus(zu)ziehen und daheim (zu) sein beim Herrn» (2 Kor 5,6-8), begegnen uns nicht nur an anderer Stelle wieder, sondern sind zugleich der vollkommene Ausdruck einer im frühen Christentum weitverbreiteten Geisteshaltung.

Wird also nach christlicher Lehre die Seele unmittelbar nach dem Tod dem Gericht unterworfen, welches ihr das Los zuteilt, das sie erwartet, so ist andererseits sicher, daß erst am Ende der Zeiten, bei der Wiederkunft Christi – nach Auferstehung und allgemeinem Gericht –, der Mensch seinen vollkommenen Lohn, seine «Krone» erlangt: in der Vollendung seiner persönlichen Lebensgeschichte, die eingebettet ist in das Ganze der Menschheitsgeschichte und des Universums.[10]

Wann jedoch all dies geschieht, weiß keiner, der hier auf Erden lebt. Das Gefühl brennender Erwartung des «zweiten Advent» wird noch verstärkt durch das verbreitete Bewußtsein seiner Verzögerung. Sinnbildlich dafür steht das Gleichnis von den zehn Jungfrauen, die beim Warten auf den Bräutigam in Schlaf fallen: «Als aber der Bräutigam auf sich warten ließ, nickten alle ein und schliefen» (Mt 25,1-13). Die Hoffnung auf das persönliche wie das allgemeine Gericht macht also wachsam und bewirkt eine bestimmte dauernde Geisteshaltung: «... der Tag des Herrn kommt wie ein Dieb in der Nacht» (1 Thess 5,2). Nicht von ungefähr endet das letzte Buch des Neuen Testaments, in völliger Übereinstimmung mit der ungeduldigen Erwartung der Wiederkunft Christi, mit der aramäischen Anrufung *Maranatha*: «Amen! Komm, Herr Jesus!»

Das Christentum redet demnach in seiner Botschaft von einem zweifachen Gericht: einem persönlichen, das unmittelbar nach dem Tode folgt, und einem allgemeinen – dem Weltgericht oder Endgericht – am Ende der Zeiten. Eine Schau des Jenseits, die sich (wir sahen es bereits) auch in anderen Kulturen nachweisen läßt.

Die apokryphe Literatur des Christentums

Die Geschichte von Joseph dem Zimmermann. Für den Verfasser des einzigartigen Buches *Das Testament Abrahams* sind die Unsterblichkeit der Seele und die Auferstehung vorgegebene Wahrheiten von allgemein anerkannter und unbestrittener Gültigkeit. Das Motiv der Todesfurcht, das auf so menschlich bewegende Weise das Verhalten des Patriarchen schildert, findet seine Entsprechung in einer christlichen Schrift des dritten bis vierten Jahrhunderts, wenn auch auf sehr tendenziöse Art. Es handelt sich um das Werk *Geschichte von Joseph dem Zimmermann*.[11] Der Text wird Jesus selbst in den Mund gelegt, wie er seinen Jüngern die Geschichte seines Nährvaters erzählt, nachdem dieser zur Zeit von Christi erster Lehrtätigkeit gestorben ist. Im Grunde bemüht sich der Verfasser jedoch nicht sonderlich, sich an das gestellte Thema zu halten; im Sterben des Joseph stellt er vielmehr vor allem den Tod eines frommen Christen dar. Dieser Umstand allerdings erhöht die Bedeutung unserer Erzählung und erklärt den gewaltigen Einfluß, den sie erlangte und der diese Schrift zu einem dem ganzen christlichen Westen gemeinsamen Erbe werden ließ.

Als ein Engel ihm seinen Tod ankündigt, wird Joseph sofort «von Furcht und tiefer Unruhe ergriffen» (12,2): in dieser seelischen Verfassung begegnet er dem Tod. Auf seine Bitte, ihm diese traurige Begegnung zu ersparen, antwortet Jesus, indem er ihm nacheinander die folgenden Überlegungen vorlegt: «... Alle Geschöpfe, die in dieser Welt geboren werden, bedrückt das gleiche Los des Todes» (18,1); «dem Tod ist die ganze Menschheit verfallen» (19,2); «alle Menschen, die in dieser Welt geboren werden – Gerechte oder Verderbte –, müssen den Tod schauen» (22,2); «... hätte er auch zweihundert Jahre gelebt, so müßte er dennoch sterben» (31,3).

Einen ganz neuen Aspekt bietet die Beschreibung der Fahrt ins Jenseits und der Gefahren, die sich der Autor auf dem Weg dorthin ausmalt:[12] eine Reisebeschreibung, die eine große Zahl von Erscheinungen einführt, die einesteils heidnischer Überlieferung entlehnt sind, zum anderen aber sich der glühenden Phantasie des Autors verdanken. Zu Füßen von Josephs Lager sieht Jesus den Tod sich nahen, begleitet vom Orkus, vom Teufel und von in Flammen gehüllten, feuerspeienden Ungeheuern (Kap. 21-23). Der Sterbende wendet sich an Gott mit dem Gebet um Weggeleit und ruft ihn an mit Worten, die später ein breites Echo in der christlichen Liturgie wecken sollten: «Laß nicht geschehen, daß auf dem Wege, den ich durchschreiten muß, sich Geister von furchterregender Gestalt mir nahen, ehe ich unversehrt zu Dir gelangt bin. O laß nicht zu, daß die Wächter meiner Seele den Eintritt ins Paradies verwehren. Wenn Du die Schuld meines Lebens erforschst, so gib mich vor Deinem furchtbaren Gericht nicht der Schande preis. Den Löwen sei nicht gestattet, über mich herzufallen. Die Fluten des Feuermeeres, das jede Seele durchqueren muß, mögen mich nicht verschlingen, noch ehe ich zu Dir komme, um Deine göttliche Herrlichkeit zu schauen ... Sei mir nahe mit Deinem Erbarmen und sei mir Licht auf meinem Weg, damit ich zu Dir gelange» (13,4).

In einem Gebet an seinen himmlischen Vater bittet ihn Jesus, seine Erzengel Michael und Gabriel sowie einen Chor von Engeln zu schicken, damit sie Josephs Seele in Empfang nehmen und ihn durch die «sieben dunklen Zeitalter» und über finstere Straßen geleiten, die von abscheulichen Dämonen der Nacht heimgesucht werden. Jesus bittet darum, der Fluß aus Feuer möge sich zu Wasser wandeln und das Meer der stürmisch bewegten Wogen stille werden.

Was uns in unserem Zusammenhang interessiert, enthalten die kurzen Passagen, die nun folgen: Jeder Mensch hat in seinem Leben neben Gutem auch Böses getan; wenn dieses von großem Gewicht war, bedarf er der göttlichen Barmherzigkeit: sei es in der Todesstunde, auf dem Weg ins Jenseits oder im Augenblick des Gerichts und der Rechenschaft über seine Taten. In diesem Zusammenhang fühlt selbst der «Gerechte» Joseph die Notwendigkeit, Jesus um Verzeihung zu bitten für die übergroße Strenge, mit der er ihm manchmal während dessen Kindheit begegnete (Kap. 21-23).

Ein Detail erinnert an die Schilderung vom Tod des Abraham: Die Erzengel Michael und Gabriel nehmen Josephs Seele in Empfang, umgeben sie mit einer strahlenden «Hülle» und geleiten sie bis zum «Wohnsitz der Frommen», wo Gott sie zu sich nimmt und ihr Frieden verschafft. Eine spätere und noch bilderreichere Fassung spricht von zwei Engeln, die ein Tuch aus Seide um die Seele schlagen, sie in ihre Mitte nehmen und auf ihrem Weg geleiten, «der Furien wegen» – während andere Engel bis zu ihrer Ankunft im Himmel vor Gottes Thron himmlische Gesänge anstimmen.

Zwei neue Aspekte geben ebenso den christlichen Totenriten das Gepräge wie den ersten Lehraussagen zum Problem des Todes. Der erste besteht in der besonderen Verehrung, die Josephs Leichnam vorbehalten ist; es wird gesagt, er sei von zwei Engeln in ein weißes Linnen gehüllt worden und werde «ganz und unversehrt bleiben bis zum Gastmahl der tausend Jahre» (26,1).[13] Jesus wird sodann die Versicherung in den Mund gelegt, Joseph sei nicht gestorben, sondern zu ewigem Leben gelangt; von der Mühsal dieser Welt befreit, «ging er ein in den Frieden ohne Ende» (24,2).

Für christliches Denken bezeichnend ist die Gestalt des sterbenden Joseph, dem Christus hilfreich und tief bewegt zur Seite steht, und die Marias, der gütigen Fürsprecherin in allen Nöten. Es handelt sich hier um Gesichtspunkte, die dem bisherigen Gang unserer Untersuchung fremd waren, jedoch nur teilweise als Fiktion abzutun sind – denn etwas in dieser Art könnte sich wirklich ereignet haben –, und die jedenfalls eine bisher ungekannte Empfindungsweise und eine neue Sicht des Todes bezeugen. Das Werk legte Traditionen, Weisen des Betens, Jenseitsvorstellungen und Glaubensüberlieferungen einer bestimmten Kultur nahezu verbindlich fest und gab jedem guten Christen ein Modell an die Hand, wie er sich angesichts des Todes zu verhalten habe.

Daß hier zum ersten Mal von Josephs Tod berichtet wird, wenn auch in Phantasiebildern, und daß seine außerordentliche Lebensgeschichte schließt wie die eines jeden Sterblichen, erhöht nur noch die Bedeutung dieses Textes.

Auch andere Schriften lassen ein geschärftes Interesse an der Frage erkennen, die Thema unserer Untersuchung ist. In ihnen verbinden sich vielfältige Aspekte des gewaltigen Eindrucks, den die Person und das Wirken Christi auf die Menschen aller Zeiten hinterließ. Es handelt sich um apokryphe Texte, die uns Einzelzüge der christlichen Tradition überliefern, die nicht nur in der Literatur und der bildenden Kunst ihre Lebendigkeit erwiesen, sondern denen bisweilen ein fast offizieller Rang zuerkannt wurde. Im folgenden stelle ich die ältesten und für unser Thema ergiebigsten vor.

Das *Evangelium des Petrus* ist eine sehr alte Schrift, die sich in die Zeit von 100 bis etwa 120 zurückdatieren läßt.[14] Der Text ist nur unvollständig überliefert; wir besitzen davon jedoch ein ziemlich ausführliches Fragment, das den Passus enthält, der für unsere Fragestellung am bedeutsamsten ist. Die Schilderung der Auferstehung, wie sie unser Text bietet, ist höchst originell: Die beiden Soldaten, die am Grabe Wache halten, hören vom Himmel her eine laute Stimme und sehen gleichzeitig zwei leuchtende männliche Gestalten herabsteigen. Der schwere Stein, der den Eingang zum Grab verschloß, löst sich von selbst, und die beiden Männer treten ein. Während die beiden Soldaten das Vorgefallene ihrem Hauptmann berichten, verlassen drei Männer das Grab; zwei geleiten an ihrer Hand den dritten, hinter dem das Kreuz herschreitet. Die Häupter der beiden berühren den Himmel, während der Kopf dessen, «den sie an der Hand führen, die Himmel überragt». Nun ertönt vom Himmel her eine Stimme, die fragt: «Hast Du den Entschlafenen gepredigt?» Und vom Kreuz her kommt die Antwort: «Ja, ich tat es» (9,34-10,41). Die Szene ist bei aller Einfachheit ebenso faszinierend wie ausdrucksstark. Der Text setzt sich dann fort in einem Bericht, der im Ganzen dem der kanonischen Evangelien entspricht. Die älteste Tradition, die von Christi Abstieg zur Unterwelt berichtet und auf das Neue Testament selbst zurückgeht, wird hier also im Detail erweitert und um Motive bereichert, wie sie sich in der apokryphen Literatur des Urchristentums finden. Die Zusätze erhöhen noch ihre Aussagekraft und ihre Bedeutung.

224

Hinsichtlich der Frage, wann dieser Abstieg zur Unterwelt stattgefunden habe, aber waren die Meinungen seit
je geteilt. Nach einigen Autoren stieg die Seele Jesu
hinab, während sein Leichnam am Kreuz hing, nach anderer Auffassung während er im Grab lag, wie auch unser
Text es will.[15]

Das Evangelium des Bartholomäus (eine im dritten Jahrhundert entstandene Schrift) läßt diesen Apostel mit folgenden Worten sich an den Auferstandenen wenden:
«Herr, als Du hingingst, Dich ans Kreuz schlagen zu
lassen, folgte ich Dir von weitem; ich sah Dich am
Kreuze hängen und Engel vom Himmel sich nahen, Dich
anzubeten. Plötzlich hörte ich aus den Tiefen der Erde
sich eine Stimme mit großem Wehgeschrei erheben . . .;
sag mir an, o Herr: wohin gingst Du vom Kreuze?» Jesus
antwortet ihm und sagt: «Selig bist du, Bartholomäus,
daß du dieses Geheimnis geschaut hast . . . als ich das
Kreuz verließ, stieg ich zur Unterwelt hinab, um Adam
heraufzubringen und alle, die mit ihm waren . . . (1,4-8).
Die Handschrift berichtet weiter vom Erstaunen, das
Christi Erscheinen in der Unterwelt hervorrief, und gibt
die Worte wieder, die er zu Adam sagte, dem «ersten der
Geschaffenen»: «Für dich und deine Nachkommen stieg
ich herab vom Himmel und starb am Kreuz.» Daraufhin
vertraut Christus ihn der Obhut von Engeln an (1,11-17).
Diese Hervorhebung der Gestalt Adams charakterisiert
die Konzeption des Christentums, das in ihm nicht nur
den Stammvater einer Familie, sondern der ganzen
Menschheit sieht, und verdient besonderes Augenmerk:
andere Texte von gleichem Altersrang stellen andere
große Gestalten der Heilsgeschichte in den Mittelpunkt,
doch stets tauchen auch, mit einer gewissen Beharrlich-
keit, die Gestalten Abrahams und seiner Nachkommen
auf. An diesem Punkt unserer Untersuchung können wir

geradezu formulieren: Die gesamte Menschheit, die wir bis jetzt im Hades versammelt sahen, verdichtet sich für die Schriftsteller des frühen Christentums in der Gestalt Adams. Nicht so sehr die Beschreibung der Unterwelt beansprucht ihr Interesse als vielmehr das Problem der Befreiung derer, die vor Christi Ankunft starben, und der tiefgreifende Wandel, den sein Kommen auf die Vorstellung von der Unterwelt, von Tod, Satan und der gesamten Menschheit ausübte.

In einem alten koptischen Evangelienfragment (das Revillout 1957 veröffentlichte) findet sich eine knappe, aber höchst lebendige Schilderung von Christi Abstieg zum Hades zur Zeit seiner Grablegung. Bei seinem Eintritt hebt er die Türen der Unterwelt aus den Angeln und zerbricht ihre Flügel; wie vom Donner gerührt, sehen der Tod und seine Gehilfen ihre Beute entschwinden, die nun auf ewig aus diesem Ort der Tränen und des Schreckens, der Seufzer und Qualen befreit ist. Nur drei Menschen läßt Christus in der Hölle zurück: Kain, Herodes und Judas. «Er rettete Adam und seine Nachkommen, Er vergab ihre Sünden... der Erlöser erstand vom Tode und führte alle aus der Gefangenschaft zum Himmel.»[16]

Die Höllenfahrt Christi. Das Werk, das – im Rahmen des Themas, das uns beschäftigt – der Abfolge: Tod Jesu, Abstieg zur Unterwelt und Auferstehung ihre endgültige literarische Form verlieh, ist eine Schrift mit dem Titel *Höllenfahrt.* Der größte Teil des Textes ist in verschiedenen griechischen und lateinischen Handschriften überliefert, und man vermutet, das Original sei im ersten oder zweiten nachchristlichen Jahrhundert entstanden, später aber – als Folge seiner weiten Verbreitung – im Lauf der Jahrhunderte überarbeitet worden. Die Handschriften, die auf uns gekommen sind, stammen aus karolingischer

Zeit und repräsentieren das späteste Stadium der Textentwicklung.[17]

Der Verfasser legt seinen Text nicht Christus selbst in den Mund, sondern läßt zwei junge Bewohner Jerusalems zu Wort kommen, die einige Tage vor Beginn der Erzählung starben und sich in der Sheol befinden, als Jesus zu ihr hinabsteigt; sie wurden auferweckt – berichtet der Autor –, als bei Christi Tod «die Gräber ... sich öffneten, und viele Leiber der entschlafenen Heiligen ... auferweckt (wurden). Sie kamen nach seiner Auferweckung aus den Gräbern hervor, gingen in die heilige Stadt und erschienen vielen», wie der Evangelist Matthäus schreibt (27,52-53). Diese beiden Auferstandenen nun berichten von den Wundern, die Jesus in der Unterwelt vollbrachte. Der Verfasser wählte somit das literarische Genre der Erzählung von «Auferstandenen», vergleichbar vielleicht mit Platons Mythos von Er.

Um Mitternacht also erscheint in der Luft ein nie gesehenes Licht: die Patriarchen und Propheten begreifen sofort, daß die Ankunft des Messias bevorsteht, und sammeln sich an einer kleinen Wegkreuzung; rasch gesellt sich Johannes der Täufer zu ihnen, der auch dort, in der Unterwelt, die Rolle des Vorläufers und Wegbereiters wahrnimmt. Genauere Erklärungen liefern Adam und sein Sohn Set. Mit ihrem Jubel kontrastiert eine harte Auseinandersetzung zwischen Satan und Orkus, der den Bösen mit den Worten tadelt: « ... alle, die ich durch das Holz der Erkenntnis erwarb, verlorst Du nun durch das Holz des Kreuzes; all deine Freude wandelte sich in Trauer ...» (Kap.1-7).

David, Jesaja und die anderen Propheten des Alten Bundes legen vor Christus Zeugnis ab, während die Pforten der Sheol seiner Ankunft nicht widerstehen können, was mit dramatischen Akzenten beschrieben wird: beim Klang seiner Stimme stehen die Mächte der Unterwelt ohn-

227

mächtig und verwirrt vor dem «König der Herrlichkeit».
Unterdessen ergänzen Propheten und Weise, was sie einst
über den Messias schrieben, denn nun erst erkennen sie
den verborgenen Sinn ihrer Worte.

Schließlich ruft Christus allen Toten in der Unterwelt mit
lauter Stimme zu: «Kommt alle zu Mir, Meine Heiligen,
die ihr nach Meinem Bild geschaffen und Mir ähnlich
seid, ihr alle, die ihr des Teufels und des Todes wegen
verurteilt wurdet. Seht nun den Teufel und den Tod gerichtet durch das Holz (des Kreuzes).»

Als erstes breitet Christus «die Arme aus, holte Adam, den
Stammvater, zu sich und richtete ihn auf, indem er zu ihm
sprach: Friede dir und all deinen Nachkommen; dann
wandte er sich an die anderen mit den Worten: Mir nach,
ihr alle, die ihr starbt wegen des Baumes, den jener berührte. Seht, nun führe Ich euch alle zur Auferstehung
durch das Holz des Kreuzes.» Mit diesen Worten führt er
alle aus der Unterwelt heraus.

Während «sie unter der Hand des Herrn» zum Paradies
aufbrechen, übergibt der Auferstandene Adam und alle
anderen dem Erzengel Michael, der sie «zur strahlenden
Herrlichkeit des Paradieses» führen soll. Auf ihrem Weg
begegnen sie Henoch und Elija und nach diesen dem
guten Schächer mit seinem Kreuz, der ihnen seine Geschichte erzählt: seine Kreuzigung zur Seite Christi, sein
Gebet und seine Erhörung. Dem fügt er einen anderen
bedeutsamen Bericht hinzu: «Er reichte mir dann dieses
Zeichen des Kreuzes und sprach: Trage es hin zum Paradies, und wenn der Engel, der seinen Eingang bewacht,
dir den Eintritt wehren sollte, so zeige ihm dieses Zeichen
des Kreuzes und sage ihm, daß Jesus Christus dich sendet, Gottes Sohn, der soeben am Kreuze starb. So tat ich
und sagte zum Engel des Paradieses alles, was Er mir
aufgetragen hatte. Kaum hatte er es vernommen, so tat er
eilends auf, ließ mich eintreten und setzte mich auf die

rechte Seite des Paradieses, indem er sprach: Sieh', warte noch ein wenig, bis der Vater des ganzen Menschengeschlechts eintritt, mit all seinen Nachkommen, die geheiligt und gerecht gemacht wurden durch den Triumph Christi, des Herrn» (10,2).

In diesem Passus erscheinen Henoch und Elija (von ihnen sagt die Schrift, daß sie nicht starben, sondern Gott sie zu sich nahm) als Vertreter aller, deren Tod von göttlichem Geheimnis umgeben ist. Der gute Schächer hingegen steht für jene, die im Leben mit Ergebung ihre Leiden trugen in der Überzeugung, sie verdient zu haben, und in der Hoffnung, sie zu sühnen.

Bevor er den Hades verläßt – so schließt unser Text –, richtet Christus folgende Worte an ihn: «Der Fürst dieser Welt, Satan, ist für alle Ewigkeit in deiner Gewalt anstelle Adams und seiner Nachkommen, meiner Gerechten» (7,3).

Die Apokalypse des Petrus. Es handelt sich hier um das älteste Zeugnis des Urchristentums zum Schicksal des Menschen im Jenseits – nach den Hinweisen der Paulusbriefe, die häufig auf dieses Thema eingehen. Die Textgeschichte des Werkes verläuft ähnlich wie jene des *Evangeliums* des Petrus; einige Forscher vermuten darum, daß beide Schriften ursprünglich einen einzigen Text bildeten.[18]

Die Apostel bitten den Auferstandenen, die Freuden der Gerechten im Jenseits schauen dürfen, um so ihrer Predigt noch größere Überzeugungskraft und Wirksamkeit zu verleihen. Sogleich erscheinen zwei in überirdischer Schönheit strahlende Gestalten: die Apostel fragen, wo die Gerechten sich befinden und wie ihr Wohnsitz beschaffen sei. Der Herr zeigt ihnen einen ungeheuren Bezirk, «fern dieser Welt», eine Region, die von Düften, strahlender Helligkeit, Blumen, Kräutern und Früchten

jeder Art erfüllt ist. Die Einwohner tragen Kleider, die
ebenso erlesen sind wie der Ort, den sie bewohnen; alle
leben gleicherweise in Glück und Herrlichkeit. Den cha-
rakteristischsten und individuellsten Teil des Werkes bildet die kurze, aber genaue und eindringliche Beschreibung des «düsteren und verlassenen Orts», das heißt der
Stätte der Bestrafung: sowohl die Bestraften als auch die
Engel, die sie peinigen, sind von dauerndem Dunkel umhüllt.

Dieser sehr alte Text ist die erste christliche Schrift überhaupt, die in knappen Worten die Strafen schildert, die
ungerechtfertigten Sündern jeder Art im Jenseits zugedacht sind; die hier enthaltene Typologie der Sünder bildet dabei den interessantesten Aspekt – liefert sie uns
doch eine indirekte Beschreibung der Gesellschaft, in welcher der Autor lebte, und des Bildes, das er selbst sich von
ihr machte. Die Bestraften sind im einzelnen: die Lästerer
und Flucher; alle, die vom rechten Wege abwichen; die
Ehebrecherinnen; die Männer, welche die Ehe brachen;
die Mörder (ihnen gegenüber stehen ihre Opfer, die so
Gelegenheit erhalten, sich von ihrer Strafe selbst zu überzeugen); Frauen, die Kinder aus ehebrecherischen Verhältnissen besaßen, und solche, die ihre Leibesfrucht ab-
trieben (ihre Kinder befinden sich bei ihnen und führen
Klage gegen sie); alle, die Gerechte verfolgten; falsche
Zeugen; Reiche, die Arme und Bedürftige unterdrückten;
alle, die sich von fremdem Gut ernährten; die Männer
und Frauen, die gleichgeschlechtliche Liebe trieben; die
Handwerker, die Götzenbilder verfertigten, die «an Stelle
Gottes» angebetet wurden; die Meineidigen und die
Treubrüchigen. In seiner Beschreibung der Unterwelts-
strafen demonstriert bereits dieser älteste Text Phantasie,
schwelgt aber nicht im Detail und zeigt sich frei von
Schadenfreude: was vor allem ins Auge fällt, ist der Ge-
rechtigkeitssinn, der ihm zugrunde liegt.

Im ältesten christlichen Teil der *Sibyllinischen Orakel* (die sich auf ungefähr 150 n. Chr. zurückdatieren lassen) finden wir einen ähnlichen Katalog von Sünden und Strafen im Jenseits, allerdings mit interessanten Neuerungen, die charakteristisch sind für die Epoche, in der wir uns nun befinden. Besonderen Wert legt unser Text auf Gehorsam und Hilfe, welche die Nachkommen ihren Eltern schulden; zweitens springt die neuartige Sicht des Jenseits der Seligen ins Auge, die «im Licht und im Leben ohne Ende sind – dort, wo sich der unsterbliche Pfad des allmächtigen Gottes befindet und ein dreifacher Strom aus Wein, Milch und Honig entspringt. Alle bewohnen die Erde gemeinsam, die weder durch Hecken noch Mauern geteilt wird und ohne die Mühsal des Ackerbaus Früchte in überreichem Maß hervorbringt. Es gibt weder arm noch reich, weder Gebieter noch Sklave, nicht hoch noch niedrig, keine Könige und keine Fürsten: alle Menschen werden gleich sein vor dem Allerhöchsten. Man wird nicht mehr sagen: Es ist Nacht oder Morgen, man spricht nicht mehr vom Gestern und zählt nicht mehr die Tage; man sorgt sich nicht mehr um Frühling oder Herbst, um Eheschließung oder Tod, um Kauf oder Verkauf, um Morgen oder Abend: ein einziger Tag wird sein ohne Unterlaß.» Drittens wird gesagt – und zwar zum ersten Mal überhaupt –, daß alle sieben Jahre, auf «Fürsprache der Jungfrau Maria», Gott den Irrenden eine Frist von sieben Tagen gewährt, damit sie sich bekehren und Buße tun. Viertens erhört Gott die Bitten der «Frommen, wann immer sie es vom unsterblichen Gott erflehen ... Den Sündern gewährt er Befreiung vom peinigenden Feuer und vom unaufhörlichen Zähneklappern. Selbst das wird er tun!»

Der Autor bezieht sich sodann auf die uns bekannte griechische Literatur und beschreibt wie folgt das unerhörte Geschehen: «Er wird sie in Wahrheit von neuem aus dem

ewigen Feuer rufen und ihnen anderswo Behausung geben – aus Liebe zu seinem Volke wird er sie zu einem
anderen ewigen und unsterblichen Dasein laden und sie in
die Ebene des seligen Elysiums rufen, dorthin, wo die
Wasser des Acheron ohne Rast aus immerwährendem und
undurchdringlichem Dunkel zum Lichte drängen.»
Höchstwahrscheinlich schließt sich der Verfasser hier einer Lehre an, die sich in einigen Schriften des Origenes
findet: der Apokatastasis oder endgültigen Wiederherstellung der ursprünglichen Rangfolge und der Einheit alles
Geschaffenen. Nicht von ungefähr kann sich (angesichts
der Woge von Abneigung, auf die Origenes' Auffassung
lange Zeit in bestimmten Kreisen traf) ein Kopist nicht
enthalten, zu dieser letztgenannten Zusicherung der sibyllinischen Bücher folgenden beißenden Kommentar abzu-
geben: «All dies ist ein Irrtum! Denn niemals läßt das
ewige Feuer ab, die Verdammten zu peinigen. Gewiß,
auch ich hätte Grund zu beten, es sei so, wie hier behauptet wird – ist doch mein ganzer Körper von tiefen Narben
bedeckt, die von Übertretungen herrühren, die größter
Barmherzigkeit bedürfen. Doch Origenes möge sich seiner lügnerischen Worte schämen, mit denen er versichert,
die Höllenstrafen hätten je ein Ende.»[19]
Auf den folgenden Seiten wird in der Apokalypse des
Paulus eine andere Form der Befreiung der Verdammten
von ihren Qualen aufgezeigt: eine Linderung oder Unterbrechung der Strafen, die sich von den bisher betrachteten
Formen wesensmäßig unterscheidet.

Die Apokalypse des Paulus. Der älteste, ausführlichste und
eindrucksvollste apokryphe Text, der eine Jenseitsreise
zum alleinigen Inhalt hat – wobei die Art ihrer Beschreibung den Schilderungen bei Homer, Vergil, Platon, in
der apokryphen Literatur des Judentums und, wie wir
noch sehen werden, des Islam nicht unähnlich ist –, stellt

sich dar als geglückte Verbindung von phantastischer Einbildungskraft und Treue zur christlichen Lehre über die
Zukunft des Menschen. Auch wenn die Gesamtkirche ihm
niemals offiziellen Rang zuerkannte, fand er dennoch in
Osten und Westen so weite Verbreitung, daß sich aus ihr
die Wertschätzung vieler Christen wie von selbst ergibt
und sich zugleich der Einfluß erklärt, den der Text im
Lauf der Jahrhunderte ausüben sollte.

Die Entscheidung, die Apokalypse des Paulus zu veröf-
fentlichen, rechtfertigt sich aus der Tradition, die in der
gesamten christlichen Kultur anerkannt wird, aus ihrem
Inhalt – ihm kommt gewiß keine offizielle Bedeutung zu,
er ist aber auch nichts weniger als heterodox –, ferner
auch aus ihrem ehrwürdigen Alter und ihrer weiten Verbreitung; nicht zuletzt schließlich aus der Überlegung,
daß sie heute fast völlig vergessen ist, dabei aber auch uns
noch etwas zu sagen hat, oder, wenn man so will, es von
Nutzen sein kann, sie zu Wort kommen zu lassen.

Sie stellt sich somit als Synthese verschiedener Kulturen
und Denktraditionen dar, die sich jedoch gemäß den
Grundlinien des christlichen Glaubens ordnen. Verfolgt
man ihre Textgeschichte, so drängt sich der Eindruck auf,
die offizielle Lehrtradition des Christentums habe in dieser Apokalypse zwar kein offizielles Lehrdokument gesehen, aber doch – fast gegen ihren Willen – das Produkt
einer dichterischen Schau des Jenseits, das keiner der offiziellen Lehrtexte je zu beschreiben wagte. Und in der Tat:
wie auch könnte man es wagen zu beschreiben, ohne
Phantasie und Einbildungskraft zu Hilfe zu nehmen?

Diese Perspektive ist die einzige, die uns davor bewahrt,
in diesem Text zu suchen, was er nicht enthält, oder in
ihn hineinzulesen, was er nicht sagt. Wir haben die Imagi-
nationen der Babylonier, Ägypter, Griechen, Römer und
Juden betrachtet: keine davon jedoch stellte den Anspruch, die Erfindungsgabe oder das Denken aller Men-

schen zu repräsentieren. In gleicher Weise vertritt auch die *Apokalypse* des Paulus die Einbildungskraft des Christentums, so wie *Die Himmelfahrt des Propheten*, die nachfolgend besprochen werden soll, die Phantasie der Muslime. Keiner dieser Texte stellt Anspruch auf theologische Verbindlichkeit, und dennoch charakterisiert jeder von ihnen auf vollkommene Weise eine ganze Kultur.

Der älteste Hinweis auf dieses Werk wird Origenes (um das Jahr 253-54) zugeschrieben;[20] und ungefähr fünfzig Jahre später findet sich ein Hymnus des lateinischen christlichen Dichters Aurelius Prudentius Clemens (im Jahr 405), der in seinem dreiundvierzigsten Kapitel von der «Rast für die Verdammten» in Begriffen redet, die an die *Apokalypse* des Paulus erinnern: «Die Seligen schreiten auf grünenden Auen umher, in harmonischen Chören lassen sie den Wohlklang der Hymnen ertönen und singen liebliche Weisen, während sie auf glänzenden Lilien schreiten, als wäre es Schnee. Auch die Geister der Verdammten in den unterirdischen Regionen des Styx finden oft Ruhe vor ihren Qualen in jener gepriesenen Nacht, da der heilige und starke Gott von den Ufern des Acheron zur Behausung der Menschen zurückkehrte ... Der Tartarus hemmt seinen Lauf, es mildern sich die Strafen, und das Volk der Schatten, befreit von seinen Flammen, freut sich der Ruhe, die in seinem Kerker herrscht, während der Fluß nicht – wie sonst stets – von Schwefel brennt.»[21]

In einem Text, der um das Jahr 416 datierbar ist, spricht Augustinus von unserer *Apokalypse* in so negativen Worten, daß man, besäßen wir nicht ihren Wortlaut, in ihr einen Text ganz anderer Art vermuten müßte: «Einige nichtige Personen schrieben in großer Überheblichkeit eine sogenannte *Apokalypse* des Paulus, angefüllt mit ich weiß nicht wie vielen Fabeln, die, wie eigens zu sagen überflüssig ist, die Kirche niemals anerkannt hat.»[22] Dieses Urteil wirkt allerdings übertrieben angesichts des unschuldigen Textes. Andererseits scheint selbst Augustinus unter dem Einfluß dieser von ihm so sehr getadelten *Apokalypse* zu stehen, wenn er einige Jahre später schreibt: «Die Strafe der Verdammten währt ewig. Doch steht es frei zu vermuten, wenn man will, daß ihre Qual in einem gewissen Maß und in vorbestimmten Zeiträumen gelindert wird. Denn auch so bleibt deutlich, daß Gottes Zorn – und in ihm besteht die Verdammnis – auf ewig auf ihnen lastet und daß der allmächtige Gott, indem er an seinem Zorn festhält, ihnen dennoch Barmherzigkeit erweist, ohne ihre ewige Strafe aufzuheben; doch läßt er ihrer Pein eine Linderung zuteil werden oder mildert sie in gewissen Zeiträumen.»[23]

Um das Jahr 440 bezeugt Sozomenos den Brauch einiger Kirchen in Palästina, die *Apokalypse* des Petrus zu lesen, und fährt fort: «Was derzeit unter dem Namen *Apokalypse* des Paulus umläuft, war keinem der alten Schriftsteller je bekannt, wird aber von vielen Mönchen hoch gepriesen. Einige versichern gar, dies Buch sei in Tarsus unter der Erde, im Hause des Paulus, zum Vorschein gekommen, verschlossen in einem Behältnis aus Marmor. Ein Priester in Kilikien, von der Kirche zu Tarsus, den ich darum befragte, versicherte mir jedoch, dies sei falsch ... Er beteuerte auch, nie gehört zu haben, daß sich bei ihnen ein Wunder dieser Art ereignet habe, und daß er neugierig sei zu erfahren, ob es sich bei alldem nicht um eine Erfindung von Häretikern handle.»[24]

Dennoch verbreitete sich die Schrift im ganzen christlichen Westen, und eine römische Lehrentscheidung, das sogenannte «Gelasianische Dekret» (datiert aus dem Jahr 412) erwähnt die *Apokalypse* als «apokryphe» Schrift. Doch auch dies tat ihrer Verbreitung keinen Einhalt.

Spät erst setzten textkritische und historische Studien ein. C. Tischendorf, der 1866 die kritische Ausgabe des griechischen Textes besorgte, gebührt das Verdienst, den Anfang gemacht zu haben. Im folgte Perkins mit dem Text einer syrischen Fassung (veröffentlicht im Jahr 1865). Eine andere syrische Version brachte G. Ricciotti 1933 heraus; bereits 1915 hatte E. A. Wallis Budge eine ausführliche koptische Version entdeckt und veröffentlicht. In zahlreichen Bibliotheken kamen in der Folgezeit Handschriften arabischer, äthiopischer, armenischer und anderer Fassungen zum Vorschein. Doch trotz dieses Wucherns verschiedenster Versionen kam unter textkritischem Gesichtspunkt stets der lateinischen Fassung das größte Gewicht zu. Eine erste Schlußfolgerung, die sich den Studien von H. Brandes von 1884 und von C. Kraus aus dem Jahr 1894[25] verdankt, besagt, daß das Original zwar auf griechisch geschrieben wurde, daß aber die griechischen Handschriften, die auf uns gekommen sind, nicht den Text des Originals wiedergeben. Zuverlässiger ist die syrische Version, wie sich herausstellen sollte; doch entdeckte im Jahr 1890 M. R. James eine lateinische Fassung in der Nationalbibliothek von Paris, die sich den Gelehrten rasch als die dem Original am nächsten stehende zu erkennen gab und sich sowohl der griechischen als auch der syrischen Version überlegen zeigt. Von hier aus wurde ein weiterer Erkenntnisfortschritt möglich, vor allem dank der Untersuchungen von E. Wieber (1904), St. J. Seymour (1922) und dem leidenschaftlichen Erforscher dieses Textes, Theodore Silverstein (in den Jahren 1935-1959). Die heute allgemein anerkannten Forschungsergebnisse lassen sich wie folgt zusammenfassen: Das griechische Original entstand ungefähr im dritten Jahrhundert; der Text, der ihm am nächsten steht, ist die lateinische Fassung, die der Codex ausweist, den James entdeckte und der vermutlich aus dem achten Jahrhundert stammt. An Authentizität kommt ihm die syrische Fassung aus dem Vatikan am nächsten, die Ricciotti herausgab.[26]

Um sich ein Bild von der weiten Verbreitung der *Apokalypse* des Paulus zu machen, genügt es sich zu vergegenwärtigen, daß 56 verschiedene lateinische Fassungen von ihr registriert wurden, die nicht weniger als elf unterschiedliche Textredaktionen aufweisen. Jede von ihnen trägt charakteristische Züge infolge von Auslassungen, Zusätzen, eigenständigen Ergänzungen des Schreibers, Spracheigentümlichkeiten und so fort. Es handelt sich um Handschriften, die über ganz Westeuropa verstreut waren, von Irland bis Österreich, von Spanien bis Deutschland, von Großbritannien bis Frankreich, bis Belgien, bis Italien etc. Auch Osteuropa und Rußland sind ausführlich vertreten, und nicht zuletzt natürlich der gesamte Orient mit syrischen, armenischen, arabischen, koptischen, äthiopischen Versionen und mit dem griechischen Originaltext.

Der ursprüngliche Entstehungsort ist, so scheint es, in einem Kloster zu suchen; in einer Gemeinschaft mit asketischen Tendenzen, die theologischen Spekulationen fernstand, aber nicht ohne geistige Beziehung zur sie umgebenden Welt gewesen sein kann.

Im zweiten Teil meines Essays gebe ich die vollständige lateinische Version des Textes wieder, wie sie James auffand (Bibl. Nat., Paris, nouvel. Acq. lat. 1631), wobei zur Kontrolle und Ergänzung die syrische Fassung herangezogen wird, die Ricciotti veröffentlichte (cod. Vat. syr. 180), erweitert um die gewichtigsten Varianten anderer Handschriften und Versionen.

In der *Apokalypse* des Paulus liegt das Schwergewicht nicht auf den Personen, die in den jeweiligen Szenen auftauchen, noch auf den Handlungsereignissen als solchen, sondern auf der symbolischen Bedeutung des Geschehens, der Personen und Szenen. Der Autor richtet seinen Blick auf die Gesellschaft, in der er lebt, und wendet ihn nicht zugunsten reiner Phantasiegebilde von ihr ab. Seine Schrift gibt uns zahlreiche Elemente an die Hand, um uns ein genaues Bild dieser Gesellschaft zu machen, die er unter christlichen Vorzeichen sieht und deutet. Von daher rührt auch die augenfällige «Modernität» des Textes und die einzigartige Begründung der Strafen, die von Zeit zu Zeit geschildert werden und stets sozialen, nur selten doktrinären Charakter tragen.

Der Weg, den wir von den Sumerern an zurücklegten, zeugte von einer einzigartigen Atmosphäre, sowohl was die Strafen als auch was die Orte angeht. Hier hingegen ist nicht mehr die Rede von Helden der Vergangenheit oder der Zukunft, von Kriegern oder von Personen, die auf irgendwelche Weise durch Ruhm oder Privilegien herausgehoben scheinen, die «Geschichte gemacht» haben, sondern von gewöhnlichen Menschen, die in einer durchschnittlichen und konkreten Welt – eben der Welt ihrer Zeit – ein durchschnittliches Leben führten. Vergebens sucht man Klagen über das menschliche Schicksal im allgemeinen oder Genugtuung beim Anblick der Leiden, Strafen und Qualen der Gottlosen. Ins Auge springt hingegen die Bitte an Gott zu deren Gunsten und das Mitleid mit den Gepeinigten, wobei doch die Berechtigung ihrer Strafe anerkannt wird. Die *Apokalypse des Paulus* beschreibt eine vollständige Gesellschaft, nicht etwa nur einen begrenzten Teil davon. Das Schwergewicht liegt dabei auf der Notwendigkeit, sich hier auf Erden auf eine ganz bestimmte Weise zu verhalten; nicht auf der mehr oder weniger mühseligen Grundbedingung der *conditio humana* und der dauernden Unentrinnbarkeit des Todes, sondern auf der heiter gelassenen Erwartung des Ereignisses, das dem menschlichen Dasein neue und freudige Perspektiven eröffnet.

In alledem läßt sich zugleich mit großer Deutlichkeit ein neues Gottesbild ausmachen und ebenso eine neuartige

Auffassung von der irdischen Existenz und der vertrauensvollen Erwartung eines Jenseits, das allen Gerechtigkeit zuteil werden läßt und die tiefe menschliche Sehnsucht nach einem Ideal stillt, das nunmehr weit von der Denkweise des Platonismus entfernt ist, dafür aber den kühnsten Vorstellungen der griechischen und römischen Philosophie wie auch des späten jüdischen Denkens nahesteht.

Auf den Spuren einer literarischen Gattung, die bereits im griechischen und römischen Denken Gestalt angenommen hatte (aus ihr erklärt sich die Einführung der Figuren von Zauberinnen und Wahrsagerinnen) und die sich ebenso in der literarischen Tradition des Judentums (sie steuerte die Teilnahme von Engeln bei, die als Erklärer und Ausleger fungieren) belegen läßt, besucht auch Paulus das Jenseits in Begleitung eines *Angelus interpres*, eines Engels als Wegführer und Geleiter; dieser gehört gewissermaßen «von Haus aus» zur jenseitigen Welt und vermag darum jene Lebenden dort einzuführen, denen Gott diese einzigartige Gunst gewährt.

As-Sirat: «Die Brücke, die dünner ist als ein Haar . . .»

DIE HIMMELFAHRT DES PROPHETEN

Unter der Regierung Alphons' X., genannt der Weise,[1] übersetzte auf Befehl dieses Herrschers Abraham von Kastilien,[2] ein jüdischer Arzt, eine Schrift, die in der islamischen Welt schon höchstes Ansehen genoß und in der Folgezeit auch im Abendland berühmt werden sollte. Wenig später, im Jahr 1264, ließ der gleiche Fürst durch den Notar Bonaventura von Siena[3] diesen Text aus dem Kastilischen ins Französische und ins Lateinische übertragen. Der arabische Titel des Werkes lautet *Kitab al-Mi'radj*, wörtlich übersetzt *Buch von der Leiter*, bekannt als die *Himmelfahrt des Propheten*. Sein Autor ist unbekannt. Textzusammenstellung und Tradition weisen hin auf Mohammed selbst oder auf andere Autoren, die in seinem Namen schrieben. Die ganze Erzählung steht in der ersten Person.

Es ist anzunehmen, daß der jüdische Arzt eine autorisierte und weitverbreitete Fassung des arabischen Textes übertrug, der sich – soweit wir es heute überblicken können – dank der zahlreichen Übersetzungen, die von ihm angefertigt wurden, auch im Westen verbreitete. Die bedeutenderen Handschriften gaben Miguel Asìn Palacios, José Munoz Sendino und Enrico Cerulli heraus. Letzterer untersuchte eingehend sowohl die Textfassungen als auch

die wissenschaftliche Literatur über sie und all ihre ge-
druckten oder handschriftlichen Zeugnisse, die in verschiedenen europäischen Bibliotheken (in Spanien,
Frankreich, England und vor allem in Italien) nachweis-
bar waren und die weite Verbreitung des Werkes belegen,
das uns im folgenden beschäftigen soll.[4]
Von seinem literarischen Wert und textlichen Rang ganz
abgesehen und ungeachtet auch seiner möglichen Beziehung zur *Göttlichen Komödie* Dantes, verdient der Text
besonderes geschichtliches und theologisches Interesse als
Darlegung der Eschatologie einer der großen Religionen
wie auch als Zeugnis der weiten Verbreitung, die er im
Westen und besonders in Italien erfuhr.

Von Mekka nach Jerusalem. Der Engel Gabriel sucht Mohammed in Mekka auf und gebietet ihm, sich bereitzuma-
chen,[5] da Gott beschlossen habe, ihn zum Zeugen seiner
Wunder und Geheimnisse zu erwählen. Draußen erwartet
ihn bereits ein einzigartiges Fabelwesen: «Größer als ein
Esel, kleiner als ein Maultier, mit menschlichem Antlitz,
einer Mähne aus Perlen, einem Schweif aus einem Rubin,
Augen, die heller strahlen als die Sonne, Beinen und Hu-
fen wie ein Kamel . . .» Dieses Fabeltier steht, von Engeln
bewacht, auf einem Teppich aus Smaragd.
Auf Gabriels Aufforderung besteigt Mohammed den Sat-
tel des Tieres, das al-Burak genannt wird und sich nicht
mit der gewöhnlichen Geschwindigkeit anderer Lasttiere
fortbewegt. Jeder seiner Schritte ist größer als die Strecke,
die ein geübtes Menschenauge überblicken kann. Während er, von Engeln geleitet, den al-Burak reitet, hört
Mohammed drei Stimmen, die ihn rufen. Auf die beiden
ersten achtet er nicht; bei der dritten, die höchst schmei-
chelnd und einladend klingt, aber hält er an. Als jedoch
die Stimme beginnt, ihn zum Reden aufzufordern, eilt er
weiter. Der Engel Gabriel lobt sein Verhalten und erläu-

tert ihm die Bedeutung der drei Stimmen: Bei der ersten handelt es sich um die Stimme des jüdischen Gesetzes, und wäre Mohammed bei ihr verweilt, so wären seine Gläubigen Juden geworden. Die zweite Stimme war das Gesetz der Christen – hätte er bei ihr Halt gemacht, so wären all seine Jünger zum Christentum übergetreten. Die dritte, so wohlklingende und lockende Stimme, war die einer Welt voller Freuden: «Da du auf sie gewartet hast, so wisse, daß es deinem Volke besser ergehen und es größere Freuden kennen soll als alle übrigen Völker; aber weil du sie entrüstet verlassen hast, wirst du reiner sein von Sünden als jeder andere Prophet.»

In kurzer Zeit erreicht der al-Burak Jerusalem und hemmt seinen Lauf in der Nähe des Tempels. Auf Gabriels Geheiß steigt Mohammed ab, bindet sein Reittier an einen schwarzen Stein und betritt den Tempel; alle Propheten grüßen ihn und empfehlen ihn Gottes Schutz.

Auf diese Überlieferung gehen zwei berühmte und vielverehrte muslimische Kultstätten zurück, die noch heute einen Teil des alten Jerusalemer Tempelbezirks einnehmen: die Al-Aksa-Moschee, der «höchst entlegene Bezirk», zu dem Mohammed getragen wurde – und Qubbet es-Sakhra, der «Felsendom».[6]

Auf der Leiter: die ersten Begegnungen. Der Engel nimmt ihn bei der Hand, führt ihn nach draußen und zeigt ihm eine prachtvolle Leiter, die sich vom Himmel zur Erde herabsenkt. Er setzt ihn auf die erste Stufe, und geleitet von einer Engelschar steigen beide zum Himmel auf.

Der Erde entrückt, gewahrt Mohammed alsbald einen Engel, so gewaltig «wie die Welt», der abwechselnd auf die Welt und auf verschiedene Tafeln in seiner Hand blickt. Der ungeheure Engel empfängt ihn mit Glückwünschen für ihn und sein Volk, «das Gott liebt, auf daß es sich frei hält vom Bösen und das Gute tut» (5-14).[7]

Während Mohammed in Begleitung Gabriels und der anderen Engel nach oben steigt, begegnet er als erstes dem «Engel des Todes», dem Gott gebot, der Menschen Seelen dem Körper zu entreißen, wenn ihre Stunde gekommen ist.

Mohammed begehrt zu wissen, wie all dies vor sich geht; der Todesengel erklärt ihm, daß seinem Auge die gesamte Welt als winzig erscheint. Deshalb sieht und beobachtet er jeden Sterblichen und weiß, ob das Paradies oder die Hölle sein Geschick sein wird, gemäß eines jeden Verdienst oder Schuld.[8] Steht der Tod eines Gerechten bevor, schickt ihm der Todesengel schöngestaltige und wohlduftende Engel, die ihm mit sanften und lockenden Worten Gottes Güte und den großen Lohn der Gerechten in Erinnerung rufen; danach ziehen sie «behutsam und mit Vorsicht diese Seele aus dem Körper» und übergeben sie dem Todesengel, der sie seinerseits lieblichen Engeln anvertraut. Diese tragen sie von einem Himmel zum anderen bis zu Gottes Thron: Gott legt sie nun «in den Schnabel eines Vogels», der sie zum Paradies bringt.

Ist aber die Todesstunde eines Sünders gekommen, so schickt ihm der Todesengel grausige Boten, die Furcht und Schrecken einflößen und ihm auf unbarmherzige und rohe Weise schlimme und grauenhafte Dinge ins Ohr flüstern. Mitleidlos entreißen sie ihm die Seele; «danach ergreife ich sie ohne Gnade mit der Linken und übergebe sie furchterregenden Engeln, die sie zur Höhe tragen». Doch bei ihrem Nahen schließen sich die Himmelspforten; sie weigern sich, sie aufzunehmen – wie der Koran sagt: «Die Pforten des Himmels werden ihnen verschlossen sein» (VII,38).

In noch größerer Höhe begegnet der Prophet «dem Engel des Gebetes»: sein Haupt ragt auf bis zum Himmel, und seine Füße reichen bis zur Tiefe, seine Haare sind lang und vielfarbig wie das Gefieder eines Hahns. Dieser Engel ruft die Stunden des Gebets aus, mit einer Weise, die dann alle Hähne der Erde aufnehmen, und mit den Worten: «Ihr Menschen, die ihr Gott gehorcht, erhebt euch zum Gebet...»

Noch weiter oben begegnet er dann einem unvergleichlichen Engel, der – wie ihm Gabriel erläutert – aus Schnee und Feuer zugleich gemacht ist: Mohammed bittet Gott, er möge die Herzen aller, die an ihn glauben, so einen, wie er in einem einzigen Wesen das Feuer und den Schnee verband.

Noch näher dem Himmel gewahrt Mohammed nie gesehene Dinge, und Gabriel erklärt ihm nicht nur alles, was er sieht, sondern stellt ihn auch den verschiedenen Engeln vor, welche die einzelnen Regionen regieren: «Wie, ihr ehrt nicht den edelsten Mann der ganzen Welt? Mohammed steht vor euch!»

Er begegnet auch dem «Schatzmeister der Unterwelt», der Mohammed versichert, die Sünder seines Volkes hätten mildere Strafen zu gewärtigen als alle anderen.

Weiter vorn trifft der Prophet auf den «Engel der Trauer», deren Ursache der Ungehorsam des Menschen gegen Gott ist. Er erläutert ihm, wie die Hölle entstand: Als Gott sie schuf, entzündete er in ihr ein Feuer ohnegleichen, das ohne Flamme unaufhörlich brennt. Die Höllenengel formte Gott aus Feuer, ohne das sie nicht existieren können. Ihr Element ist das Feuer, wie Wasser dasjenige der Fische; es sind schmutzige und zottige Wesen, stumm und über die Maßen grausam. Ihre Härte und Erbarmungslosigkeit den Sündern gegenüber übersteigt jede Vorstellung. Sie schlagen sie mit Hämmern, wie der Koran (LXV,6-7) sagt: «Darüber aber sind Engel, drohend, schrecklich und von furchteinflößender Gestalt. Sie werden sich nicht weigern, meinem Befehl zu folgen, und tun, was ich ihnen gebot. O ihr alle, die ihr nicht glaubtet, hofft nicht auf Erbarmen an jenem Tag...» (15-24).

In den Himmeln. Mit Hilfe der unvergleichlichen Leiter gelangen der Engel Gabriel und der Prophet schließlich an die eisernen Pforten des ersten Himmels. Das Ritual, das sich nun anschließt, ist stets dasselbe: Gabriel klopft an die Pforte und stellt nach seinem Eintritt Mohammed vor; danach lenkt er dessen Aufmerksamkeit auf die Besonderheiten, die jeden der Himmel auszeichnen.

Während sie nach und nach aufsteigen, stellen sie fest, daß die Pforten der Himmel immer kostbarer werden: die Engel aber sind begabt mit verschiedenen Gesichtern, Mündern, Zungen und kennen alle Sprachen der Welt.

Am Anfang seines Weges durch die verschiedenen Himmel wird Mohammed vorgestellt als «Insiegel aller Propheten und Fürst der Verkünder». In jedem Himmel findet eine sinnbildliche Begegnung statt, und alle Anwesenden bezeugen dem großen Gast ihre Verehrung.

Im ersten Himmel begegnen sie Johannes dem Täufer und Jesus – Gestalten in strahlendem Glanz, sitzen sie beide da: der eine, der Täufer, etwas tiefer; der andere, Jesus, der Sohn der Maria, etwas höher.

Im zweiten Himmel sehen sie einen bewundernswerten Greis: es handelt sich um den biblischen Joseph, Jakobs Sohn.

Im dritten Himmel erblicken sie zwei Gestalten, die Gott unaufhörlich loben: Henoch und Elija.

Im vierten Himmel, dessen Tür aus reinem Gold gemacht ist, gewahren sie eine Gestalt, auf deren Haupt ein Diadem glänzt – den Hohenpriester Aaron.

Die Tür des fünften Himmels besteht aus einer einzigen Perle; während sie immer weiter nach oben steigen, sehen sie, daß die Engel immer glänzender werden und immer bereitwilliger auf jeden göttlichen Wink achten. In diesem fünften Himmel sehen sie einen Greis von majestätischer Gestalt, der eine Rute in Händen hält: dies ist Mose. Nun findet folgende Begegnung statt: «Wisse, Mohammed», spricht Mose zu ihm, «Gott will dir und deinem Volk die Mühsal der Fasten und Gebete auferlegen. Bitte Gott, er möge sie mildern, sonst vermagst du nicht zu herrschen. Niemand kann sich vorstellen, wie sehr ich mich deshalb für mein Volk abgemüht habe. Ich flehte zu Gott, er möge seine Last mildern, doch wollte er mich nicht hören. Nun rate ich dir, mit deiner Mühe nicht nachzulassen, damit dein Volk nicht über Gebühr beschwert wird. Tust du so, so wird dein Volk dich lieben und dir gehorchen – anderenfalls aber wird es nicht auf deine Worte hören.» Mohammed erklärt, nie habe er einen Propheten gefunden, der für sein Volk so großes Mitleid empfand «wie mein Bruder Mose».

Im sechsten Himmel treffen sie auf Abraham, «Bote und Freund Gottes». Der Patriarch enthüllt Mohammed ein großes Geheimnis: «Wisse, Gott empfindet große Liebe für dich; er versetzte dich unter die Propheten und liebt dein Volk aus Liebe zu dir.» Er ermahnt ihn, darauf zu drängen, daß alle das folgende Gebet verrichten, so daß es im Himmel widerhallt: «Es gibt keinen Gott außer Gott.»

Die Weite und Pracht des siebten Himmels ist unaussprechlich, und es ist unmöglich, sie zu beschreiben; man kann sie nur mit Augen schauen. Wunderbare Stimmen lobpreisen Gott ohne Unterlaß, und aller Augen sind auf ihn gerichtet. Der himmlische *Muezzin* lädt Mohammed zum Gebet und offenbart ihm, daß Gott ihn über alle Propheten erhob, die er je im Himmel sah, und daß alle Engel ihn bitten, ihm noch größere Gnaden zu gewähren. In diesem Himmel findet die letzte große Begegnung statt: hier trifft er auf Adam, «unseren Vater, den ersten der Menschen». Er wendet sich an Mohammed, nennt ihn den «Vater meiner Söhne» und läßt ihn wissen, das Paradies sei verschlossen, bis Mohammed mit seinem Volke dort anlange.

Eine Engelschar und die himmlischen Vorhänge, die Gott von den Engeln trennen, veranlassen Gabriel, sich für einen Augenblick zurückzuziehen und Mohammed sich selbst zu überlassen. «Eine Stimme» ruft ihn beim Namen und spricht zu ihm: «Mohammed, ich gebiete dir, dein Volk sechzig Tage im Jahr fasten und täglich fünfzigmal beten zu lassen.» Daraufhin entfernt sich Mohammed und macht sich auf die Suche nach Gabriel. Unter seiner Führung beginnt er nun seine Wanderung im Paradies, über dessen Pforte das muslimische Glaubensbekenntnis steht: «Es gibt keinen Gott außer Gott, und Mohammed ist sein Prophet.»

Die Größe des Paradieses kennt nur Gott allein; es gibt dort Ströme, Gebirge, Bäume aller Art und die Quellen der vier großen Flüsse (Nil, Euphrat, Gihon, Tigris) und der Ozeane.

Unsere Welt ist nur eine der unzähligen Schöpfungen Gottes, und ohne Zahl ist die Schar der Geschöpfe, die sein Lob singen. Unter ihnen befindet sich auch ein riesenhafter Hahn, der vom Himmel bis zur Erde reicht und dessen Pflicht es ist, der ganzen Welt das Zeichen zum Gebet zu geben. Sein Ruf steigt herab zu allen Hähnen der Erde, wenn er im Morgenlicht das Bekenntnis des wahren Glaubens anstimmt: *la ilaha illa allahu. La hawla illa billahi* – «Es gibt keinen Gott außer Gott. Es ist keine Macht und Gewalt außer Gott.»

Im Paradies. Das Paradies ist von unglaublicher Größe, Gott allein kennt seine Ausdehnung. An das erste Paradies schließen sich weitere an, die folgende Namen tragen: dar al-galal, «Pforte des Ruhmes»; dar as-salam, «Pforte des Friedens»; gannat al-ma'wà, «Garten der Zuflucht»; gannat al-huld, «Garten der Ewigkeit»; gannat al-firdaws, «Garten des Paradieses»; gannat an-na'im, «Garten der Freude» (25-83).

Unzählig sind die Freuden des Paradieses.[9] Es gibt dort
Schlösser, Gärten und Früchte jeder Art. An den Ufern
der Flüsse wohnen «die Herrinnen des Paradieses»:
schön, rein, die lieblichen Augen mit Perlen geziert,
wohlduftend, so daß selbst ein Kranker durch sie seine
Kraft wiedererlangen könnte, singen sie in zarten Tönen:
«Gott hat uns ausgezeichneten Männern bestimmt, die
ihm gehorsam waren.» Sie brennen vor Liebe zu den
Männern, für die sie bestimmt sind.

Die Seligen trinken Wasser aus einem Fluß, sie baden in
den Fluten eines anderen,[10] verrichten ihr Gebet und werden dann von reizenden Knaben begrüßt, die sie unter
jenen Frauen willkommen heißen und ihnen sogleich diejenigen davon vorstellen, die ihnen zugedacht sind. Diese
eilen zum Brautgemach. Dem Seligen, der sie betrachtet,
verschlägt es den Atem angesichts der Schönheit und Zahl
der Frauen, die für ihn bestimmt sind.

Es gibt nicht allein Flüsse aus Wasser, sondern auch solche aus Wein jeder Farbe und jeglichen Geschmacks.
Weiterhin stehen längs dem Ufer eines besonderen Flusses, al-Kettinen mit Namen, viele Zelte von außerordentlicher Schönheit, in denen Mädchen namens Huris (al-
hur) wohnen, die nur ihr eigenes Haar umhüllt. Für jeden
der Seligen wählen die Engel eine von ihnen aus. Wie der
Koran sagt: «Und bei sich haben werden sie Mädchen mit
schwarzen und glänzenden Augen ... verborgenen Perlen
gleich» (LVI,22); «Mädchen von schönster Gestalt ... mit
großen und tiefschwarzen Augen, von Engeln in Zelten
bewacht, denen vor ihnen noch kein Mann je beiwohnte»
(LV,70-74).[11]

Entlang dem Ufer des Flusses wachsen Mädchen wie
Gras, doch niemand kann in ihr Zelt eintreten, wenn
nicht ein Engel ihn geleitet.

Die Freuden des Paradieses sind so zahlreich, daß sie
jeden der Seligen zufriedenstellen; von Zeit zu Zeit er-

geht Gott selbst sich unter ihnen und fragt sie, ob sie glücklich sind und all seine Verheißungen erfüllt sehen.[12]
Am Ende der Beschreibung von Mohammeds Paradiesesschau überreicht Gott ihm den Koran und erfüllt seinen Geist mit aller Weisheit. Weiterhin schreibt er die Zahl der täglichen Gebete vor sowie der Fasten, die einzuhalten sind. Dem Propheten gelingt es, für sein Volk eine Milderung zu erwirken; Gott gewährt ihm die Gunst, daß die täglichen Gebete nur fünfmal am Tag verrichtet werden müssen.
Anschließend begegnet Mohammed Mose von neuem, der ihm – nachdem er alles erfahren hat – zur Minderung der Zahl der Gebete gratuliert, was das sechzigtägige Fasten angeht, aber dem Propheten nahelegt, von Gott eine Verminderung der Fasttage zu erbitten. So kehrt denn Mohammed von neuem zu Gott zurück und erhält einen Nachlaß von dreißig Tagen zugestanden, damit die Gläubigen nicht in Versuchung geraten, die Fasten wegen ihrer zu langer Dauer zu brechen. Mose beharrt auf seinen Bedenken: aufgrund der Erfahrungen mit seinem Volke ist er der Ansicht, auch jetzt noch sei die Zeit der Fasten zu lang. Doch Mohammed wagt nicht, erneut vor Gottes Angesicht zu treten.
Schließlich werden dem Propheten vier auserlesene Getränke vorgesetzt – und damit endet sein Besuch im Paradies (84–133).

Die Hölle. Mohammeds Fahrt freilich geht weiter, denn der Engel Gabriel verkündet ihm, Gott gebiete ihm, auch die Hölle zu besuchen. «Wisse», so spricht er zu ihm, «unter dieser Erde liegt eine zweite aus Feuer, Behausung des Volkes des Feuers.»
In Wahrheit handelt es sich um nicht weniger als sieben aufeinandergetürmte Erden, und auf jeder von ihnen befindet sich ein Meer aus Feuer. In diesen Ländern ist alles

aus Feuer, Menschen, Meer und Tiere. Nur Gott weiß, worauf die sieben Erden aus Feuer ruhen.

Jede dieser Erden hat ihre Besonderheit: die erste den Sturm; die zweite Skorpione zur immerwährenden Pein der Verdammten; die dritte wilde Tiere; die vierte Schlangen; die fünfte Felsen aus Schwefel; die sechste das Buch der Sünden, aus dem die Sünder gerichtet werden, und fürchterliche Fluten; auf der siebten aber haust Satan, an Händen und Füßen gebunden und eingesperrt in einer Burg. Eines Tages wird er entfesselt und losgelassen, um mit seinem ganzen Heer die Heiden heimzusuchen.

Eingehend spricht der Text von zwei Fundamenten der sieben Erden, das heißt der Hölle. Es handelt sich um die Fabelwesen Behemoth und Leviathan.[13] Ausführlich ist auch die Rede vom Ozean, von Vögeln, welche die Sünder strafen, vom Ende der Welt und von sieben Meeren aus Feuer, die untereinander verbunden sind, so daß sie einen einzigen gewaltigen Ozean bilden.

In ihm baden sich die Seelen der Sünder, um sich zu reinigen: in diesem Meer «wird Gott sie bis zum Gerichtstag leiden lassen, um sie dann zu richten gemäß ihrem Verdienst oder ihrer Schuld».

Die Hölle hat sieben Pforten,[14] doch Mohammed durchschreitet sie nicht, obwohl ihm aufgetragen ist, alles zu sehen. Gabriel ergreift seine Hand und führt ihn an einen Ort, von dem aus er alles überblicken kann. Die Glut des Feuers ist so heftig, daß sie den Kopf eines Menschen bersten läßt – auch noch auf eine Entfernung hin, die der zwischen Osten und Westen entspricht.

In der Hölle ist alles Feuer: Frauen, Burgen, Bäume und Früchte.

Unter der Zahl der Sünder fallen sofort auf: die Götzendiener; die Gottlosen, die Gottes Gesetz übertraten; alle, die unrechtes Gut rafften; die Völker von Gog und Magog;[15] die Lästerer; alle, die den Propheten und Boten

Gottes keinen Glauben schenkten; jene, die den Unglücklichen ihre Hilfe versagten; alle, die nicht die täglichen
Gebete verrichteten; die Eidbrüchigen und die Bedrücker
der Armen. Ein Ungeheuer mit unzähligen Mäulern reißt
die Verdammten in Stücke (183-186).

Vor Verwerfung und Bestrafung müssen sich die Verstorbenen zwei allen auferlegten Prüfungen unterziehen: den
Prüfungen der Waage und der Brücke.

Die Verstorbenen versammeln sich vor einer Waage.[16] An
ihren beiden Enden hängen zwei Schalen, deren eine die
Verdienste und guten Werke enthält, während in der anderen Schuld und Missetaten liegen. Auf die Waagschalen
gelegt, entscheiden beide Gewichte darüber, ob der Tote
den Weg zur Hölle und zur Finsternis einschlagen wird
oder den zu Licht und Herrlichkeit. Hierbei – wie auch in
anderem Zusammenhang – kommt dem rechten Glaubensbekenntnis größtes Gewicht zu; es löscht die Sünden
aus oder bewirkt vielmehr, daß sie nicht mehr angerech-
net werden.

Eindrucksvoll und einzigartig ist das Bild der Brücke Azi-
rat (as-Sirat), «die *schmale Brücke* des Gerichts».[17] Gott
selbst errichtete sie, um die Menschen, die in ihrem Leben
treu das Gesetz des Islam beobachteten, von denen zu
trennen, die es übertraten.

Die Brücke ist von ungeheurer Höhe und überspannt die
Hölle. Auf dem Weg von ihrem einen Ende zum anderen
finden sich unzählige Folterinstrumente. An ihrem höchsten Punkt aber ist sie «dünner als ein Haar und spitzer
als eine Nadel».

Um zu sehen, wie sich das Gericht vollzieht, stellt sich
Mohammed auf der Höhe der Brücke auf, die zum Paradies führt, und ruft: «Herr, rette Dein Volk!» Gabriel
hingegen steht mitten unter den Gläubigen und Jüngern
des Propheten und ruft aus: «Retter, rette!»[18]

Eine der Seelen passiert die Brücke auf Händen und Fü-

ßen; andere klammern sich an ihr fest. Doch die Glut, die
von der Hölle aufsteigt, versengt sie, und sie stürzen
hinab. Wieder andere balancieren voller Anstrengung mit
einem ausgestreckten Arm, während sie die andere ruhen
lassen – doch am Ende ihres Weges stürzen sie erschöpft
ins Flammenmeer. Noch andere werden sogleich von den
Flammen erfaßt, sobald sie nur die Brücke betreten.

Unzählige Ereignisse geschehen auf der Brücke: für jeden
der Verstorbenen sind sie verschieden. Einer legt den
Weg in einer einzigen Nacht zurück, andere in zwei
Tagen und zwei Nächten, wieder andere in einem Monat
und so weiter. Alle aber legen den Weg zurück, noch ehe
der Tag des großen Gerichts sich neigt. Genauer: während der ersten Hälfte dieses Tages, der fünfzigtausend
Jahre währt. Folglich müssen während der ersten fünf-
undzwanzigtausend Jahre alle die Brücke überquert haben, um an den Ort ihrer ewigen Bestimmung, ins Paradies oder in die Hölle, zu gelangen.

Das Gericht dieser Brücke ist indes nicht das einzige,
denn unter ihr finden sich sieben andere, sehr viel kleinere
Brücken. Sie sind der Ort des Gerichts über die einzelnen
Handlungen der Menschen.[19]

Am Anfang jeder dieser Brücken wird der Verstorbene
nach der Beobachtung der religiösen Vorschriften gefragt: fällt die Antwort zufriedenstellend aus, so darf er
passieren, anderenfalls stürzt er ins Feuermeer der Hölle.
An der ersten Brücke betrifft die Frage seinen Glauben im
Ganzen; an der zweiten die vorgeschriebenen Gebete; an
der dritten werden Teile des Koran aus dem Gedächtnis
abgefragt; an der vierten Brücke richtet sich die Frage auf
die gewissenhafte Beachtung der Fastengebote; die fünfte
überquert nur, wer das Gelübde einlöste, nach Mekka zu
wallfahren, um die Stadt und die Heiligtümer der Umgebung an den vorgeschriebenen Tagen zu besuchen; an der
sechsten wird nach der Einhaltung aller rituellen Wa-

schungen gefragt; an der siebten aber nach der Liebe zu
Vater und Mutter.

Ströme aus Feuer, höllische Drachen und Skorpione erwarten die Verdammten (192-197).

Der Gerichtstag, der nach menschlicher Zeitrechnung
fünfzigtausend Jahre ausfüllt, währt für Gott nur so lang
wie ein Augenaufschlag. An jenem Tag werden die Toten
auferstehen – «jene, die unter der Erde sind, erheben
sich» – und Lohn oder Strafe empfangen.[20] Die ganze
Welt und alles, was die Menschen jetzt noch bedrückt,
wird so klein erscheinen «wie ein Nachen in der Weite
des Meeres».

Der Text erwähnt noch andere und besondere Strafen:
Denen, die Zwietracht säten, und den falschen Zeugen
wird die Zunge abgeschnitten, ihre Lippen mit Feuer verbrannt; die Ehebrecher und Unreinen werden mit brennenden Kohlen an den Körperteilen gestraft, mit denen
sie sündigten; die hochmütigen Reichen schließlich, die
zwar viele Almosen gaben, zugleich aber ihren Mitmenschen Unrecht taten, werden vom Feuer verzehrt (198 bis
200).

Die Rückkehr. Durch diese Szenen des Leids tief bewegt,
spricht Mohammed zum Engel Gabriel: «Gott hat mich
schauen lassen, was noch kein Mensch je sah; Freuden
und Ehren, die den Guten zugedacht sind, Strafen und
Qualen der Bösen.»

Nun, da er alles mit Augen gesehen hat, ermahnt ihn der
Engel Gabriel: «Geh und berichte alles deinem Volk, damit es eingedenk sei, was es erwartet, und auf dem rechten Weg wandle – möge es nach dem Paradies trachten
und sich hüten vor der Hölle.»[21]

Der Engel ergreift seine Hand und läßt ihn die Leiter
hinabsteigen, über die er gekommen war; er führt ihn
nach Jerusalem zu dem Felsen, an den er den al-Burak

gebunden hatte: dort steht sein Reittier noch bereit, in Erwartung seines Herrn.

Mohammed und Gabriel umarmen sich herzlich, und der Engel wünscht ihm Glück für seine Zukunft. Danach besteigt er den al-Burak und kehrt nach Mekka zurück, wo er bei Tagesanbruch anlangt.

Seine Ehefrauen und die Tochter Fatima raten ihm, nicht sogleich zu erzählen, was er sah, denn niemand würde ihm glauben. Doch er erträgt den Unglauben mit Gleichmut und befiehlt Abubekr und Abnez, alles aufzuschreiben. Das Geschriebene billigt er mit den Worten: «Mit großer Freude habe ich dieses Buch wiedergelesen, dessen Titel lautet *Kitab al-Mi'radj*, ‹Wort für Wort›.» Dies Buch wurde niedergeschrieben im achten Jahr, nachdem Mohammed den Heiligen Geist empfing und sein Wirken als Prophet begann (202-216).

Die Verbreitung der «Himmelfahrt» im Abendland. Die mystische Schau des «Propheten» des Islam[22] war im Mittelalter im ganzen westlichen Mittelmeerraum bekannt, sei es in der Version, die Alphons der Weise zusammenstellen ließ, sei es in derjenigen anderer unabhängiger Quellen. Unter den unzähligen Zeugnissen[23] sei an dasjenige Fazio degli Ubertis erinnert, dessen hier folgende Verse aus seinem *Dittamondo* (entstanden zwischen 1350 und 1360) stammen:

«Als tiefes Dunkel noch die Erde deckte,
Da sandt' Gott Gabriel, den Engel, hin zu ihm;
Des freut der Sarazene sich.
Auf Boraks, eines Tieres, Rücken steigt er gleich,
Das schneller als der Wind in weniger als einer Stunde Hälfte
Den Weg durcheilt, der zwanzigtausend Jahre währt.
So heißt es, daß in Augenaufschlags Dauer

Er ritt von Mekka gen Jerusalem,
Zu Gottes heil'gem Tempel, doch nicht dort ver-
weilte:
Vielmehr, vom Pferde kaum herabgestiegen,
Ward er, von Gabriel zur Höh' hinauf entrückt,
Bis zu der Himmel höchstem vor des Ew'gen Thron
gebracht.
Der sprach zu ihm, den Ehrfurcht gleich ergreift mit
Schauern.
Was aber er von ihm vernahm – wie selbst er sagt' –
verschweig' ich hier,
Und nicht dir künd' ich jetzt, was seine Augen sahn.
Vollbracht dies alles, führt zur Erde wiederum der En-
gel ihn,
Und sieh! am Pfahl gebunden, harrt sein Borak noch,
sein Roß.
Wie er da aufstieg, und es ihn geschwind
Noch eh' der Morgen graut', zurück nach Mekka
trug! . . .»

Und weiter heißt es,

«Im Paradies, beteuert er, sind Gärten ohne Zahl,
Der Güter voll der ird'schen und der Himmelswelt.
Milch strömend, Honig und des Weines Überfluß,
Entspringen Flüsse dort, und Quellen klar und hell.
Weiber, Gewänder reich und wohlgeziert,
Und Knaben, freundlich anzuschaun, sind dort,
Und Mägde viel, so sittsam auch als schön.
Und dieses all zu ihres Daseins Lust,
So sagt er, sei dort ihnen untertan.
Auch schreibt in seinem Buch vom Fasten er,
Berichtet alles, was ihm Gott gebot,
Und ‹Leiter›
ward das Buch von ihm genannt.»[24]

Das *Buch der Leiter* oder die *Himmelfahrt des Propheten* galt im Abendland irrtümlich als das heilige Buch des Islam. Doch seine weite Verbreitung verdankt sich nicht allein diesem Irrtum, sondern auch einem großen Interesse für die Eschatologie des Islam und der Bewunderung der scholastischen Philosophie für die arabischen Denker. Wie es nur natürlich ist, erfuhr das Buch die verschiedensten Deutungen. War die literarische und inhaltliche Interpretation geprägt von der Grundeinschätzung des Islam als des nicht nur religiösen, sondern auch politischen Gegners des Christentums, so suchte man auf der Ebene höher entwickelter Kultur nach anderen Wegen, wie vor allem der Koran, die islamischen Theologen (Näheres in den Anmerkungen) und die islamische Philosophie bezeugen. So ist zum Beispiel der Gang der Seele durch das Totenreich – entstanden wahrscheinlich in Sizilien am Ausgang des 12. Jahrhunderts – eine ganz unpersönliche Wegbeschreibung rein philosophischen Charakters, unmittelbar beeinflußt von der Philosophie des Avicenna und ohne jeden Bezug zur Überlieferung von der Reise des Mohammed.

Die inzwischen genaue Kenntnis der Verbreitung der *Himmelfahrt des Propheten* im Abendland, und vor allem in Italien, lenkt zurück auf eine alte Frage: auf das Problem, aus welchen Quellen Italiens größter Dichter die Inspiration für den Entwurf der *Göttlichen Komödie* schöpfte. Die gewichtigsten und informiertesten Untersuchungen zum Thema – unter historischem wie auch unter literarischem Gesichtspunkt – folgen zum Teil der übereilten Schlußfolgerung des zweifellos bedeutenden spanischen Arabisten Miguel Asìn Palacios und gehen von der Möglichkeit aus, Dante sei von islamischen Quellen beeinflußt. Es ist gewiß nicht undenkbar, daß die allgemeine geschichtliche Situation Dante veranlaßt haben könnte, die christliche Schau des Jenseits derjenigen des Islam gegenüberzustellen; doch besteht deshalb keine Notwendigkeit, ihm eine direkte Kenntnis der *Himmelfahrt des Propheten* zu unterstellen, die über eine allgemeine Einsicht in den kultischen Charakter des Buches hinausginge, das damals jedem Zeitgenossen zugänglich war.[25]

Eines jedoch steht außer Zweifel: eine jener Quellen, die Dante mit Sicherheit kannte und von denen er dichterische Anregungen empfing, bilden jene Apokalypsen, die damals schon seit geraumer Zeit den christlichen Glauben befruchteten.

Und der bedeutendsten und weitestverbreiteten dieser Apokalypsen, der uralten *Apokalypse des Paulus*, die – wenngleich sie nie offiziellen Rang erlangte – dem christlichen Glauben durch Jahrhunderte das Geleit gab, widmen wir nun die folgenden Seiten.

Zweiter Teil

Die Apokalypse des Paulus

Beginn der Vision des Apostels Paulus[1]

So will ich denn zu den Erscheinungen und Offenbarungen des Herrn kommen. Ich kenne einen Menschen in Christus, der vor vierzehn Jahren – ob im Leibe, das weiß ich nicht, oder außer dem Leibe, das weiß ich nicht, Gott weiß es – bis zum dritten Himmel entrückt wurde. Und ich weiß, daß der betreffende Mensch – ob im Leibe, das weiß ich nicht, oder außer dem Leibe, das weiß ich nicht, Gott weiß es – ins Paradies entrückt wurde und unsagbare Worte vernahm, die einem Menschen auszusprechen verwehrt sind. Über den Betreffenden will ich mich rühmen, über mich selbst aber will ich mich nicht rühmen, es sei denn meiner Schwachheiten.

1. Wann wurde es Gemeinbesitz?[2] Unter dem Konsulat des Theodosius Augustus des Jüngeren und des Cynegius erschien einem angesehenen Mann – er bewohnte damals in Tarsus das Haus, in dem der heilige Paulus gewohnt hatte – des Nachts ein Engel des Herrn und gebot ihm, die Fundamente des Hauses freizulegen, und zeigte ihm an, was er dort finden würde; doch jener meinte, es sei eine Täuschung.

2. Zum dritten Mal aber kam der Engel und geißelte ihn, und zwang ihn so, die Grundmauern freizulegen. Nachdem er an der bezeichneten Stelle gegraben hatte, fand er ein Kästchen aus Marmor, das Inschriften an seinen Seiten trug: in ihm lagen die Apokalypse des Paulus und die Sandalen, in denen er ging, als er das Wort des Herrn predigte. Jener Mann wagte nicht, den Schrein zu öffnen, und trug ihn zum Richter. Der Richter aber nahm ihn, versiegelte ihn, so wie er war, mit Blei und schickte ihn zum Kaiser Theodosius, aus Furcht, es könnte etwas anderes darinnen sein. Sogleich erbrach der Kaiser das Siegel, öffnete den Schrein und fand darin die Apokalypse des heiligen Paulus: eine Abschrift davon sandte er nach Jerusalem, das Original aber behielt er für sich.[3]

Die Schöpfung verklagt den Menschen

3. Als ich mich noch im Körper befand und bis zum dritten Himmel entrückt wurde, erging an mich das Wort des Herrn: «Sage diesem Volk: Wie lang noch häuft ihr Sünden auf Sünden und versucht den Herrn, der euch erschuf? Söhne Gottes seid ihr, wegen der Hemmnisse dieser Welt aber begeht ihr Werke des Bösen und hofft dabei noch auf Christus. Geht in euch und erkennt, daß alles Geschaffene zu Gottes Ehre dient und allein das menschliche Geschlecht sündigt; alle Kreatur ist ihm untertan, und doch sündigt es mehr als alle Kreatur.

4. Unzählige Male rief die Sonne, die Leuchte des Firmaments,[4] laut zum Herrn und sprach: «Herr, allgewaltiger Gott, ich sehe der Menschen ganze Gottlosigkeit und all ihre Ungerechtigkeit; gestatte mir, an ihnen zu tun, was in meiner Macht steht, damit sie erkennen, daß Du allein

Gott bist.» Doch eine Stimme ward ihr zur Antwort: Ich
weiß alles! Wahrlich, meine Augen sehen, meine Ohren
hören, doch meine Langmut erträgt sie, bis sie bereuen
und Buße tun. Kehren sie auch dann nicht zu mir zurück,
so werde ich sie richten.

5. Viele Male wandten sich Mond und Sterne an den
Herrn und sprachen: «Herr, allmächtiger Gott, uns hast
Du die Herrschaft über die Nacht anvertraut; wie lange
noch sollen wir die Gottlosigkeit, Unkeuschheit und
Bluttaten der Menschen ansehen? Gestatte uns, an ihnen zu handeln, wie es in unserer Macht steht, und sie
werden erkennen, daß Du allein Gott bist.» Doch erging an sie folgende Antwort: Wohl weiß ich dies alles.
Meine Augen sehen, meine Ohren hören alles, doch
meine Langmut erträgt sie, bis sie bereuen und Buße
tun. Kehren sie auch dann nicht zu mir zurück, so
werde ich sie richten.

6. Oft auch rief das Meer mit lautem Schall: «Herr, Gebieter des Alls, auf mir entweihten die Menschen Deinen
heiligen Namen. Gib mir Erlaubnis, jeden Wald und jeden Strauch, alle Bäume und die ganze Welt zu bedecken
und von Deinem Antlitz die Söhne der Menschen zu
vertilgen; dann erst werden sie erkennen, daß Du allein
Gott bist.» Doch von neuem erklang eine Stimme, die
sprach: Ich weiß und kenne alles! Meine Augen sehen
und meine Ohren hören alles, doch meine Langmut erträgt sie, bis sie bereuen und Buße tun. Bekehren sie sich
aber auch dann nicht, so werde ich sie richten.
Verschiedene Male auch führten die Wasser Klage gegen
die Menschen und sprachen: «Herr, allgewaltiger Herrscher, alle Menschen entweihen Deinen heiligen Namen.»
Doch eine Stimme erwiderte: Ich weiß dies alles, ehe es
noch geschieht, denn mein Auge sieht und mein Ohr

vernimmt alles, doch meine Langmut erträgt sie, bis sie sich bekehren. So aber nicht, werde ich sie richten.

Oft wandte sich auch die Erde an den Herrn und verklagte die Menschen mit folgenden Worten: «Herr, allmächtiger Gott, mehr als alles, das Du erschaffen hast, leide ich unter den Sünden der Menschen, denn auf meinem Rücken begehen sie Unzucht, Ehebruch, Mord, Raub, Meineid, Zauberei, schwarze Kunst und all das Böse, das sie tun: der Vater verfolgt den Sohn, der Sohn erhebt sich gegen den Vater, ein Fremder steht auf gegen den anderen, ein jeder entehrt die Gattin des anderen, der Vater besteigt das Bett des Sohnes und der Sohn das des Vaters. Und mit Greueln dieser Art entehren all jene den heiligen Ort, die vorgeben, Deinem Namen Opfer bringen zu wollen.

Deswegen leide ich mehr als alles andere, das Dein Arm erschuf. Denn meine Früchte und alles, was mein eigen ist, muß ich den Söhnen der Menschen darbieten, denen ich sie verweigern möchte. Erlaube mir also, daß ich allem, was auf mir wächst, seine Kraft raube.» Doch von neuem erscholl eine Stimme, die sprach: Ich weiß alles, und keiner auch verbirgt seine Sünde vor sich selbst. Ich kenne all ihre Gottlosigkeit, doch meine Reinheit erträgt sie, bis sie bereuen und Buße tun. Bekehren sie sich aber nicht, so zerschmettert sie mein Zorn.

Engel als Boten zwischen Gott und Mensch

7. Vernehmt, ihr Kinder der Menschen! Alles Geschaffene untersteht Gottes Macht. Allein das Geschlecht der Menschen sündigt. Wohlan denn, Söhne der Menschen, bringt ohne Unterlaß dem Herrn das Opfer eures Lobes dar an jedem Tag und zu jeder Stunde. Vor allem aber

bei Sonnenuntergang: in dieser Stunde nämlich eilen alle Engel hin zu Gott, ihrem Herrn, beten ihn an und bringen vor ihn die Werke der Menschen – alles, was ein jeder vom Morgen bis zum Abend tat, es sei gut oder böse. So bricht ein Engel mit froher Miene von dem Menschen auf, in dem er Wohnung nahm, ein anderer aber[5] verläßt ihn mit betrübtem Antlitz.

Wenn also die Sonne sinkt, in der ersten Stunde der Nacht, verläßt der Engel jeden Volkes und jedes Menschen seine irdische Wohnstatt – jeden Menschen nämlich beschützt und hütet ein Engel, denn der Mensch ist Gottes Ebenbild. So eilen also am Morgen, zur zwölften Stunde der Nacht, alle Engel der Menschen, Gott anzubeten und ihm jedes Werk zu übergeben, das der Mensch vollbrachte, sei es gut oder böse. Jeden Tag und jede Nacht legen die Engel vor Gott Rechenschaft ab über alle Taten des Menschengeschlechts.

Euch also, Söhne der Menschen, sage ich: Lobt den Herrn! Lobt ihn ohne Unterlaß alle Tage eures Lebens.

8. Zur festgesetzten Stunde eilen alle Engel voll Freude vor das Angesicht des Herrn, um ihn anzubeten zur Stunde, die er selbst bestimmte.

Siehe, gekommen ist nun die Stunde der Vereinigung: die Engel kamen, um anzubeten vor Gottes Angesicht, und Gottes Geist ging ihnen entgegen. Da erhob sich eine Stimme und sprach: Woher seid ihr gekommen, ihr unsere Engel, ihr Botschafter, beladen mit Nachrichten?

9. Und jene antworteten und sprachen: Wir kommen von jenen, die um Deines heiligen Namens willen der Welt entsagten – von Pilgern, Wanderern, Bewohnern felsiger Höhlen, die zu jeder Stunde ihr Erdendasein beklagen, denn allein nach Deinem heiligen Namen dürstet und verlangt sie; die Hüften gegürtet, tragen sie in Händen

das Brandopfer ihres Herzens, das wie Weihrauch duftet. Zu allen Stunden loben und preisen sie Dich, nehmen jedes Leiden auf sich und halten sich mit Klagen und Trauern in strengerer Zucht als jeder andere Bewohner der Erde. Wir Engel aber, die sie schützen, teilen ihre Mühsal und klagen mit ihnen; gebiete uns also, hinzugehen und Dir zu dienen, wo immer Du es willst – was aber jene angeht, so gebiete, o Herr,[6] daß sie bis zum Ende in Deiner Gerechtigkeit verbleiben.

Da erging von Gott her eine Stimme, die sagte: Wißt, daß von nun bis in alle Zeit meine Gnade und meine Macht mit euch sein wird, denn mein geliebter Sohn wird mit ihnen sein, um sie zu leiten zu jeder Stunde. Er selbst wird um ihretwillen ihr Diener sein und sie niemals verlassen, denn der Ort, an dem diese sind, ist seine Wohnung.

10. Darauf zogen diese Engel sich zurück, und andere traten vor, um anzubeten im Angesicht der göttlichen Majestät und ihren Glanz zu schauen. Und siehe, sie weinten. Der Geist ging ihnen entgegen, und eine Stimme erhob sich und sprach: Woher seid ihr gekommen, ihr unsere Engel, ihr Botschafter, beladen mit Nachrichten aus der unteren Welt? Diese aber antworteten und sprachen vor Gottes Angesicht: Wir kommen von denen, die Deinen Namen anriefen, doch die Hemmnisse dieser Welt machten sie zu Elenden. Viel Gelegenheit fänden sie, und doch beten sie zeit ihres Lebens niemals aus ganzem Herzen. Warum also sollen wir bei Menschen bleiben, die Sünder geworden sind? An sie erging das Wort des Herrn: Es muß sein, daß ihr ihnen dient, bis sie Buße tun und umkehren zu mir. Bekehren sie sich aber nicht, so richte ich sie.

Wißt denn, ihr Söhne der Menschen, daß all eure Taten Engel vor Gottes Thron tragen – die guten wie die bösen.

11. Nachdem ich all dies gesehen hatte, gewahrte ich ein geistiges Wesen, das sich mir näherte: es ergriff mich im Heiligen Geist und trug mich hin bis zum dritten Kreis des Himmels, das ist der dritte Himmel.[7]

Der Engel aber hob an zu reden und sprach: Folge mir, und ich lasse dich den Ort schauen, dahin die Gerechten nach ihrem Tod gelangen. Danach nehme ich dich mit zum Abgrund und zeige dir den Ort, an den die Seelen der Sünder nach ihrem Tod gebannt werden.

Und ich ging hinter dem Engel, der mich zum Himmel führte. Und ich betrachtete das Firmament und erblickte dort alle Macht und Gewalt. Und dort war das Vergessen, das die Herzen der Menschen betrügt und an sich reißt, der Geist der Lästerung, der Geist der Unreinheit, der Geist des Zorns und der Raserei und der Geist der Beleidigung; dort auch hausten die Fürsten aller Bosheit. Dies alles sah ich unter dem Firmament des Himmels.

Von neuem erhob ich meinen Blick und sah gnadenlose Engel, die kein Mitleid fühlten, und ihr Antlitz war voller Zorn, aus ihrem Munde aber ragten die Zähne hervor. Ihre Augen funkelten wie der Morgenstern im Osten; aus den Haaren ihres Hauptes und aus ihrem Mund stoben Feuerfunken hervor.

Da fragte ich den Engel und sagte: Wer sind diese, Herr? Er aber antwortete mir und sprach: Diese sind bestimmt für die Seelen der Sünder im Augenblick der Drangsal. Denn sie glaubten nicht an die Zuflucht im Herrn und hofften nicht auf ihn.

12. Ich blickte auf zur Höhe und gewahrte andere Engel, deren Angesicht leuchtete wie die Sonne: ihre Seiten waren mit Gold gegürtet, und in ihren Händen trugen sie Palmen und das Zeichen des Herrn. Auf ihren Gewändern aber stand der Name des Menschensohns; und sie waren voll Sanftmut und Erbarmen.

Da fragte ich den Engel und sprach: Wer sind diese, Herr, die strahlen vor Schönheit und Erbarmen? Und er erwiderte: Diese sind die Engel der Gerechtigkeit, dazu ausgesandt, in der Stunde der Drangsal die Seelen der Gerechten in Empfang zu nehmen; derer, die voll Zuversicht waren, daß sie den Herrn zum Helfer haben.

Nun fragte ich wiederum: Müssen die Seelen der Gerechten wie die der Sünder den Zeugen begegnen, wenn sie gestorben sind? Er gab mir zur Antwort: Einer ist der Weg, auf dem alle zu Gott hinübergehen. Die Gerechten aber haben heiligen Beistand bei sich und sind ohne Furcht, wenn sie vor Gottes Angesicht erscheinen.

13. Ich sprach zum Engel: Laß mich die Seelen der Gerechten und der Sünder schauen, wenn sie die Welt verlassen. Der Engel aber antwortete und sagte: Sieh hinab zur Erde! So blickte ich vom Himmel hinab zur Erde und übersah die ganze Welt: sie war fast ein Nichts vor meinen Augen! Ich sah die Söhne der Menschen: sie vergingen, als wären sie ein Nichts.

Staunen ergriff mich, und ich fragte den Engel: Das also ist die ganze Größe der Menschen? Der Engel erwiderte: Die ganze! Sieh hier jene, die vom Morgen bis zum Abend Übles tun.

Da blickte ich wieder hinab und sah eine gewaltige Wolke die ganze Welt verhüllen und sagte zum Engel: Was ist dies, Herr? Und er erwiderte: Das ist die Ungerechtigkeit, gemischt von den Fürsten der Sünder.[8]

14. Nachdem ich dies alles vernommen hatte, sprach ich unter Seufzen und Weinen zum Engel: Ich möchte die Seelen der Gerechten und Sünder sehen und mit eigenen Augen schauen, auf welche Weise sie den Leib verlassen. Der Engel entgegnete: Sieh von neuem hinab zur Erde. Ich tat es und erblickte den ganzen Erdkreis. Alle Men-

schen erschienen klein wie ein Nichts. Und ich blickte hin und gewahrte einen Sterbenden. Der Engel sprach zu mir: Den du da vor dir siehst, ist ein Gerechter. Von neuem blickte ich zu ihm hin und sah alle seine Werke, die er um des Namens des Herrn willen getan hatte, und all seine Gedanken, deren Erinnerung er sich bewahrt, und alle, die er vergessen hatte. In der Stunde der Drangsal standen sie alle vor seinem Blick. Und ich sah den Gerechten verscheiden in Trost und Zuversicht. Bevor er aber die Welt verließ, kamen heilige Engel zu ihm und andere voller Bosheit. Beide sah ich: doch die Engel der Finsternis fanden keinen Ort an ihm, auf dem sie sich niederlassen konnten; die heiligen aber ergriffen von seiner Seele Besitz und führten sie, bis sie ihren Körper verließ.

Sie redeten die Seele an und sprachen: Nimm Kenntnis von deinem Körper, o Seele, den du nun verlassen hast! Denn wisse, am Tag der Auferstehung wirst du in diesen Körper zurückkehren, um zu empfangen, was allen Gerechten verheißen ist.

Nachdem sie aber die Seele aus dem Körper gezogen hatten, küßten sie sie – als sei sie ihnen durch täglichen Umgang vertraut – und sprachen zu ihr: Sei guten Muts! Siehe, als du auf Erden weiltest, tatest du den Willen des Herrn. Der Engel, der sie alle Tage des Lebens bewacht hatte, ging ihr freundlich entgegen und sprach: Fasse Mut, Seele! Ich freue mich um deinetwillen, denn auf Erden hast du getan, was Gott gebot. Alle deine Werke berichtete ich ihm, so wie sie waren.

Auch der Geist kam ihr entgegen und sagte: Hab keine Angst, Seele, und fürchte dich nicht beim Eintritt in einen Ort, den du nie gesehen hast! Ich selbst stehe dir bei. In dir nämlich fand ich einen Ort der Erquickung für all die Zeit, die ich in dir wohnte, als deine Stätte noch auf Erden war. Ihr Geist stärkte sie, ihr Engel aber nahm sie in Empfang und führte sie zum Himmel.

Doch traten ihr die finsteren Mächte entgegen, die unter dem Himmel sind; und der Geist der Abirrung ging auf sie zu und rief: Wohin des Wegs, o Seele, die sich erkühnt, zum Himmel einzugehen? Halt ein und laß uns erst sehen,[9] ob wir an dir etwas finden, das uns gehört. Doch wahrlich, wir finden keinen Teil an dir. Auch sehe ich deinen Engel und den göttlichen Beistand: der Geist freut sich an dir, denn du hast Gottes Werke getan. Und sie führten sie vor Gottes Angesicht, um anzubeten.

Als sie geendet hatten, fielen Michael und all die himmlischen Scharen vor ihm nieder, um den Schemel seiner Füße und seine Pforten zu verehren. Dabei sprachen sie zur Seele: Sieh her, das ist der Gott aller Geschöpfe, der dich nach seinem Bild und Gleichnis gemacht hat.

Darauf kehrte der Engel zurück und sprach: Gedenke, Herr, ihrer Leiden! Dies, o Herr, ist die Seele, deren Werke ich Dir, Deinem Befehl gemäß, täglich berichtete. Auch der Geist sprach: Ich bin der Geist, der lebendig macht, und atmete in ihr. Die ganze Zeit, die ich in ihr Wohnung nahm, fand ich in ihr Rast und Erquickung; denn sie handelte gemäß Deinem Gebot.

Da erscholl Gottes Stimme und sprach: Wie diese Seele mich nicht betrübt hat, so werde auch ich sie nicht betrüben! Übergebt sie also Michael, dem Engel des Bundes. Er führe sie ins Paradies der Freude, das sie mit allen Heiligen erben soll.

Darauf vernahm ich die Stimme einer Myriade von Engeln, Erzengeln, Cherubinen und von vierundzwanzig Patriarchen, die Gott mit Lobgesängen priesen und ausriefen: Gerecht bist Du, Herr, gerecht ist Dein Gericht! Bei Dir gilt kein Ansehen der Person, sondern einem jeden vergiltst Du nach Deiner Gerechtigkeit.

Und der Engel sprach zu mir: Glaubst du also und hast nun mit Augen gesehen, daß ein jeder in der Stunde der

Drangsal seine eigenen Taten erblickt? Ich erwiderte ihm:
Ja, Herr.

15. Und er sagte zu mir: Sieh von neuem hinab zur Erde
und warte auf die Seele eines Gottlosen, die sich anschickt, den Körper zu verlassen. Bei Tag und Nacht
erzürnte dieser den Herrn und sprach bei sich selbst:
Nichts anderes kenne ich als diese Welt; so esse und
trinke ich denn und genieße, was in der Welt ist. Denn
wer ist je aus der Unterwelt zurückgekehrt und hat uns
bestätigt, daß dort über die Toten Gericht gehalten wird?
Da wandte ich erneut meinen Blick zur Erde und sah das
ganze Elend des Sünders und alles, was er getan hatte: in
der Stunde der Drangsal stand es ihm alles vor Augen.
Und während seine Seele aus dem Körper zum Gericht
geführt wurde, rief ich aus: Besser für ihn, er wäre nie
geboren![10]
Darauf näherten sich der Seele des Sünders die heiligen
und die bösen Engel; doch die heiligen Engel fanden in
ihr keine Stätte, und zugleich bemächtigten sich ihrer die
Engel der Finsternis. Während sie die Seele dem Körper
entrissen, redeten die bösen Engel sie dreimal mit folgenden Worten an: Elende Seele, betrachte genau den Körper, den du verließest! Wahrlich, am Tag der Auferstehung mußt du in diesen Leib zurückkehren, um den Lohn
deiner Sünden und Gottlosigkeit zu empfangen.

16. Nachdem sie die Seele aus dem Leib gerissen hatten,
schritt der Engel, dem sie anvertraut war, ihr voran und
sprach zu ihr: Armselige Seele, siehe, ich bin der Engel,
der dich begleitete und täglich dem Herrn deine Missetaten berichtete, die du getan hast bei Tag und bei Nacht.
Hätte es in meiner Macht gestanden, so würde ich dir
auch nicht einen Tag gedient haben, doch nichts davon
konnte ich tun. Denn Gott, der barmherzige und gerechte

Richter, gebot uns, der Seele unaufhörlich zu dienen, bis sie bereut und Buße tut. Doch du hast die Zeit der Buße ungenutzt verstreichen lassen. So bin ich dir ein Fremder geworden, und du mir. Gehen wir nun zum Thron des gerechten Richters. Nicht eher verlasse ich dich, als bis ich gehört habe, daß ich vom heutigen Tag an für dich ein Fremder bin. So beschämte der Geist die Seele, und der Engel verwirrte sie.

Als sie nun zu den Mächten kam und sich anschickte, in den Himmel einzutreten, da wurde eine schwere Last nach der anderen auf ihre Schultern gelegt. Denn sogleich kamen ihr der Irrtum, die Vergeßlichkeit und die Verleumdung entgegen mit dem Geist der Unzucht und den anderen Mächten. Und sie sprachen zu ihr: Wohin eilst du, elende Seele? Du wagst es, zum Himmel aufzusteigen? Halt an, damit wir prüfen, ob wir an dir Anteil haben – denn wahrlich, wir sehen, daß kein heiliger Helfer dich begleitet.

Doch der Engel entgegnete ihnen und sprach:[11] Wißt, es ist eine Seele des Herrn. Er weigert ihr nicht die Zuflucht, und ich lasse das Ebenbild Gottes nicht in den Händen der Bösen. Denn der Herr stand mir bei während all der Zeit, die diese Seele auf Erden lebte. Er kann mir auch jetzt noch beistehen und helfen. Wahrlich, ich verlasse sie nicht, bis sie vor den Thron Gottes des Höchsten getreten ist. Er selbst wird über sie urteilen, und er hat Macht, sie zu schicken, wohin er will.

Darauf vernahm ich Stimmen von der Höhe des Himmels her, die riefen: Bringt diese elende Seele vor Gottes Angesicht, damit sie erkenne, daß ein Gott ist, den sie verachtet hat.

Als ich in den Himmel eintrat, sah ich tausend und abertausend Engel, die alle wie mit einer Stimme riefen: Wehe über dich, elende Seele, wegen der Taten deiner Erdenzeit. Was wirst du antworten, wenn du zum Thron des

Höchsten getreten bist, um ihn anzubeten? Und der Engel, der sie begleitete, antwortete ihnen und sprach: Weint mit mir, ihr Vielgeliebten, denn ich habe in dieser Seele keine Wohnstatt gefunden. Da erwiderten ihm die anderen Engel und sprachen: Man schaffe diese Seele fort aus unserer Mitte. Seit sie hier eintrat, beleidigte ihr übler Odem alle Engel.

Danach wurde sie vor Gottes Angesicht geführt, um anzubeten; der Engel aber zeigte ihr Gott, der sie nach seinem Bild und Gleichnis geformt hatte. Ihr Engel eilte ihr voraus und sprach: Herr, allmächtiger Gott, ich bin der Engel dieser Seele, deren Taten ich bei Tag und bei Nacht vor Dein Angesicht trug. Und niemals handelte sie gemäß Deinem Gericht.

Ebenso sprach auch der Geist: Ich bin der Geist, der diese Seele bewohnte, die Du erschaffen hast. Ich kenne sie vom Innersten her: und siehe, sie folgte nicht meinem Befehl. Richte sie nun, o Herr, nach Deiner Gerechtigkeit.

Da wandte sich die Stimme Gottes an sie und sprach: Wo ist die Frucht, die du getragen hast gemäß den Gaben, die ich dir verlieh? Habe ich etwa auch nur einen einzigen Tag lang einen Unterschied gemacht zwischen dir und einem Gerechten? Ließ ich nicht meine Sonne über dir aufgehen wie über den Gerechten? Die Seele aber schwieg und wußte nichts zu erwidern. Und von neuem erscholl eine Stimme, die sagte: Gottes Gericht ist gerecht, er richtet ohne Ansehen der Person und erbarmt sich über alle, die Erbarmen üben; wer aber kein Erbarmen kannte, wird auch vor Gott kein Erbarmen finden. Er soll dem Engel Tartaruchus[12] übergeben werden, dem Herrn der Strafen; dieser möge ihn in die dunkelste Finsternis jagen, wo Heulen und Zähneknirschen ist. Und dort soll er bleiben bis zum großen Tag des Gerichts.

Darauf vernahm ich eine Stimme von Engeln und Erzengeln, die sprachen: Gerecht bist Du, Herr, und gerecht ist Dein Gericht!

17. Und wiederum blickte ich um mich her, und siehe! zwei Engel führten eine Seele herbei, die wehklagte und sprach: Erbarmen, Gott der Gerechtigkeit, gerechter Richter! Sieben Tage sind es nun, daß ich meinen Körper verließ und diesen beiden Engeln hier anvertraut wurde; diese aber führten mich an Orte, die ich nie zuvor gesehen hatte. Gott, der Richter in Gerechtigkeit, sprach zu ihr: Was hast du getan? Niemals hast du Erbarmen geübt; deshalb wurdest du diesen Engeln übergeben, die kein Mitleid kennen. Du hast das Rechte nicht getan, deshalb sind sie auch mit dir nicht in Mitleid verfahren in der Stunde deiner Drangsal. Bekenne also deine Schuld, die du begingst, als du noch in der Welt warst.
Sie aber antwortete und sagte: Ich habe nicht gesündigt! Auf diese Lüge hin, «ich habe nicht gesündigt», entbrannte Gott, der Herr und gerechte Richter, in heiligem Zorn und sprach zu ihr: Glaubst du noch in der Welt zu sein? Dort verbirgt jeder von euch Sündern seine Schuld vor den Augen des Nächsten. Hier aber bleibt nichts verborgen: denn wenn die Seelen vor den Thron gelangen, um anzubeten, wird eines jeden Verdienst und Schuld offenbar. Als sie diese Worte vernahm, verharrte die Seele regungslos in Schweigen und wußte nichts mehr zu erwidern. Da vernahm ich, wie Gott der Herr, der gerechte Richter, also fortfuhr: Tritt vor, Engel dieser Seele, tritt vor in unsere Mitte. Der Engel der Seele, die schwer gesündigt hatte, trat hervor, eine Schriftrolle in Händen, und sprach: Dieses Verzeichnis, Herr, das ich in Händen trage, enthält alle Sünden dieser Seele von ihrer Jugend bis zum heutigen Tag, seit sie das zehnte Lebensjahr vollendet hatte. Doch wenn Du willst, o Herr, kann

ich auch alle Sünden seit ihrem fünfzehnten Jahr vortragen.

Gott der Herr, der gerechte Richter, sprach darauf: Engel, ich erwarte von dir nicht die Rechenschaft über ihre Taten seit ihrem fünfzehnten Jahr, sondern nur über die Sünden, die sie beging in ihren letzten fünf Jahren und kurz bevor sie hierherkam. Und Gott, der gerechte Richter, fuhr fort: Bei mir selbst, bei meinen Engeln und meiner heiligen Macht schwöre ich: hätte diese Seele nur fünf Jahre vor ihrem Tod Buße getan – und selbst für ein einziges Jahr der Buße –, hätte ich ihrer Sünde und all ihrer Missetat nicht mehr gedacht; sie fände nun Erbarmen und Verzeihung all ihrer Sünden. So aber mag sie zugrunde gehen!

Der Engel der Seele, die gesündigt hatte, antwortete und sprach: Befiehl, Herr, daß dieser Engel hier jene Seelen hereinführe!

18. Nun wurden andere Seelen hereingeführt, und die Seele des Sünders erkannte sie sogleich. Da sprach der Herr zur Seele des Sünders: Wahrlich, ich gebiete dir, Seele! Bekenne, was du jenen Seelen, die du hier erblickst, angetan hast, als sie noch in der Welt weilten. Sie antwortete: Herr, es ist noch kein Jahr her, daß ich diesen hier mordete und mit seinem Blut die Erde tränkte; mit jener anderen Seele aber trieb ich Unzucht und fügte ihr überdies großen Schaden zu, indem ich sie um ihr väterliches Erbe brachte.

Da sprach der Herr, der gerechte Richter: Wußtest du denn nicht, daß, wenn einer Gewalt übt gegen einen anderen, das Opfer der Gewalttat nach seinem Tode hier auf die Seele des Mörders wartet und beide vor das Angesicht des Richters gebracht werden, der jedem vergilt nach seinen Werken?

Und ich vernahm eine Stimme, die ausrief: Diese Seele

soll den Händen des Tartarus[13] überliefert werden, man stürze sie hinab zu den Unterirdischen! Dort soll sie ins Gefängnis der Unterwelt gebracht und Martern überliefert werden bis zum Tag des großen Gerichts.

Und von neuem erklang die Stimme von tausend und abertausend Engeln, die dem Herrn ein Loblied sangen und riefen: Gerecht bist Du, Herr, und gerecht ist Dein Gericht!

Vision des Paradieses

19. Nun fragte mich der Engel und sagte: Hast du das alles verstanden? Ich erwiderte: Ja, Herr! Da fuhr er fort: Folge mir weiter, und ich werde dich zu der Stätte der Gerechten führen. Ich folgte dem Engel, der mich bis zum dritten Himmel erhob und mich an einer Pforte niedersetzte. Und aufmerksam betrachtete ich alles und gewahrte, daß die Pforte ganz aus Gold gemacht war. Vor ihr befanden sich zwei Säulen aus Gold und über beiden Säulen zwei Tafeln voll von Buchstaben.

Von neuem wandte sich der Engel zu mir und sprach: Selig bist du, daß dir vergönnt wird, durch diese Pforte einzutreten. Nur denen nämlich wird erlaubt einzutreten, die gegen alle Güte übten und ihren Leib von Sünden frei hielten.

Da fragte ich den Engel: Herr, was bedeutet diese Schrift auf den Tafeln? Der Engel gab mir zur Antwort: Dies sind die Namen der Gerechten, die Gott aus ganzer Seele dienen und noch auf Erden wohnen. Da fragte ich von neuem: Sag an, Herr, werden ihre Namen schon hier eingeschrieben, während sie noch auf Erden weilen? Er erwiderte mir: Nicht allein ihre Namen, sondern auch ihr Antlitz und ihr Gleichnis findet sich hier im Himmel, und allen Engeln des Himmels sind sie bekannt. Dies sind wahrhaft jene, die Gott mit ganzem Herzen dienen, noch ehe sie die Welt verlassen.

20. Als ich nun die Schwelle des Paradieses überschritt, kam mir ein Greis entgegen, dessen Antlitz strahlte wie die Sonne. Er umarmte mich und sprach: Sei mir gegrüßt, Paulus, Geliebter des Herrn! Er küßte mich mit heiterem Blick, doch dann begann er zu weinen. Ich fragte ihn: Bruder, was weinst du? Unter Tränen und Seufzern gab er zur Antwort: Viel werden wir gekränkt[14] und betrübt vom Geschlecht der Menschen! Ohne Zahl sind die Güter, die Gott seinen Erwählten bestimmte, und gewaltig seine Verheißungen, doch viele erlangen sie nie. Da fragte ich den Engel: Herr, wer ist dieser? Er gab zur Antwort: Henoch, der Schreiber der Gerechtigkeit.
Und ich trat in das Innere jenes Ortes ein, und siehe! da trat mir sogleich Elija entgegen[15] und begrüßte mich voller Freude. Und als er mich gesehen hatte, wandte er sich plötzlich ab und sprach unter Tränen: O Paulus, mögest du den Lohn erhalten für deine Mühe um das Menschengeschlecht. Was mich betrifft, ich habe die gewaltigen und zahllosen Belohnungen gesehen, die Gott den Gerechten bereitet hat – denn groß sind die Verheißungen Gottes –, doch die Mehrzahl der Menschen erreicht sie niemals. Nur selten und unter großen Mühen treten einige von ihnen ein in diesen Ort.

21. Da begann der Engel zu reden und sprach: Berichte niemandem auf Erden, was ich dich hier schauen lasse und was deine Ohren vernahmen. Darauf führte er mich an einen Ort, an dem ich Dinge schaute und vernahm, die den Menschen zu offenbaren mir verwehrt ist. Darauf aber fuhr er fort: Folge mir wiederum, damit ich dich

sehen lasse, was du öffentlich erzählen und berichten darfst.

Da fragte ich den Engel und sprach zu ihm: Herr, was ist dieser Fluß von Wasser? Er gab zur Antwort: Es ist der Ozean. Und plötzlich verließ ich den Himmel und gewahrte, daß es sein Licht ist, das die ganze Erde erleuchtet. Dort aber leuchtet das Land siebenmal heller als Silber. Da fragte ich wiederum: Herr, was für ein Land ist das? Er erwiderte: Dies ist das verheißene Land. Hast du nicht gehört, was geschrieben steht: Selig die Sanftmütigen, denn sie werden das Land besitzen? Die Seelen der Gerechten also, die ihren Körper verließen, bewohnen einstweilen diesen Ort.

Da fragte ich den Engel: Erscheint deshalb dieses Land vor der Zeit? Der Engel antwortete mir und sprach: Wenn Christus, den du predigst, kommt, um seine unvergängliche Herrschaft aufzurichten – dann wird durch Gottes Gebot die erste Erde aufgelöst werden, und dieses Land der Verheißung wird sich auftun, und es wird sein wie Tau oder wie eine Wolke. Danach aber wird Christus Gestalt annehmen, der König der Ewigkeit: er wird kommen, um auf ihr zu wohnen mit all seinen Heiligen. Tausend Jahre wird er über sie herrschen, und sie werden essen von den Früchten, die ich dich nun schauen lasse.

22. Mein Blick erfaßte dieses ganze Land, und ich erblickte einen Fluß aus Milch und Honig. An den Ufern dieses Flusses wuchsen Bäume voller Früchte. Jeder von ihnen trug Jahr um Jahr zwölf verschiedene Früchte. Ich besah die Beschaffenheit dieses Ortes und alle Werke des Herrn. Und ich erblickte dort Palmen von zwanzig Ellen Höhe, andere aber von nur zehn Ellen. Und die Bäume waren voller Früchte von der Wurzel bis zum Wipfel. Von der Wurzel jeden Baumes bis zum Gipfel zählte ich zehntausend Trauben und zehntausend Datteln an jeder

Traube. Und genauso verhielt es sich auch mit den Wein-
stöcken: jeder von ihnen trug zehntausend Beeren. Noch
andere Bäume gab es da – tausend und abertausend –,
und sie alle enthielten die gleiche Zahl von Früchten.
Da fragte ich den Engel: Warum trägt jeder Baum Tau-
sende von Früchten? Der Engel erwiderte mir und sprach:
Weil Gott der Herr seine Gaben jenen im Überfluß gibt,
die ihrer würdig sind. Jene nämlich züchtigten sich selbst
aus freiem Willen, solange sie noch in der Welt weilten:
dies alles taten sie zum Lob seines heiligen Namens.
Von neuem fragte ich da den Engel: Herr, sind dies die
Verheißungen des allerheiligsten Gottes? Er aber gab mir
zur Antwort: Nein! Es gibt nämlich welche, die zehnmal
größer sind. Ich sage dir, daß die Gerechten, sobald sie
ihren Körper verlassen, mit eigenen Augen die verheißenen Güter schauen, die Gott ihnen bereitet hat. Mehr
noch, sie werden seufzen und sagen: Warum haben wir
auch nur einen einzigen Tag Worte über unsere Lippen
kommen lassen, die unseren Nächsten erzürnten oder be-
trübten?
Doch erneut fragte ich ihn: Sind allein dies die vom
Herrn verheißenen Güter? Und der Engel antwortete mir
und sprach: Was du hier siehst, ist für die Verheirateten,
die in der Ehe ihre Jungfräulichkeit bewahren, indem sie
sich enthalten. Den Unberührten aber, all denen, die hun-
gern und dürsten nach Gerechtigkeit, und denen, die Leid
und Verfolgung ertragen um des Namens des Herrn willen, wird Gott Dinge geben, die siebenmal größer sind als
diese; siehe, nun lasse ich dich sie schauen!
Mit diesen Worten führte er mich von dem Ort, an dem
ich all dies gesehen hatte, an einen anderen, und dort
erblickte ich einen Fluß mit Fluten, weißer noch als
Milch. Da fragte ich den Engel: Was ist dies hier? Er gab
zur Antwort: Das ist der Acherusische See,[16] an dem die
Stadt Christi liegt. Doch nicht jedermann wird gestattet,

in diese Stadt einzutreten. Dies aber ist der Weg, der hin zu Gott führt: war einer gottlos und hat durch Unkeuschheit gesündigt und bekehrt er sich und bringt der Buße angemessene Frucht, wird er zum Herrn geführt, sobald seine Seele den Körper verließ, um Ihn anzubeten. Danach aber wird er auf Gottes Geheiß dem Engel Gabriel übergeben, der ihn im See Acherusia tauft. Und so führt er ihn ein in die Stadt Christi, in die Mitte derer, die nicht sündigten.

Ich aber war voll Erstaunen und pries Gott den Herrn für alles, was ich gesehen hatte.

23. Und erneut redete der Engel zu mir und sprach: Folge mir! Ich führe dich hin zur Stadt Christi. Und er hieß mich aufrecht eine goldene Barke am See Acherusia besteigen, während dreitausend Engel einen Lobgesang anstimmten, bis wir die Stadt Christi erreicht hatten.

Die Einwohner der Stadt Christi freuten sich sehr ob meines Kommens. Ich trat ein und beschaute die Stadt Christi: sie war ganz von Gold, sieben Mauern umschlossen sie; in ihrem Innern aber gewahrte ich zwölf Türme. Der Umkreis jeder Mauer betrug zwölf Stadien. Ich fragte den Engel: Wie lang, Herr, ist ein Stadium? Und der Engel gab mir zur Antwort: So lang wie die Entfernung zwischen Gott dem Herrn und den Menschen, die noch auf Erden wohnen. Denn einzig groß ist die Stadt Christi. Entlang der ganzen Stadt aber sah ich zwölf Tore von unvergleichlicher Schönheit, und vier Flüsse umgaben sie. Ein Fluß war aus Honig, ein anderer aus Milch, der dritte aus Wein und der vierte aus Öl.

Ich fragte den Engel: Was sind das für Flüsse, die diese Stadt umgeben? Er erwiderte: Dies sind die vier Flüsse, die überreich für jene fließen, die diese verheißene Stadt bewohnen. Ihre Namen aber sind: Pischon, Fluß des Honigs; Euphrat, Fluß von Milch; Gihon, der Fluß von Öl, und der Fluß von Wein: Tigris. Jene also, die während ihres Erdendaseins ihre Macht über diese Güter nicht mißbrauchten, sondern fasteten und sich zur Ehre Gottes demütigten, erhalten von Gott all dies ohne Maß und Zahl, wenn sie zur Stadt eingehen.

24. Während ich durch die Pforte eintrat, sah ich vor den Eingängen der Stadt hochragende Bäume, die nur Blätter, keine Früchte trugen. Verstreut unter diesen Bäumen erblickte ich einige Männer, die in Tränen ausbrachen, sobald sie jemanden in die Stadt eintreten sahen. Diese Bäume aber taten Buße für sie und demütigten sich, indem sie sich neigten und wieder erhoben. Als ich dies sah, weinte ich mit ihnen und fragte den Engel: Wer sind diese, Herr, denen nicht gestattet wird, in die Stadt Christi einzugehen? Er antwortete mir: Es sind jene,[17] die bei Tag und Nacht fasteten und sich mit Ernst mühten, der Welt zu entsagen. Doch weil ihr Herz hochmütiger war als das anderer Menschen, rühmten und priesen sie sich selbst und kümmerten sich nicht um ihren Nächsten. Einige grüßten sie mit großer Freundlichkeit, anderen aber sagten sie kaum: Sei mir gegrüßt. Sie taten nur dem auf, dem sie wollten, und jedes kleinen Dienstes, den sie ihren Mitmenschen erwiesen, rühmten sie sich über die Maßen. Ich fragte: Wie aber, Herr? Ihr Stolz hat sie um ihren Anteil an der Stadt Christi gebracht? Der Engel gab mir zur Antwort: Die Wurzel aller Übel ist der Stolz. Sind diese hier vielleicht besser als Gottes Sohn, der voll Demut zu den Juden kam? Da fragte ich wieder: Warum aber neigen sich die Bäume und richten sich dann von neuem auf? Der Engel antwortete mir mit folgenden Worten: All die Zeit, die jene auf Erden zubrachten, haben sie mitunter Scham empfunden und sich gedemütigt des Hohns und der Vorwürfe wegen, die sie von den Menschen zu erdulden hatten; und doch waren sie nicht

zerknirscht im Innern ihres Herzens, noch taten sie Buße und ließen ab von ihrem Stolz. Deshalb neigen sich die Bäume und erheben sich wieder.

Und wiederum fragte ich: Warum aber dürfen sie an den Toren der Stadt wohnen? Der Engel gab mir zur Antwort: Gottes großer Güte wegen und weil durch diese Türen all seine Heiligen in diese Stadt eintreten. Deshalb sind sie an diesen Ort zugelassen, auf daß – wenn Christus, der König der Ewigkeit, mit seinen Heiligen kommt – die Gerechten für sie Fürsprache einlegen und so auch sie Zutritt zur Stadt erhalten. Dennoch darf keiner von ihnen gleiche Zuversicht hegen wie jene, die ihr ganzes Leben demütig wandelten in Gott.

25. Indessen ging ich unter Führung des Engels weiter, und er brachte mich zum Fluß aus Milch. Dort erblickte ich Jesaja, Jeremia, Ezechiel, Amos, Micha und Sacharja, all die größeren und minderen Propheten, die mich in der Stadt willkommen hießen. Da fragte ich den Engel: Welcher Weg ist das? Er antwortete mir: Der Weg der Propheten, all derer, die aus Liebe zu Gott ihre eigene Seele gedemütigt und um Gottes willen nicht ihren eigenen Willen getan haben. Wer von ihnen aber stirbt und die Welt verläßt, wird zuerst vor Gott den Herrn geführt, um ihn anzubeten. Danach werden sie auf Gottes Geheiß dem Erzengel Michael anvertraut, der sie in diese Stadt, an diesen Ort der Propheten bringt. Diese aber begrüßen jeden neu Hinzukommenden als Freund und Gefährten, weil er Gottes Willen getan hat.

26. Danach führte er mich dorthin, wo ich den Fluß aus Milch erblickte. In diesem Fluß gewahrte ich all die Kinder, die Herodes töten ließ und die so um Christi Namen willen gestorben waren. Und der Engel sprach zu mir: Alle, die sich in Keuschheit und Reinheit erhielten, wer-

den nach ihrem Tod erst vor Gottes Thron gebracht, um ihn anzubeten; danach aber werden sie Michael anvertraut und unter diese Kinder geführt, die sie mit den Worten grüßen: Dies sind unsere Brüder, unsere Freunde und Mitglieder unserer Gemeinschaft. Und mit diesen werden sie die göttlichen Verheißungen erben.

27. Wiederum ergriff er mich und führte mich zum Norden der Stadt und brachte mich dorthin, wo der Fluß von Wein war: dort sah ich Abraham, Isaak und Jakob, Lot, Hiob und andere Heilige, die mich begrüßten. Ich fragte: Was für ein Platz ist das, Herr? Der Engel antwortete mir und sprach: Alle, die Fremde aufnahmen, beten, nachdem sie diese Welt verließen, zuerst Gott den Herrn an; danach aber werden sie Michael übergeben, der sie auf diesem Weg zu dieser Stadt bringt. Alle Gerechten nun grüßen sie wie Freunde und Brüder und sagen zu ihnen: Weil du Menschlichkeit geübt und Pilger aufgenommen hast, tritt ein und nimm dein Erbe in der Stadt Gottes, unseres Herrn, in Empfang. Gemäß seinem Verdienst wird in Gottes Stadt jeder Gerechte Gottes Gaben zum Lohn erhalten.

28. Und wiederum brachte er mich in den Osten der Stadt, in die Nähe des Flusses aus Öl. Und dort erblickte ich Männer, die frohlockten und Psalmen sangen, und ich fragte ihn: Wer sind diese, Herr? Und der Engel erwiderte mir: Die du hier siehst, weihten sich Gott mit ungeteiltem Herzen, und kein Stolz war in ihnen. Wahrlich, all jene, die sich in Gott dem Herrn erfreuen und Gott aus ganzem Herzen preisen, werden hierher in diesen Teil der Stadt geführt.

29. Darauf führte er mich in die Mitte der Stadt zur zwölften Mauer. An dieser Stelle war die Mauer höher als

sonst, und ich fragte: Gibt es in der Stadt Christi eine Mauer, die an Ehre diese Stelle übertrifft? Der Engel antwortete: Die zweite ist größer als die erste und ebenso die dritte besser als die zweite; denn eine übertrifft die andere bis hin zur zwölften. Da fragte ich: Sag mir, Herr, warum übertrifft eine die andere an Ruhm? Der Engel gab zur Antwort: Alle, die sich mit auch nur geringfügiger Schuld befleckten, in denen nur ein Gran Neid und Hochmut ist, verlieren ein Gran von ihrem Ruhm, wenn sie sich auch in Christi Stadt befinden. Blicke rückwärts!

Ich wandte meinen Blick und erblickte goldene Throne, die an die einzelnen Tore gestellt waren; auf diesen aber saßen Männer mit Diademen aus Gold und kostbaren Steinen. Und ich blickte umher und gewahrte zwölf Männer, die in verschiedener Ordnung auf den Thronen saßen, und sie schienen strahlend von großer Herrlichkeit, so daß niemand imstande wäre, gebührend ihr Lob zu singen. Ich fragte den Engel und sagte zu ihm: Herr, wer sind jene, die auf den Thronen sitzen? Der Engel antwortete mir: Es sind die Throne derer, die Güte und Einsicht des Herzens besaßen und sich zu Toren machten um Gottes willen. Weder kannten sie die heiligen Schriften noch viele Psalmen, sondern nur das Buch mit den Geboten Gottes. Gefügig befolgten sie es mit großer Sorgfalt und brennendem Eifer vor Gott dem Herrn; deshalb ergreift alle Heiligen vor Gott Bewunderung für sie, und sie sprechen untereinander: Betrachtet und seht diese Unerfahrenen! Wenig Wissen besaßen sie, und doch errangen sie ein so glänzendes Gewand und so unsterblichen Ruhm durch ihre Unschuld.

Inmitten der Stadt sah ich einen gewaltigen, sehr hohen Altar; bei dem Altar aber stand eine Gestalt, deren Antlitz strahlte wie die Sonne. In Händen hielt sie Psalter und Harfe und pries Gott mit dem Ruf: Halleluja! Ihre Stimme erfüllte die ganze Stadt. Sobald sie jene vernah-

282

men, die auf den Türmen und an den Pforten standen, antworteten auch sie: Halleluja! Die Mauern der Stadt erbebten unter ihrem Ruf.

Da fragte ich den Engel und sagte: Wer ist dies, Herr, der soviel bei den anderen gilt? Der Engel gab mir zur Antwort: Es ist David, und dies hier ist Jerusalem. Wenn aber Christus wiederkommt, der König der Ewigkeit, im Glanz seiner Macht, so wird er ihm von neuem mit Psalmen voranschreiten, und alle Gerechten werden mit ihm Psalmen des Lobes singen und ausrufen: Halleluja!

Ich fragte: Herr, warum singt David als erster vor allen anderen Gottes Lob? Der Engel erwiderte: Weil Christus, Gottes Sohn, zur Rechten seines Vaters sitzen wird, und David wird vor seinem Angesicht im siebten Himmel lobsingen; und wie im Himmel, so wird es auch auf Erden sein. Auch ist es nicht gestattet, Gott ein Opfer des Lobes ohne David darzubringen, sondern es ist nötig, daß David zur Stunde der Darbringung des Leibes und Blutes Christi Hymnen und Psalmen singt. Und wie dies im Himmel gilt, so auch auf Erden.

30. Da fragte ich den Engel: Herr, was aber bedeutet «Halleluja»?[18] Der Engel entgegnete mir und sprach: Du forscht und fragst in allen Dingen! Danach sagte er mir: «Halleluja» ist hebräisch, die Sprache Gottes und der Engel. Die Bedeutung von «Halleluja» aber ist: *tecel-cat-merith-macha*. Da fragte ich: Was bedeutet: *tecel-cat-merith-macha*? Der Engel antwortete: *tecel-cat-merith-macha* bedeutet: Laßt uns alle gemeinsam preisen den Herrn.

Da fragte ich den Engel und sagte zu ihm: Herr, alle die «Halleluja» sagen, loben Gott? Der Engel gab mir zur Antwort: Ja, so ist es! Deshalb sündigen alle, die nicht in den Ruf einstimmen, wenn einer «Halleluja» sagt, weil sie nicht mit ihm gemeinsam singen. Da fragte ich ihn: Herr, sündigt auch, wer unsicher oder sehr alt ist? Der Engel erwiderte: Nein! Doch wer dazu imstande ist und seine Stimme nicht mit dem vereint, der Gottes Lob singt, verachtet Gottes Wort. Denn es ist unwürdig und ein Zeichen des Hochmuts, wenn einer nicht Gott, seinen Schöpfer, preist.

Vision der Hölle

31. Und als er seine Rede beendet hatte, führte er mich zur Stadt hinaus an den Bäumen vorbei und weit weg von der Stätte der Guten, und er brachte mich ans Ufer des Flusses aus Milch und Honig. Darauf führte er mich zum Ozean, der die Fundamente des Himmels trägt.

Und der Engel begann zu reden und sprach zu mir: Verstehst du, daß du nun von hier fortgehst? Und ich antwortete ihm: Ja, Herr! Er aber fuhr fort: Komm und folge mir, ich will dir die Seelen der Gottlosen und Sünder zeigen, und du wirst den Ort sehen, der ihnen bestimmt ist.

Da ging ich hin mit dem Engel,[19] und er führte mich den Weg nach Westen. Und an seinem Beginn gewahrte ich die Fundamente des Himmels, die in einem großen Fluß aus Wasser ruhen. Und ich fragte ihn: Was ist dieser Fluß aus Wasser? Er gab mir zur Antwort: Dies ist der Ozean, der die ganze Erde umspannt. Und als wir den Ozean hinter uns gelassen hatten, blickte ich umher, und es war nicht Licht an diesem Ort, sondern nur Finsternis, Traurigkeit und Betrübnis. Und ich seufzte tief.

Und ich sah dort einen Fluß aus sengendem Feuer, in den eine große Menge Männer und Frauen hineingeschritten waren. Einige waren bis an die Knie eingetaucht, andere bis zum Nabel, wieder andere bis zur Kehle und andere bis zu den Haaren.

Und ich fragte den Engel und sprach: Herr, wer sind diese im Fluß aus Feuer? Er antwortete mir: Es sind jene, die weder heiß noch kalt waren, die weder der Schar der Gerechten zugezählt wurden noch der Zahl der Sünder.[20] Sie ließen ihre Erdenzeit verstreichen, indem sie einige Tage mit Beten zubrachten, andere aber in Sünden und Unzucht bis an ihren Tod.

Da fragte ich: Herr, wer sind jene, die bis an die Knie eingetaucht sind? Er erwiderte: Es sind jene, die, wenn sie aus der Kirche kamen, nichtige Reden führten. Die bis an den Nabel Eingetauchten sind jene, die nach dem Empfang des Leibes und Blutes Christi sich der Unzucht hingaben und bis zum Ende ihres Lebens nicht von ihren Sünden abließen. Die bis zum Hals Eingesunkenen sind jene, die sich gegenseitig verleumdeten, wenn sie in der Kirche versammelt waren. Bis über die Augenbrauen eingesunken aber sind jene, die sich gegenseitig Zeichen gaben und Bosheiten gegen ihren Nächsten austauschten.

32. Im nördlichen Teil der Hölle gewahrte ich einen Ort verschiedener und mannigfacher Martern, angefüllt mit Männern und Frauen und durchströmt von einem Fluß aus Feuer. Ich blickte genauer hin und sah tiefe Gräben, in denen viele Seelen versammelt waren: die Tiefe dieses Ortes aber betrug an die dreitausend Ellen. Und ich hörte die Seelen seufzen und wehklagen und mit lauter Stimme rufen: Erbarme Dich unser, o Herr. Aber niemand erbarmte sich ihrer.

Ich befragte den Engel und sagte: Wer sind diese, Herr? Der Engel gab mir zur Antwort: Es sind jene, die nicht glauben wollten, daß sie auf Gottes Hilfe bauen könnten. Da fragte ich von neuem: Herr, wenn die Seelen weiterhin so übereinander geworfen werden, so denke ich, daß nach dreißig oder vierzig Generationen der Graben sie nicht mehr wird fassen können, selbst wenn sie noch etwas tiefer hinabgelassen werden. Er aber antwortete mir: Der Abgrund hat kein Maß! Nach diesem hier kommt ein zweiter und danach wieder ein anderer. Es ist so, wie wenn ein kräftiger Mann einen Stein in einen Brunnen wirft und er erst nach vielen Stunden am Grund ankommt – so auch ist dieser Abgrund. Wie viele Seelen auch hier hineingeworfen werden: den Boden erreichen sie kaum nach fünfhundert Jahren.

33. Bei diesen Worten seufzte ich auf und weinte um das Menschengeschlecht. Der Engel aber antwortete mir und sprach: Was weinst du? Bist du etwa barmherziger als Gott selbst? Gott ist gütig und weiß um die Qual der Sünder. Deshalb ja erträgt Er in Geduld das Menschengeschlecht und erlaubt jedem während der Zeit, die er auf Erden weilt, Buße zu tun oder verstockt zu bleiben, ganz nach seinem Willen.

34. Da erblickte ich im Fluß aus Feuer einen Mann, der von den Engeln der Unterwelt am Hals gewürgt wurde, während sie mit einem Dreizack die Eingeweide des Greises durchbohrten.[21]
Ich fragte den Engel darüber und sagte: Wer ist dieser Alte, Herr, dem solche Qualen auferlegt sind? Der Engel erwiderte mir: Den du hier siehst, ist ein Priester, der seinen Dienst nicht gut versah: er gab sich der Speise, dem Trunk und Ausschweifungen hin, während er dem Herrn auf seinem heiligen Altar das Meßopfer darbrachte.

35. Nicht weit davon entfernt sah ich einen anderen Greis, den vier böse Engel in raschem Lauf mit sich fortrissen. Danach tauchten sie ihn bis an die Knie in den Fluß aus Feuer und fingen an, ihn zu durchbohren und sein Gesicht mit Schlägen zu verwunden, die wie ein

Sturm auf ihn herabgingen. So ließen sie ihm nicht einmal Gelegenheit, auszurufen: Erbarme Dich meiner!

Ich fragte deswegen den Engel, der mir zur Antwort gab: Der, den du hier erblickst, war ein Bischof, doch hat er sein Bischofsamt nicht gut ausgeübt. Er besaß einen großen Namen, doch zeit seines Lebens hatte er nicht teil an der Heiligkeit Christi, dessen Namen er trug. Er hielt kein gerechtes Gericht, noch erbarmte er sich der Witwen und Waisen. Nun aber wird ihm vergolten nach seinen Werken.

36. Darauf erblickte ich einen anderen Mann, der bis zum Knie ins Feuer eingetaucht war. Seine Hände waren ausgestreckt und mit Blut überströmt, er aber seufzte und wehklagte und rief mit lauter Stimme: Hab Mitleid mit mir! Ich leide hier größere Pein als alle anderen, die an diesem Ort der Martern sind.

Da fragte ich: Wer ist dieser, Herr? Der Engel gab mir zur Antwort: Der, den du hier siehst, war Diakon. Er veruntreute die Opfergaben, lebte unkeusch und wandelte nicht recht vor dem Herrn. Dafür zahlt er nun unaufhörlich mit dieser Pein.

Von neuem schaute ich umher und sah ihm zur Seite einen Mann, den sie eilig herbeigeschleppt und in den feurigen Fluß geworfen hatten, wo er bis zum Knie eingetaucht blieb. Und es kam ein Engel, der die Aufsicht über die Strafen führte, mit einem großen Messer, scharf geschliffen und von Feuer glühend, mit dem er langsam Zunge und Lippen dieses Mannes fortschnitt.

Da seufzte ich unter Tränen und fragte den Engel: Wer ist dieser, Herr? Er erwiderte: Der, den du siehst, war Lektor. Dem Volk las er die heiligen Schriften vor, doch er selbst hielt sich nicht an Gottes Gebot. Nun zahlt auch er für seine Schuld.

37. Und ich sah eine andere Menge Gruben an diesem Ort; in ihrer Mitte aber erblickte ich einen Fluß, angefüllt mit einer großen Zahl von Männern und Frauen, die von Würmern verzehrt wurden. Ich weinte, seufzte und fragte den Engel: Wer sind diese, Herr? Er entgegnete: Es sind die Wucherer, die Zins und Zinseszins eintrieben. Sie bauten auf ihre Reichtümer und nicht auf Gott, der ihre Hilfe war.

Dann schaute ich umher und erblickte einen anderen, sehr engen Ort; dort gewahrte ich die Schemen einer Mauer und in ihrem Umkreis Feuer. Ich sah, daß drinnen sich Frauen und Männer befanden, die ihre eigene Zunge verzehrten.

Da fragte ich: Wer sind diese? Ich erhielt zur Antwort: Das sind jene, die in der Kirche Gottes Wort verspotteten und ihm keine Ehre erwiesen, sondern Gott und seine Engel für nahezu nichts achteten. Dafür erleiden sie nun auf diese Weise die verdiente Strafe.

38. Wieder blickte ich umher und sah am Ende des Abgrunds eine andere Grube, die mit Blut gefüllt schien. Da fragte ich: Herr, was bedeutet dieser Ort? Er antwortete mir: In diesem Graben fließen alle Qualen zusammen.

Und ich sah Männer und Frauen, die bis ans Kinn eingetaucht waren, und fragte: Wer aber sind diese, Herr? Er antwortete: Dies sind die Magier, die Männern und Frauen Zaubertränke verabreichten und nicht davon abließen bis zu ihrem Tod.

Und ich sah in einer Grube, die mit Feuer angefüllt war, andere Männer und Frauen mit pechschwarzem Antlitz. Da seufzte ich unter Tränen und sprach: Herr, wer sind diese? Er erwiderte: Es sind die Unzüchtigen und die Ehebrecher: sie hatten eine Gattin und brachen die Ehe. Ebenso die Frauen: sie besaßen einen Gatten und begin-

gen Ehebruch. Deshalb zahlen sie nun ohne Ende für ihre
Schuld.

39. Darauf erblickte ich junge Mädchen, die in schwarze
Gewänder gehüllt waren; vier furchteinflößende Engel
aber hielten feurige Ketten in Händen, die sie um ihren
Hals wanden. Sie jagten sie auf diese Weise ohne Rast
durch die Finsternis.
Von neuem brach ich in Tränen aus und fragte den Engel: Wer sind diese, Herr? Er gab zur Antwort: Es sind
die Jungfrauen, die ihre Jungfräulichkeit ohne Wissen der
Eltern befleckten. Deshalb büßen sie hier ohne Ende für
ihr Vergehen.[22]
An einer Stätte voll Schnee und Eis aber gewahrte ich
entblößte Männer und Frauen; ihre Hände und Füße
waren abgehauen, und sie wurden von Würmern verzehrt. Bei diesem Anblick weinte ich und sprach: Herr,
wer sind diese? Er erwiderte: Es sind jene, die den Waisen, den Witwen und Armen Unrecht zufügten und nicht
auf Gott, ihren Herrn, vertrauten. Deshalb zahlen sie ihre
Strafe ohne Ende.
Wieder schaute ich um und erblickte andere, die über
einem Wasserlauf hingen; ihre Zungen waren ausgedörrt,
vor ihnen lagen viele Früchte, doch war ihnen nicht vergönnt, davon zu nehmen. Ich fragte: Wer sind diese,
Herr? Er gab zur Antwort: Diese hier übertraten die
Fastengebote; dafür erleiden sie nun Strafen ohne Unterlaß.
Darauf sah ich Männer und Frauen, die an ihren Augenbrauen aufgehängt waren, ihre Haare aber hingen hinab
in den Strom aus Feuer. Ich fragte: Wer sind diese, Herr?
Er erwiderte: Es sind jene, die sich dem Gatten oder der
Gattin verweigerten und sich Ehebrechern hingaben. Des-
halb zahlen sie nun ihre Strafe ohne Ende.[23]
Da erblickte ich andere Männer und Frauen, die mit

Staub besudelt waren, und ihr Anblick war wie Blut. Sie waren eingetaucht in einen Graben aus Pech und Schwefel und trieben den feurigen Fluß hinab. Ich fragte: Wer sind diese, Herr? Er antwortete: Es sind jene, die – Männer mit Männern – die Missetaten von Sodom und Gomorrha begingen. Deshalb zahlen sie nun ohne Unterlaß ihre Strafe.

40. Hierauf blickte ich umher und gewahrte Männer und Frauen in einem Graben: sie trugen helle Gewänder, ihre Augen aber waren blind. Frug ich: Wer sind diese, Herr? Er gab zur Antwort: Es sind Heiden, die zwar Almosen gaben, Gott ihren Herrn aber nicht kannten. Dafür zahlen sie nun Strafe ohne Unterlaß. Wieder schaute ich mich um und sah andere Männer und Frauen auf einer Säule aus Feuer, die von wilden Tieren zerfleischt wurden, so daß sie nicht einmal Gelegenheit fanden zu sagen: Hab Erbarmen mit uns, o Herr! Ich sah den Engel, der die Aufsicht über die Strafen führt, Strafen über Strafen auf sie häufen und ihnen zurufen: Erkennt den Sohn Gottes! Denn es wurde euch vorausgesagt, was nun an euch geschieht; wenn aber die heiligen Schriften vorgelesen wurden, gabt ihr ihnen kein Gehör. Deshalb ist Gottes Gericht gerecht. Eure Missetaten haben euch eingeholt und an diesen Ort der Qual gebracht.
Unter Tränen seufzte ich auf und fragte: Wer sind diese Männer und Frauen, die im Feuer gewürgt werden und für ihre Schuld büßen? Er antwortete mir: Dies sind die Frauen, die Gottes Werk befleckten durch die Kinder, die aus ihrem Schoß hervorgingen, und die Männer, die ihnen beiwohnten. Ihre Kinder aber verklagen sie bei Gott dem Herrn und den Engeln, die über die Strafen wachen, und sagen: Räche uns an unseren Erzeugern, die Gottes Geschöpf befleckten; zwar kannten sie Gottes Namen, übertraten aber seine Gebote; Hunden warfen sie uns

zum Fraß vor, ließen uns von Schweinen zertreten oder warfen uns in einen Fluß.

Diese Kinder wurden den Tartarusengeln anvertraut, die über die Strafen Aufsicht führen; diese aber geleiteten sie an einen geräumigen Ort des Erbarmens, während ihre Väter und Mütter auf ewig die Strafe des Erwürgens leiden.

Darauf sah ich Männer und Frauen, gehüllt in Lumpen aus Pech und brennendem Schwefel: um ihre Hälse, Schultern und Beine wanden sich Drachen; Engel mit brennenden Hörnern aber hinderten sie zu entkommen, durchbohrten sie, drückten ihnen die Nasenlöcher zu und riefen mit lauter Stimme: Warum habt ihr die Zeit der Buße nicht erkannt, in der ihr Gott hättet dienen sollen?

Ich fragte: Wer sind diese, Herr? Er erwiderte: Es sind jene, die scheinbar der Welt entsagten und unser Gewand anlegten; die Hindernisse der Welt aber haben sie zu Elenden gemacht: sie übten kein Erbarmen, hatten kein Mitleid mit Witwen und Waisen, nahmen den Fremden und Pilger nicht auf, brachten niemals eine Opferspende dar und waren ohne Mitgefühl für die Not des Nächsten; nicht einen Tag stieg ihr Gebet auf zu Gott. Viele Hindernisse der Welt hemmten sie, und es gelang ihnen nicht, recht zu wandeln vor Gottes Angesicht.

Und Engel gingen mit ihnen umher am Ort der Strafen, und jene, die sich in den Qualen befanden, erblickten sie und riefen: Als wir noch in der Welt lebten, fragten wir nicht nach Gott, und auch ihr habt in der gleichen Weise gegen uns gehandelt. Wir aber wußten zeit unseres Erdendaseins, daß wir Sünder waren, von euch hingegen hieß es: Seht, diese hier sind Gerechte und Diener Gottes! Nun aber sehen wir, daß ihr zu Unrecht Gottes Namen trugt. Deshalb zahlen auch diese beständig ihre Strafe.

Ich seufzte und weinte und sprach zum Engel: Wehe über das Menschengeschlecht, wehe den Sündern! Warum sind sie geboren worden? Der Engel gab mir zur Antwort: Was weinst du? Bist du etwa barmherziger als Gott – gepriesen sei Er in Ewigkeit –, der das Gericht festgesetzt hat und jedem die Wahl läßt zwischen Gut und Böse, so daß er zu tun vermag, wofür er sich entscheidet? Von neuem weinte ich heftig, doch er entgegnete: Weinst du, noch ehe du die härtesten Strafen geschaut hast? Folge mir, und du wirst Strafen sehen, die siebenmal schlimmer sind.

41. Und er trug mich nach Norden und stellte mich an einen Brunnen, der mit sieben Siegeln geschlossen war. Der Engel, der bei mir war, richtete das Wort an den Engel dieses Ortes und sprach: Öffne die Mündung dieses Brunnens, damit Paulus, der Geliebte Gottes, hineinschauen kann; denn es wurde ihm gestattet, alle Strafen der Unterwelt zu sehen. Der Engel ermahnte mich: Bleib ein Stück davon entfernt stehen, denn du vermagst nicht den Gestank auszuhalten, der von diesem Ort ausgeht.
Als der Brunnen geöffnet wurde, entströmte ihm ein so schlimmer und unerträglicher Geruch, daß er alle bisherigen Martern übertraf. Und ich blickte in den Brunnen und sah eine feurige Masse, die von allen Seiten her brannte. Die Öffnung des Brunnens aber war so eng, daß sie nur einen einzigen Menschen aufzunehmen vermochte.
Der Engel redete von neuem zu mir und sagte: Wenn einer in diesen Brunnen geworfen wird und das Siegel über ihm verschlossen ist, wird seiner niemals mehr gedacht vor dem Vater und dem Sohn und dem Heiligen Geist, noch bei den heiligen Engeln. Und ich fragte: Wer sind diese, Herr, die in diesen Brunnen geschickt werden? Er antwortete mir: Alle, die nicht bekennen, daß Christus im Fleische kam und von der Jungfrau Maria geboren wurde, und jeder, der nicht bekennt, daß das Brot der

Eucharistie und der Kelch des Segens wahrhaft das Fleisch und Blut Christi sind.[24]

42. Hierauf blickte ich von Osten nach Westen und gewahrte dort den Wurm, der niemals ruht; auch war dieser Ort erfüllt mit Zähneknirschen. Die Würmer aber maßen eine Elle und trugen zwei Köpfe. Dort befanden sich Männer und Frauen unter Zähneklappern in eisiger Kälte. Da fragte ich und sagte: Wer, Herr, sind diese, die sich an diesem Ort befinden? Er antwortete: Dies sind jene, die behaupten, Christus sei nicht von den Toten auferstanden und es gäbe keine Auferstehung des Fleisches. Von neuem fragte ich: Herr, gibt es an jenem Ort weder Feuer noch Wärme? Er erwiderte: An diesem Ort gibt es nichts als Kälte und Schnee. Und er fügte hinzu: Selbst wenn die Sonne sie beschiene, würden sie doch nicht von ihr erwärmt wegen der übermäßigen Kälte dieses Ortes und seines immerwährenden Schnees.
Als ich dies hörte, breitete ich meine Hände aus und weinte, und unter Seufzern sagte ich wiederum: Besser wäre es für uns, wir wären nie geboren, denn alle sind wir Sünder!

43. Als aber jene, die sich an diesem Ort befanden, mich mit dem Engel und weinend erblickten, klagten und weinten auch sie und riefen aus: Herr, hab Erbarmen mit uns!
Darauf sah ich den offenen Himmel, und der Erzengel Michael stieg herab – bei ihm aber befand sich das ganze Heer der Engel –, und sie gingen mitten unter die Schar der Gepeinigten. Als diese ihn erblickten, brachen sie von neuem in Tränen aus und riefen: Hab Mitleid mit uns, Michael, Engelsfürst, erbarme dich über uns und das menschliche Geschlecht, denn die Erde besteht nur durch deine Gebete. Nun haben wir das Gericht gesehen und

Gottes Sohn erkannt: bevor wir aber in diesen Ort eintraten, war es uns unmöglich, hierfür zu beten. Wohl hatten wir, bevor wir diese Welt verließen, gehört, es gebe ein Gericht, doch die Hindernisse des Lebens und der Welt verwehrten uns die Bekehrung.

Michael aber entgegnete ihnen und sprach: Vernehmt Michael, der zu euch spricht! Ich bin es, der zu jeder Stunde vor Gottes Antlitz steht. Gepriesen sei der Herr, vor dessen Angesicht ich stehe! Weder Tag noch Nacht lasse ich ab, unaufhörlich für das menschliche Geschlecht zu beten. Ich bitte für alle, die auf Erden wohnen, doch diese lassen nicht ab von Ungerechtigkeit und Unzucht, und zeit ihres Lebens bringen sie mir keine Frucht. Auch ihr habt in Nichtigkeit die Zeit hingebracht, die für eure Bekehrung bestimmt war. Ich aber bete ohne Unterlaß, und auch jetzt bitte ich den Herrn, Tau und Regen zur Erde zu senden, und lasse nicht ab zu flehen, bis die Erde ihre Früchte hervorbringt. Ich sage euch, daß ich für jeden, der auch nur ein Gran Gutes tut, kämpfe und nicht müde werde, ihn zu schützen, bis er der Verurteilung zur ewigen Pein entrinne. Wo also sind eure Gebete? Wo ist eure Reue und Buße? Schändlich habt ihr die Zeit verloren, die euch bestimmt war. Wehklagt nun, und auch ich will weinen mit den Engeln, die bei mir sind, und mit dem vielgeliebten Paulus, damit der barmherzige Gott Gnade übt und euch Linderung gewährt.[25]

Als sie diese Worte vernahmen, brachen sie wie mit einer Stimme unter vielen Tränen in die Worte aus: Hab Erbarmen mit uns, Sohn des Höchsten! Ich aber, Paulus, seufzte tief und sagte: Herr und Gott, erbarme Dich Deiner Geschöpfe, hab Mitleid mit den Söhnen der Menschen; übe Gnade mit Deinem Ebenbild!

44. Ich blickte nach oben und sah, daß der Himmel erschüttert wurde wie ein Baum, der vom Wind bewegt

wird. Sogleich warfen sie sich vor dem Thron auf ihr Angesicht nieder. Und ich erblickte die vierundzwanzig Ältesten und die vier Tiere, die Gott anbeten; ich sah den Altar, den Himmel und den Thron. Alles aber frohlockte und war voll Jubel, und vom Altar Gottes stieg lieblicher Wohlgeruch empor. Und ich vernahm eine Stimme, die sagte: Warum bittet ihr, unsere Engel und Diener? Sie riefen: Wir bitten, eingedenk Deiner großen Güte gegen das menschliche Geschlecht.

Darauf sah ich Gottes Sohn vom Himmel herabsteigen, und er trug eine Krone auf seinem Haupt. Als sie ihn erblickten, riefen alle, die in den Qualen waren, wie mit einer Stimme: Hab Erbarmen mit uns, erhabener Sohn Gottes! Du bist es, der alle erquickt, im Himmel wie auf Erden: so erbarme Dich auch über uns. Seit wir Dich sahen, fühlen wir Linderung.

Zwischen allen Strafen aber erklang die Stimme des Gottessohnes und sprach: Was habt ihr vollbracht, daß ihr mich um Linderung bittet? Mein Blut war für euch vergossen, doch ihr habt euch nicht bekehrt. Um euretwillen trug ich die Dornenkrone auf meinem Haupt, für euch ertrug ich die Backenstreiche, doch ihr habt nicht Buße getan. Als ich am Kreuz hing, bat ich um Wasser, und sie gaben mir Essig mit Galle gemischt. Mit einer Lanze durchbohrten sie meine rechte Seite! Um meines Namens willen mordeten sie meine Diener, die Propheten und Gerechten. Mit alledem gab ich euch Raum zur Buße, doch ihr habt sie verweigert.

Nun aber: um Michaels willen, des Engels meines Bundes, um der Engel willen, die ihn umgeben, um meines vielgeliebten Paulus willen, den ich nicht betrübe, um eurer Brüder willen, die in der Welt sind und Gebete und Opfer darbringen, um eurer Kinder willen, die meine Gebote kennen, vor allem aber wegen meiner großen Güte und Huld – am Tag, an dem ich von den Toten auferstand, gewähre ich euch allen, die ihr in Qualen seid, eine Nacht und einen Tag Erquickung für immer.

Da riefen alle aus und sprachen: Wir preisen Dich, Sohn Gottes, daß Du uns eine Nacht und einen Tag Erquikkung gewährt hast. Die Frist eines Tages nämlich ist besser für uns als all die Zeit, die wir auf Erden zubrachten. Hätten wir deutlich erkannt, daß den Sündern dieser Ort bestimmt ist, so hätten wir keine Sünde begangen, weder Ränke geschmiedet noch anderes Unrecht getan. Was half uns nun, in die Welt geboren zu sein? Hier aber ist unser Hochmut gefangen und gebunden, der sich aus unserem Munde gegen unseren Nächsten erhob: die Qual, unsere zahllosen Leiden, die Tränen und die Würmer, die unter uns sind, dies alles ist weit schlimmer für uns als die Strafen, die . . .[26]

Während sie so redeten, gerieten die bösen Engel und die Strafengel über sie in Zorn und sagten: Was weint und klagt ihr noch? Ihr habt keine Verzeihung erlangt. Wahrlich, dies ist Gottes Urteil, das euch keine Verzeihung gewährt. Gott, der selbst zu euch herabstieg, bewilligte euch jedoch diese große Gnade: Erquickung während der Nacht und des Tages des Sonntags, auf Bitten des Paulus, des Gottgeliebten.

Neuerliche Vision des Paradieses

45. Darauf sprach der Engel zu mir: Hast du all dies gesehen? Ich antwortete: Ja, Herr. Er aber fuhr fort: Folge mir, und ich will dich ins Paradies führen, damit dich die Gerechten sehen, die dort wohnen. Sie verlangen danach, dich zu schauen, und warten darauf, dir mit Freude und Jubel entgegenzugehen.

Unter dem Antrieb des Heiligen Geistes folgte ich dem

Engel, der mich ins Paradies brachte und also redete: Dies ist das Paradies, in dem Adam und sein Weib sündigten. Ich trat ein ins Paradies und erblickte den Ursprung aller Gewässer. Der Engel aber winkte mir und sprach: Sieh hier die Wasser! Dies ist der Fluß Pischon, der das ganze Land Hawila umzieht, und der andere ist Gihon, der ganz Ägypten und Äthiopien umfaßt. Dieser hier aber ist der Tigris, der den Assyrern gegenüberliegt, und der vierte ist der Euphrat, der das Land Mesopotamien bewässert.

Als ich ins Innere trat, sah ich, daß hier ein Baum gepflanzt war, von dessen Wurzeln Wasser herströmten, und von ihm gingen die vier Flüsse aus. Gottes Geist aber ruhte über jenem Baum, und wenn der Geist wehte, strömten die Wasser.

Und ich fragte: Herr, ist es der Baum selbst, der die Wasser fließen läßt? Und er gab mir zur Antwort: Im Anfang, bevor noch Himmel und Erde waren und als noch alle Dinge unsichtbar waren, schwebte Gottes Geist über den Wassern. Seit aber auf Gottes Geheiß Himmel und Erde waren, ruhte der Geist und ließ sich über diesem Baum nieder. Deshalb entspringen beim Anhauch des Geistes die Wasser aus diesem Baum.

Darauf ergriff er meine Hand und führte mich zum Baum der Erkenntnis. Er sprach zu mir: Durch diesen Baum kam der Tod in die Welt; Adam nahm von der Frau die Frucht dieses Baumes und aß davon, und der Tod trat ein in die Welt.

Danach zeigte er mir einen anderen Baum in der Mitte des Paradieses und sagte: Dies hier ist der Baum des Lebens.

46. Während ich noch den Baum betrachtete, sah ich von weitem eine Jungfrau sich nähern, vor der zweihundert Engel einhergingen und Lobgesänge anstimmten. Da

fragte ich: Wer, Herr, ist diese, die in solchem Glanze kommt? Er antwortete: Es ist die Jungfrau Maria, die Mutter unseres Herrn.

Als sie aber näherkam, begrüßte sie mich mit den Worten: Sei mir gegrüßt, Paulus, hochgeliebt von Gott, von den Engeln und Menschen! Wahrlich, alle Heiligen flehten zu Christus, meinem Sohn, du möchtest im Leibe hierher kommen, damit sie dich noch vor deinem Hinscheiden aus der Welt erblicken könnten. Der Herr aber entgegnete ihnen und sprach: Wartet und habt noch etwas Geduld! Nur noch eine kleine Weile, und ihr werdet ihn sehen, und auf ewig wird er bei euch sein. Doch von neuem sprachen alle gemeinsam zu ihm: Betrübe uns nicht! Sieh', uns verlangt, ihn zu schauen, so lange er noch im Fleische wohnt; denn durch ihn wurde dein Name in der Welt sehr verherrlicht, und alle Werke der Kleinen und der Gewaltigen hat er übertroffen. Alle, die hierher gelangen, fragen wir: Wer hat euch geleitet, als ihr noch in der Welt wart? Und sie alle geben zur Antwort: In der Welt ist einer, Paulus mit Namen, der Christus rühmt und verkündigt. Wir glauben, daß durch die Kraft und die Süßigkeit seiner Rede viele ins Reich Gottes eingetreten sind. Siehe, alle Gerechten sind mir gefolgt, um dich willkommen zu heißen.

Dir aber, Paulus, sage ich, daß ich als erste denen begegne, die den Willen meines Herrn und Sohnes Jesus Christus taten. Ich gehe ihnen zuerst entgegen, denn ich will nicht dulden, daß sie wie Wanderer und Fremde sind, bevor sie in Frieden meinem geliebten Sohn Jesus Christus begegnen.

47. Während sie noch zu mir redete, sah ich von fern drei Männer kommen; sie strahlten vor Schönheit, und ihr Antlitz ähnelte dem Christi. Ihre Bilder aber waren leuchtend, und drei Engel waren mit ihnen.

Da fragte ich: Wer sind diese, Herr? Er antwortete mir: Kennst du sie nicht? Ich erwiderte: Nein, Herr, ich erkenne sie nicht. Da sprach er zu mir: Es sind die Patriarchen des auserwählten Volkes, Abraham, Isaak und Jakob. Als sie herantraten, grüßten sie mich mit den Worten: Sei gegrüßt, Paulus, geliebt von Gott und den Menschen! Selig, wer Gewalt erträgt um des Herrn willen.

Darauf begann Abraham zu mir zu reden und sagte: Sieh hier meinen Sohn Isaak und Jakob, den liebsten unter meinen Söhnen. Wir haben den Herrn erkannt und auf sein Wort gehört. Selig, die deinen Worten glauben und durch Entsagung, Heiligkeit, Demut, Barmherzigkeit, Großmut des Herzens und reinen Glauben das Reich Gottes erlangen. Auch wir verehrten Gott, von dem du verheißen hast, er stehe jeder Seele bei, die an ihn glaube, und diene ihr wie ein Vater seinen Söhnen.

Als sie noch so standen und redeten, gewahrte ich zwölf Gestalten, die sich von oben her näherten. Ich fragte: Wer sind diese, Herr? Er gab mir zur Antwort: Das sind die Patriarchen. Als sie nahe herangekommen waren, grüßten sie mich und sprachen: Sei gegrüßt, Paulus, hochgeliebt von Gott und den Menschen! Der Herr wollte uns nicht betrüben und erlaubte uns daher, dich zu schauen, solange du noch im Fleische wohnst, noch ehe du die Welt verläßt.

Und ein jeder nannte mir seinen Namen, von Ruben bis zu Benjamin. Josef sprach zu mir: Ich bin der, den man verkaufte. Doch ich versichere dir, Paulus, was immer meine Brüder mir antaten: nie bin ich mit übler Absicht gegen sie verfahren, trotz aller Leiden, die sie über mich brachten. Nichts Unrechtes habe ich ihnen je getan vom Morgen bis zum Abend. Selig, wer Beleidigungen erträgt aus Liebe zu Gott; der Herr wird es ihm vielfach vergelten, sobald er die Welt verlassen hat.

48. Während er noch bei mir stand und zu mir redete, sah ich von weitem eine vor Schönheit leuchtende Gestalt sich nähern, begleitet von ihren Engeln, die Hymnen sangen. Da fragte ich: Wer ist dieser, Herr, dessen Antlitz so leuchtet? Er erwiderte mir: Es ist Mose, der Gesetzgeber, dem Gott seine Gebote kundtat.

Als er zu mir getreten war, brach er plötzlich in Tränen aus; dann begrüßte er mich. Da fragte ich ihn: Warum weinst du? Ich habe gehört, daß deine Sanftmut die eines jeden Menschen übertrifft. Er entgegnete: Ich weine um die, welche ich mit Anstrengung und Mühe gepflanzt habe, denn sie bringen keine Frucht, und nicht einer von ihnen handelt gerecht. Ich sah, wie alle Herden, die ich einst weidete, sich zerstreuten, als hätte es nie einen Hirten gegeben. Alle Mühsal, die ich für Israels Söhne auf mich nahm, waren vergebens; die Wunderzeichen, die ich in ihrer Mitte vollbrachte, haben sie nicht begriffen. Ich bin voll Erstaunen, daß Fremde – Unbeschnittene und Götzendiener – sich bekehren und in die Verheißungen Gottes eingetreten sind, Israel aber nicht.

Ich bekenne dir, Bruder Paulus, daß in der Stunde, als das Volk Jesus, den du predigst, ans Kreuz schlug, der Vater, der Gott aller, der mir das Gesetz geoffenbart hat, und Michael mit allen Engeln und Erzengeln, und Abraham und Isaak und Jakob mit allen Gerechten weinten, weil Gottes Sohn am Kreuze hing. Alle Heiligen aber blickten in jener Stunde auf mich und sprachen: Siehe Mose, was Glieder deines Volkes dem Sohne Gottes antaten! Du aber bist selig, Paulus, und selig ist die Generation und das Volk, das deinen Worten glaubte.

49. Während er noch bei mir stand und redete, kamen andere zwölf, und als sie mich sahen, sprachen sie: Bist du Paulus, im Himmel hochgepriesen und auf Erden? Und ich antwortete und sagte: Wer seid ihr? Der erste

entgegnete und sprach: Ich bin Jesaja, dem Manasse den Kopf mit einer Säge zerteilte. Und ähnlich antwortete der zweite: Ich bin Jeremia, der von den Kindern Israels gesteinigt und getötet wurde. Der dritte aber sprach: Ich bin Ezechiel, den die Kinder Israels an den Füßen über die Klippen eines Felsens schleiften, bis sein Gehirn aus dem Kopf spritzte. All diese Martern ertrugen wir in der Hoffnung, die Söhne Israels zu retten. Ich schwöre dir, daß ich nach den Todesqualen, die sie mich erdulden ließen, vor Gott auf mein Angesicht niederfiel und die Knie vor ihm gebeugt hielt bis zur zweiten Stunde des Sonntags, als Michael kam und mich von der Erde aufhob. Selig bist du, Paulus, und selig alle, die durch dich zum Glauben kamen!

Während diese fortgingen, sah ich einen anderen von schöner Gestalt. Ich fragte: Wer ist das, Herr? Dieser aber freute sich, als er mich von weitem sah. Der Engel antwortete mir und sprach: Es ist Lot, der in Sodom für gerecht befunden wurde. Unterdessen näherte er sich und grüßte mich mit den Worten: Selig bist du, Paulus, und selig das Geschlecht, dem du gepredigt hast. Ich antwortete: Bist du Lot, der in Sodom für gerecht befunden wurde? Er erwiderte: Ich habe die Engel auf ihrer Wanderschaft in mein Haus aufgenommen, und als jene aus der Stadt ihnen Gewalt antun wollten, bot ich ihnen statt dessen meine beiden Töchter dar – Jungfrauen, die noch keinen Mann erkannt hatten – und sagte zu ihnen: Gebraucht sie nach Belieben, aber diesen beiden Männern tut kein Leid, denn eben erst traten sie als Gäste in mein Haus ein. Deshalb müssen wir Vertrauen haben und wissen, daß Gott einem jeden, sobald er zu ihm eingeht, im Überfluß alles Gute vergilt, das er getan hat. Selig bist du, Paulus, und selig das Geschlecht, das deinen Worten glaubte.

Als er geendet hatte, sah ich von ferne eine andere Gestalt

sich nähern, lächelnd, mit heiterem Antlitz, und ihre Engel begleiteten sie und sangen Hymnen und Lobgesänge. Da fragte ich den Engel, der bei mir war: Jeder Gerechte hat also einen Engel zum Begleiter? Er gab mir zur Antwort: Jeder Heilige hat einen eigenen Beistand, der Hymnen singt, und einer weicht nicht vom anderen. Da fragte ich: Wer ist dieser, Herr? Er entgegnete: Es ist Hiob. Als er nahe herangekommen war, grüßte er mich und sprach: Bruder Paulus, groß ist dein Ruhm bei Gott und den Menschen! Ich bin Hiob. Dreißig Jahre lang litt ich viel durch eine schwärende Wunde. Zu Beginn waren die Blasen, die sich über meinen Körper ausbreiteten, wie ein Weizenkorn; am dritten Tage aber waren sie so groß wie der Huf eines Esels, und die Würmer, die herabfielen, waren vier Finger lang. Dreimal erschien mir der Teufel und sprach: Sag ein Wort gegen den Herrn, und der Tod wird dich befreien. Ich aber gab ihm zur Antwort: Wenn es Gottes Wille ist, daß ich bis an mein Lebensende an dieser Wunde leide, so werde ich doch nicht ablassen, Gott den Herrn zu preisen, und um so größer wird mein Lohn sein. Denn ich weiß, daß die Leiden dieser Welt nichts sind im Vergleich zu der Erquickung, die darauf folgt. Deshalb bist du selig, Paulus, und selig jeder, der auf dein Zeugnis hin glaubt.

50. Als er noch redete, kam ein anderer von weit her und rief: Selig bist du, Paulus, und selig auch ich, weil ich dich sah, du Hochgeliebter des Herrn. Ich fragte den Engel: Wer ist dieser hier, Herr? Er gab mir zur Antwort: Noach aus der Zeit der Sintflut. Sogleich begrüßten wir einander. Außer sich vor Freude, fragte er mich: Bist du Paulus, der Liebling Gottes? Ich aber entgegnete: Und wer bist du? Er erwiderte: Ich bin Noach aus der Zeit der Sintflut. Dir, Paulus, sage ich, daß ich hundert Jahre mit dem Bau der Arche zugebracht habe. Nicht legte ich in dieser Zeit

mein Gewand ab, noch schnitt ich mein Haupthaar; so enthaltsam war ich, daß ich auch meine Gattin floh; in diesen hundert Jahren wuchsen weder die Haare meines Hauptes, noch wurden meine Kleider schmutzig. In jener Zeit beschwor ich die Menschen und ermahnte sie: Bekehrt euch! Seht, eine gewaltige Wasserflut wird über euch kommen. Doch sie verhöhnten mich, verlachten meine Worte und sprachen unaufhörlich: Diese Zeit gehört denen, die ihrem Vergnügen leben und sündigen, wie es ihnen gefällt; nun ist Gelegenheit, sich nach Wunsch der Unzucht hinzugeben. Gott aber achtet nicht dieser Dinge und sieht nicht, was bei uns Menschen geschieht; auch gibt es keine Sintflut, die in die Welt brechen könnte. So ließen sie nicht von ihren Sünden, bis Gott alles Fleisch vernichtet hatte, das den Odem des Lebens trug. Wisse also, Gott liebt mehr einen einzigen Gerechten als eine ganze Welt voll Sünder. Deshalb bist du selig, Paulus, und selig sind jene, die durch dich zum Glauben kamen.

51. Und ich wandte mich um und sah andere Gerechte von weitem herannahen. Da fragte ich den Engel: Wer sind diese, Herr? Er antwortete: Elija und Elischa. Sie begrüßten mich, und ich fragte sie: Wer seid ihr? Der eine von ihnen gab zur Antwort: Ich bin Elija, der Prophet Gottes. Ich bin Elija, der zum Herrn betete und auf dessen Bitte hin es um der Sünden der Menschen willen für drei Jahre und sechs Monate nicht regnete. Gerecht ist Gott und wahrhaftig, und er tut, worum seine Diener ihn bitten. Oft nämlich baten ihn die Engel um Regen, er aber entgegnete ihnen: Habt Geduld, bis mein Knecht Elija von neuem fleht und darum bittet: dann will ich Regen zur Erde schicken . . .[27]

Ende der Vision des heiligen Paulus

(Nach der koptischen Version begegnet Paulus auch noch Henoch, Johannes dem Täufer und seinem Vater Zacharias, Abel und Adam. Zuletzt bringt ihn ein Engel nach Jerusalem zum Ölberg, wo er auf die anderen Apostel trifft und ihnen erzählt, was seine Augen sahen: «Die Herrlichkeit, die für die Gerechten bestimmt ist, und Untergang und Verderben der Sünder.» Christus erscheint und sendet sie aus, um der ganzen Welt zu predigen.)

Anmerkungen

SUMERER, ASSYRER, BABYLONIER

1. Ich verweise den Leser auf folgende Studien, deren Meinung ich
mich großenteils anschließe:
C.L.Woolley, *Excavations at Ur*, London 1954 (Band 4, *Ur Excava-
tions*, London 1934-1936);
AA.VV., in: *Ancient Near Eastern Texts Relating to the Old Testa-
ment*, Princeton 1950 ([3]1966);
S.N.Kramer, *L'Histoire commence à Sumer*, Paris 1957 (dort Kapitel
XII und XXI);
Ders., *The Sumerians, their History, Culture and Character*, Chicago
1964, S. 112-228;
Ders., *The Sumerian Literature and the Bible*, in: «Studia Biblica et
Orientalia», Band 2, Rom 1959, S. 185-204;
G.R.Castellino, *Urnammu three Religions Texts*, in: «Zeitschrift für
Assyriologie, Neue Forschung», 18 (1957), 1-57;
Ders., *Sapienza babilonese. Raccolta di studi sapienziali tradotti dagli
originali*, Turin 1962;
Ders., *Testi Sumerici ed accadici*, Turin 1977;
R. Labat, *Les grands textes de la pensée babylonienne*, in: «Les Reli-
gions du Proche-Orient Asiatique», Paris 1970, S. 15-265;
Ders., *Les origines et la formation de la terre dans le poème babylonien
de la création*, in: «Studia biblica et Orientalia», Band 3, Rom 1959,
S. 205-215;
L. Cagni, *La destinazione dell'uomo al lavoro secondo Genesi 2 e
secondo le fonti sumero-accadiche*, in: «Annali dell'Istituto Orientale
di Napoli», 34 (1974), 31-44;

Ders., *Il mito babilonese di Atrahasis. Mondo Divino, creazione e destino dell'uomo, peccato e diluvio,* in: «Rivista Biblica», 23 (1975), 225-259;

J. Bottéro, *Les morts et l'au-delà dans les rituels en accadien contre l'action des «revenants»,* in: «Zeitschrift für Assyriologie und vorderasiatische Archäologie», 73 (1983), 153-203.

2. Die archäologischen Ausgrabungen in Ur begannen im Jahr 1922 und zogen sich hin bis 1934.

3. Vgl. P.R.S. Moorey, *Where did they bury the Kings of the IIIrd Dynasty of Ur?,* in: «Iraq», XLVI (1984), 1-18.

4. Vgl. den bei Castellino, *Urnammu . . .,* a.a.O., publizierten Text.

5. Text abgedruckt und kommentiert bei Kramer in: *Ancient Near Eastern Texts,* S. 50f.

6. Vgl. die von Labat, Kramer, Cagni, Castellino a.a.O. angeführten Texte.

7. Auf sumerisch *Kur-nu-gi-a,* auf akkadisch *Erset-la-târi,* und weiterhin: *Ashar-la-târi,* «Ort ohne Wiederkehr».

8. Inanna ist die Göttin der Liebe und Fruchtbarkeit, die Parallelgottheit zur Göttin Ischtar der Semiten und zur Venus der Römer. Zum großen Gedicht mit dem Titel *Inannas Abstieg zur Unterwelt* vgl. Kramer in: *Ancient Near Eastern Texts,* S. 52-57, und Labat, *Les Religions . . .,* a.a.O., S. 258-265, die alle bis jetzt aufgefundenen Teile des Gedichts wiedergeben.

9. Der Zyklus nahm sehr bald bäuerliche Züge an und diente dazu, den Wechsel der Jahreszeiten zu unterstreichen. Der Tod des Tammus gab Anlaß zu kultischen Handlungen trauernder Frauen.

10. Dies entspricht ungefähr dem Ausdruck ME (dessen genaue Bedeutung noch kaum geklärt ist, vgl. Kramer, *The Sumerians . . .,* a.a.O., S. 115). Das Verzeichnis der ME enthält zum Beispiel: die Herrschaft, die Gottheit, das erhabene Szepter, das höchste Heiligtum, die Güte, die Gerechtigkeit, usw. Das Verzeichnis stellt eine Art Summe der sumerischen Kultur dar.

11. Der recht zuverlässig überlieferte Text bei Labat, *Les Religions . . .,* a.a.O., S. 94-97.

12. «Wer hat je den Willen der himmlischen Götter erkannt?
Den Ratschluß der Unterweltsgötter, wer versteht ihn recht?
Wann haben je die Sterblichen das Handeln der Götter begriffen?»
(Vgl. Castellino, *Sapienza . . .,* a.a.O., S. 22 und 26).

13. Der Text ist wiedergegeben bei Labat, a.a.O., S. 294-305, und bei E.A. Speiser, in: *Ancient Near Eastern Texts,* S. 114-118.

14. Text bei Labat, a.a.O., S. 290-294, und E.A.Speiser, a.a.O., S.101 bis 103.

15. Text siehe Labat, a.a.O., S. 145-226, und S.N.Kramer, in: *Ancient Near Eastern Texts*, S.106-108.
17. Vgl. Castellino, a.a.O., S. 36.
18. Für diese Untersuchung stütze ich mich besonders auf die angeführte Studie von J.Bottéro.
19. Vgl. J.Bottéro, a.a.O., S. 173.
20. Vgl. J.Bottéro,a.a.O., S. 195.
21. C.C.Torrey, in: «Journal of the American Oriental Society», 45 (1925), 269-279, und S. Ronzevalle, in: «Mélanges de l'Université de St. Joseph», 12 (1927), 1-40.
22. M. Lidzbarski, *Handbuch der nordsemitischen Epigraphik*, Weimar 1898, S.445; G.A.Cook, *A Text-book of North-Semitic Inscriptions*, Oxford 1903, S.189-191.
23. G.A.Cook, a.a.O., S. 26-30; C.C.Torrey, in: «Journal of the American Oriental Society», 57 (1937), 405-407.
24. G.A.Cook, a.a.O., S.30-39; C.C.Torrey, a.a.O., S.397-410; F.Rosenthal, in: *Ancient Near Eastern Texts*, S.404-405.

Die Ägypter

1. Für diese Skizze über die Ägypter stütze ich mich besonders auf folgende Arbeiten:

E.Drioton – J.Vandier, *Les peuples de l'Orient méditerrannéen*, Paris 1946;

A.Erman, *La religion des Egyptiens*, Paris 1952, S. 242-337;

A.Erman – H.Ranke, *La Civilisation Egyptienne*, Paris 1952;

E.Drioton, *Pages d'égyptologie*, Kairo 1957;

G.Kolpaktchy, *Il Libro dei Morti degli antichi Egiziani*, (italienische Übersetzung aus dem Französischen von D. Piantanida), Mailand o.J.: der Autor gibt eine sehr subjektive Übersetzung und Interpretation, der ich nicht folgen kann;

P.Barguet, *Le Livre des Morts des anciens Egyptiens: introduction, traduction, commentaire*, Paris 1967: ausgezeichnete Übersetzung, versehen mit ausführlicher Bibliographie und Erläuterungen;

E.Bresciani, *Letteratura e poesia dell'Antico Egitto*, Turin 1969;

S.Donadoni, *Testi religiosi egizi*, Turin 1970.
2. Für die Ägypter war der Tod die Folge einer Trennung der menschlichen Bestandteile: das *Ka*, selbständiges Grundelement der menschlichen Persönlichkeit – vielleicht so etwas wie «Bild», «Schutzgeist» – und das *Ba*, ein schwer zu bezeichnendes Element

(das man sich häufig unter dem Bild eines Vogels dachte), und schließlich das *Herz*, der Sitz des Gewissens und der Empfindungen. Diese Grundbestandteile wurden niemals klar vom eigentlichen Körper unterschieden.

3. Vgl. S.Donadoni, a.a.O., S. 46 und 62.

4. Die eindrucksvollsten Beispiele für Pyramiden sind die von El-Ghiza, erbaut für Cheops, Chefren und Mykerinos; die des Cheops ist mit 146 Meter die höchste.

5. Vgl. I.E.S. Edwards, *The Pyramids of Egypt*, London [5]1955.

6. Eine Formel schreibt dem Verstorbenen die Worte zu: «Ich steige aus dem Ei, das in dem geheimnisvollen Lande liegt, seitdem mir mein Mund wiedergegeben wurde, mit dem ich spreche im Angesicht des großen Gottes, des Herrn der Unterwelt» (*Totenbuch*, Kapitel 22).

7. Vgl. E.Drioton, a.a.O., S. 180f.

8. Eine Sammlung ägyptischer Grabriten findet sich im mehrfach erwähnten *Totenbuch*, einem umfangreichen und vielteiligen Werk, das wahrscheinlich kurz nach dem Beginn der 8. Dynastie (um 2100) entstand. Die ältesten Forscher nannten es die *Bibel der alten Ägypter, Das Buch der Riten* und schließlich, seit Lepsius, *Totenbuch*. Gewöhnlich gliedert man das Werk in fünf Teile:

   1. Die Kapitel 1 bis 16 schildern in kurzen Episoden die Prozession des Trauerzugs zu den Grabfeldern;

   2. der zweite Teil – Kapitel 17 bis 63 – zeigt die Wiedergeburt des Toten im Morgengrauen, im Triumph des Sonnengottes; der Tote erscheint als ein Demiurg, der jeden Makel auf Erden zurückgelassen hat. Anschließend wendet sich der Verstorbene an Ra mit dem Gebet, ihn vor jedem Übel zu bewahren;

   3. der dritte Teil – Kapitel 64 bis 129 – ist der ausführlichste; er zeigt die Verklärung des Toten nach seiner Wiedergeburt. Der Verstorbene wird mit dem Sonnengott gleichgesetzt, bewahrt aber seine eigene Persönlichkeit;

   4. der vierte Teil – Kapitel 130 bis 162 – handelt von der Reise des zur Sonne erhöhten Toten zur Unterwelt in der Barke des Sonnengottes. Er gibt eine Topographie des Totenreichs und erläutert, an welchen Tagen den Toten ein besonderer Kult zukommt.

   5. der fünfte Teil – Kapitel 163 bis 191 – ist sehr ungeordnet; seine Einheit kann man im Motiv der Verehrung sehen, die Osiris, in Gestalt des Ra, in der Unterwelt zukommt. Hier lesen wir zwei bedeutende Formeln: die Formel, die vor einem zweiten Tode schützen soll, und die Formel, die Zugang gewährt zur Götterversammlung des Osiris mit den Göttern, die in der Duat gebieten.

Die Illustrationen, welche die Papyri dieses Buches begleiten, bieten eine höchst aussagekräftige Darstellung der Grabriten wie auch des Schicksals der Verstorbenen.

9. Vgl. S.Donadoni, a.a.O., S. 197 und S. 199.
10. Vgl. S.Donadoni, a.a.O., S. 204.
11. Die Furcht, als Verstorbener Hunger und Durst zu leiden, veranlaßte die Ägypter der Antike, genau Maß zu nehmen: sie untersuchten diejenigen Körperteile, die dem Hunger und Durst unterworfen waren, entnahmen sie dem Leichnam und verteilten sie auf vier Steingefäße. Diese vertrauten sie dem Schutz von vier Gottheiten an, die den Toten vor Hunger und Durst bewahren sollten. Ursprünglich wurden diese Gefäße, dazu bestimmt, die Eingeweide des Verstorbenen aufzunehmen, nur mit einem Stein geschlossen. Später, seit dem Beginn des Neuen Reiches, zierten den Deckel die Züge des Toten oder die Symbole der Schutzgottheiten (Affe, Schakal, Falke usw.).
12. Vgl. E. Bresciani, a.a.O., S. 57.
13. *Totenbuch*, Kapitel 72. «Feld der Binsen» wird der Bezirk genannt, den Griechen und Römer als die «Elysischen Felder» bezeichneten.
14. Horus war der älteste Schutzherr der ägyptischen Monarchien. Sein Haupttheiligtum befand sich in Edfu.
15. Zum Osirismythos vgl. die schöne Darstellung A.Ermans, a.a.O., S.62-66 und S. 85-128.
16. *Totenbuch*, Kapitel 18.
17. *Totenbuch*, Kapitel 30.
18. *Totenbuch*, Kapitel 125.
19. Es handelt sich noch immer um dasselbe Kapitel des *Totenbuchs*. Den Höhepunkt des berühmten Textes stellen zwei Befragungen dar: die erste erfolgt durch die zweiundvierzig Richter und schließt mit der Formel: «Komm also, tritt ein durch die Pforte dieses Saales der Mâet, weil du uns kennst.» Die zweite Befragung wurde vom Gotte Thot überwacht und schloß mit dem endgültigen Richterspruch: «Geh, du bist angenommen. Dein Brot ist das Heilige Auge, dein Bier ist das Heilige Auge, dein Grabopfer ist das Heilige Auge.» Das Heilige Auge war das Totenopfer schlechthin.
20. Hierzu vgl. etwa die ausgewogene Darstellung P.Barguets, a.a.O., S. 21f.
21. Vgl. S.Donadoni, a.a.O., S. 187f.
22. A.Erman, a.a.O., S. 271-276; S.Donadoni, a.a.O., S. 329-335; sowie der kürzlich von A.Abdelhamid Youssef publizierte Text *The Cairo Imduat Papyri* (J E 96638 a.b.c.), in: «Bulletin de l'Institut Français

d'Archéologie Orientale», Nr. 82, Kairo 1982, S. 2-18 (dieser Text führt insgesamt zehn «Höhlen» oder «Gefilde» auf).

23. Vgl. A.Erman, a.a.O., S. 276ff.; S.Donadoni, a.a.O., S. 336ff.; und zum *Papyrus von Harris*, S. 348ff.
24. Vgl. S.Donadoni, a.a.O., S. 540f.
25. Vgl. E.Bresciani, a.a.O., S. 11; vgl. ferner Donadoni, a.a.O., S. 193f.
26. Vgl. S.Donadoni, a.a.O., S. 542ff.

Homer

1. Für meine Darlegungen stütze ich mich auf:
F.Codino, *Introduzione a Omero*, Turin 1965;
Odyssee, Übersetzung von G.Tonna, Einführung von F.Codino, Mailand 1968;
Odyssee, Übersetzung von Rosa Calzecchi Onesti mit nebenstehendem Originaltext, Vorwort von F.Codino, Turin 1979;
Odyssee, griechischer Text. Kritischer Apparat und italienische Übersetzung von G.A.Privitera. Fondazione Lorenzo Valla, Herausgegeben von Arnoldo Mondadori. Bis jetzt erschienen: Band 1, Einführung, Text und Kommentar von A.Heubeck und S.West, 1981; Band II., Einführung, Text und Kommentar von J.B.Hainsworth, 1982; Band III, Einführung, Text und Kommentar von A.Heubeck, 1983; Band IV, Einführung, Text und Kommentar von A.Hoekstra, 1984: diese Edition ist allen anderen Ausgaben und Kommentaren – nicht nur in Italien – überlegen und bietet eine auf den neuesten Stand gebrachte Bibliographie samt Kommentar. Auf diese Ausgabe stütze ich mich im folgenden sowohl was den Text als auch was seine Deutung anlangt. Deutsche Textzitate im folgenden nach: Homer, *Ilias und Odyssee*, in der Übersetzung von Johann Heinrich Voß, hg. von Peter von der Mühll, Wiesbaden 1965.
2. Speise-und Trankopfer dienen dazu, die Geister der Toten heraufzurufen. Diese berühmte *Nekyia* gab Anlaß zu zahllosen Studien, von der Antike bis zur Gegenwart. Vgl. hierzu u.a. C.Pascal, *Le credenze d'oltretomba nelle opere letterarie dell'antichità classica*, Catania 1912, Band 1, S. 219-232. Zur neueren Forschung vgl. A.Heubeck, a.a.O., S.261f.
3. A.Heubeck schließt seine Erörterung der literarischen Probleme, die von verschiedenen Gelehrten erörtert wurden, mit den Worten: «Die Verbindungslinien und Brüche, die Unstimmigkeiten und Neuansätze in Form und Inhalt, nachgewiesen durch die Forschung,

lassen nicht an eine Textentwicklung denken, an der verschiedene Dichter, Redaktoren und Interpolatoren teilgenommen hätten. Betrachtet man die ganze Episode in ihrem Zusammenhang, so hebt sich vielmehr die dichterische Meisterschaft in der Bewältigung der disparaten Elemente von Kult, Religion, Märchen und Legende hervor. Ihre innere Einheit wird auch äußerlich unterstrichen durch die klare und überlegene Gliederung der überquellenden Materialfülle» (a.a.O., S. 261).

4. Zu den Kimmerern vgl. A.Heubeck, a.a.O., S. 262-264.

5. Der Dichter gebraucht ohne nähere Unterscheidung die Worte *eidolon* (Schatten) und *psyché* (Seele) zur Bezeichnung der Seelen der Toten.

6. Die Verbrennung wird als allgemeiner Brauch betrachtet. Hierzu vgl. auch den schönen Text Buch XXIV, 40-84 und S.80.

7. Vgl. zum Beispiel N. van der Walk, *Textual Criticism Of The Odyssey*, Leiden 1949, und *Beiträge zur Nekyia*, Kampen 1935, S.19-73; A.Heubeck, a.a.O., S.277f.

8. *Tradition und Geist*, in: Gesammelte Essays zur Dichtung, hrsg. v. Carl Becker, Göttingen 1960, S.107.

9. Der «Parnaß» (Vatikanischer Palast, «Stanza della Signatura»): in dieser symbolischen Verherrlichung der Dichtkunst blickt Homer ins Unendliche, und seine Gestalt thront noch oberhalb Vergil und Dante.

10. H.Rahner, *Griechische Mythen in christlicher Deutung*, Zürich 1957 (italienische Ausgabe: *Miti greci nell'interpretazione cristiana*, Bologna 1971, S. 310).

11. Forschungsbibliographie bei A.Heubeck, a.a.O., S. 241, und H.Rahner, a.a.O.

12. Vgl. A.Rüegg, *Die Jenseitsvorstellungen vor Dante und die übrigen literarischen Voraussetzungen der Divina Commedia*, Einsiedeln 1945, Band 1, S. 27.

13. Eine ausführliche und tiefschürfende Erörterung der Symbolfunktion dieser Bäume bei heidnischen und christlichen Schriftstellern bietet H.Rahner, a.a.O., S. 313-356. Vom selben Autor: *Die Weide als Symbol der Keuschheit in der Antike und im Christentum*, in: «Zeitschrift für katholische Theologie» 56 (1932), 231-253.

14. Dieses für die umfassende Erschließung des Gehalts der Nekyia so bedeutsame Thema erfährt ausführliche Erörterung bei H.Rahner. Besonderes Augenmerk widmete ihm vor allem – wenn auch nicht ausschließlich – die antike christliche Literatur.

15. Es handelt sich um den Traktat *Exegese über die Seele (Kodex Nag Hammadi II*, 136, 27-137, 5). Der Text ist eine mythologische Er-

zählung über den Sturz der Seele vom Himmel und über den Weg ihrer Rückkehr; unter den Texten, die er zur Stützung seiner These anführt, zitiert der Autor auch Stellen aus dem Alten und Neuen Testament und stellt ihnen die Odyssee gegenüber. Die bis jetzt aufgezeigten Daten entsprechen all denen des bedeutsamen gnostischen Mythos, der unter dem Namen *Gesang von der Perle* bekannt ist; vgl. L.Moraldi, *Apocrifi del Nuovo Testamento*, Band 2, S. 1311f. Vgl. auch Ders., *Testi gnostici*, Turin 1982.

16. Zu den «Sirenen» vgl. die Erläuterung bei A.Heubeck, a.a.O., S. 312-313.

17. Die allegorische Nutzanwendung dieses Mythos in der Antike ist Gegenstand der Untersuchung bei H.Rahner, «Odisseo all'albero maestro», a.a.O., S. 357-402.

Platon

1. Ich folge der italienischen Übersetzung von E.Turolla, *I Dialoghi di Platone*. Übersetzung und Interpretation, Band 1-3, Mailand ^{2}1964, und ziehe ergänzend heran die Hinweise bei G.Colli, *La Sapienza greca*, Band 1-2, Mailand 1977-1978. Deutsche Zitate im folgenden nach der Ausgabe Platon, *Sämtliche Werke*, hg. von Ernesto Grassi unter Mitarbeit von Walter Hess (Rowohlts Klassiker der Literatur und Wissenschaft), Band 1-6, Darmstadt ^{10}1977-1980.

2. Vgl. *Politeia*, 364A und 365-366B.

3. *Gorgias*, 523C-524A; *Politeia*, 519C und 614E.

4. *Gorgias*, 524A; *Politeia*, 614C; *Phaidon*, 107D-108C; 110-114.

5. *Gorgias*, 523-525, *Phaidon*, 113E-114B.

6. *Gorgias*, 526C.

7. Vgl. *Phaidon*, 108-114.

8. Die zeitliche Dauer dieses gesamten Reinigungsprozesses sieht Platon unter einer sehr weiten Perspektive. Die Seelen verbleiben während der ganzen für ihre Reinigung nötigen Zeit im Haus des Hades; Führung und Reinigung lösen einander ab «nach vielen und großen Zeitabschnitten» (*Phaidon*, 107E-108A). In diesem Sinn ist auch das Symbol des Schwungrads zu interpretieren. Zum Thema der Inkarnation vgl. auch *Politeia*, 617D-621D, und die kunstvolle Beschreibung der Spindel der «Notwendigkeit» in *Politeia*, 616B-C; *Timaios*, 90E-92C; *Nomoi*, 903B-905C.

9. So wie Er nicht zugrundeging, gibt es Rettung sicher auch für uns, schließt der Philosoph; wir müssen den Worten der Erzählung

Glauben schenken, um mit uns selbst und auch mit den Göttern in Frieden zu sein.

10. Vgl. auch *Politeia*, 387-395.

11. Außerdem ist seine Überzeugung, daß die Götter den nicht im Stich lassen, der «sich beeifern will, gerecht zu werden und, indem er die Tugend übt, soweit es dem Menschen möglich ist, Gott ähnlich zu sein» (*Politeia*, 613A-B). Sobald er die Ebene der prinzipiellen Erörterung verläßt, betont Platon, volle Sicherheit sei nicht zu haben und der Mensch bedürfe «eines forschenden Blicks».

Die Eingeweihten

1. *Protreptikos*, Fragment 10b, zitiert bei G.Colli, *La Sapienza greca*, Band 1, Mailand 1977, S. 166-167.

2. *Kratylos*, 400C.

3. Der Text des Proklos bei Colli, a.a.O., S. 274-275.

4. Vgl. *Phaidon*, 62B und 67D-E.

5. Platon erörtert die Frage in *Phaidon*, 61D-62B.

6. Der zitierte Text aus *Gorgias*, 492E.

7. Fragment 178, zitiert bei Colli, a.a.O., S. 112-113.

8. Zitiert bei M.P.Nilsson, *Geschichte der griechischen Religion*, Band 1, München 1967, S. 100.

9. Vgl. G.Colli, a.a.O., S.94-95.

10. G.Colli, a.a.O., S. 106-109.

11. F.Graf, *Eleusis und die orphische Dichtung Athens in vorhellenistischer Zeit*, Berlin 1974, S. 182.

12. Diese Texte zitiert bei Colli, a.a.O., S. 228-233.

13. Die Folie ist eine der ältesten, die bislang aufgefunden wurden, und geht ins sechste oder fünfte vorchristliche Jahrhundert zurück. Ihr Text ist veröffentlicht bei Pugliese – Carratelli, in: «La Parola del passato», 1974, S. 108-126 und 135-144. Vgl. G.Colli a.a.O., S. 172-175.

14. Vgl. D.Comparetti, *Laminette orfiche edite e illustrate*, Florenz 1910, S. 32f. Colli gibt a.a.O. eine Reihe dieser Folien mit kritischen Anmerkungen wieder, vgl. z.B. S. 394-405. Die so häufig wiederkehrende Antwort der Seelen: «ich bin der Sohn der Erde und des gestirnten Himmels» (vgl. Plutarch, *Theogonie*, 106) ist gleichbedeutend mit einem Bekenntnis des göttlichen Ursprungs: genauso werden die Götter charakterisiert.

15. Vgl. *Phaidros*, 248B.

16. Vgl. Platon, *Gorgias,* 524A; *Politeia,* 614B-C.
17. Hierzu Pugliese – Carratelli, a.a.O., S. 115-126, und D.Comparetti, a.a.O., S. 12-13.
18. Fragment 131 b, zitiert bei G. Colli, a.a.O., S. 126-127.

Vergil

1. Im folgenden stütze ich mich auf die maßgebliche Ausgabe des Textes, die in der angesehenen Reihe der (von Arnoldo Mondadori betreuten) Stiftung Lorenzo Valla erschien. Es handelt sich um sechs Bände, herausgegeben von Ettore Paratore, denen eine italienischen Übersetzung Luca Canalis beigegeben ist. Paratores Anmerkungen sind eine wahre Fundgrube der Information, Textkritik und des literaturwissenschaftlichen wie historischen Kommentars; der lateinische Text ist mit Erläuterungen zur Textgestaltung versehen (deutsche Textzitate im folgenden nach Vergil, *Sämtliche Werke,* herausgegeben und übersetzt von Johannes und Maria Götte, München 1972).
2. Unlängst erfolgte Grabungen förderten die Akropolis und ein umfangreiches Heiligtum zutage.
3. «Eoliis tantum ne carmina manda, ne turbata volent . . .» (VI,74-75).
4. «Tu ne cede malis, sed contra audatior ito» (VI,95).
5. «Aeternum tenet per saecula nomen» (VI,235).
6. «Nec credere quivi / hunc tantum tibi me discessu ferre dolorem» («auch konnt' ich nicht glauben / durch mein Scheiden Dir je solchen Schmerz zu bereiten» (VI,463f.).
7. «I decus, i nostrum; melioribus utere fatis» (VI,546).
8. «Nivea cinguntur tempora victa» (VI,665).
9. «Quisquis suos patimur manis; exinde per amplum mittimur Elysum» (VI,473f.).
10. «Pauci laeta arva tenemus» (VI,744).
11. «Tu regere imperio populos, Romane, memento / (haec tibi erunt artes) pacique imponere morem / parcere subiectis et debellare superbos» (VI,851f.).
12. Das Motiv der beiden Pforten stammt aus der Odyssee:
«Gast, es gibt gewiß verworrene, nichtige Träume,
und es geht nicht alles den Sterblichen so in Erfüllung.
Denn sie sagen, es sind zwei Pforten der schwankenden Träume:
eine von Elfenbein gemacht, von Horn ist die andere;
welche nun durch die elfenbeinerne Pforte hervorgehn,

das sind Täuschungen nur und trügerische Gebilde;
die aber aus der glatten und hornenen Pforte hervorgehn,
die erfüllen sich wirklich dem Sterblichen, der sie geschaut hat»
(*Odyssee* XIX,560f.).
Das Bild der zwei Pforten und die Entscheidung des Dichters,
seinen Helden durch die Elfenbeinpforte zu entlassen, gaben Anlaß
zu langdauernden Auseinandersetzungen der Kommentatoren, die
bis heute nicht zu einer gemeinsamen Schlußfolgerung gelangt sind.
Vielleicht ist die älteste Deutung zugleich die am ehesten plausible:
demnach wollte der Dichter am Ende seiner Erzählung deutlich
machen, alles sei nur ein trügerischer Traum gewesen, «falsa . . .
insomnia» («trügerische Träume», V,896).
Für einen Äneas wäre es allzu leicht und zu geruhsam, ein Leben
frei von Zweifeln und Bedrängnis zu führen, ohne nach den Folgen
seines Handels und seiner Entscheidungen fragen zu müssen.
Abwägende Besprechung der verschiedenen Hypothesen bei Ettore
Paratore, a.a.O, Band 3, S. 366f.

13. «Longa dies» (VI,745).
14. Vgl. *Phaidros*, 248E; *Politeia*, 615A.
15. Die Vieldeutigkeit einiger Verse (744-747) gab hierzu Anlaß, vgl.
Ettore Paratore, a.a.O., S. 312 und 334.
Die gleiche Schlußfolgerung legt auch die Aura von Traurigkeit
nahe, die Vergils Jenseits sein besonderes Gepräge verleiht und in
den berühmten Äneasversen ihren Ausdruck findet:
«tua me genitor tua tristis imago / saepius occurrens, haec limina
tendere adegit» («Dein trauernd Bild, mein Vater ist oft / und oft
mir begegnet und trieb mich zu dieser Schwelle» (V,695f.).

Cicero

1. Ich folge der Ausgabe in der Reihe «Les Belles Lettres»: Ciceron *La
Republique*: tome II, livres II-VI. Texte établi et traduit par E.Bré-
guet, Paris 1980 (Text S. 103-118); dort auch die umfangreichsten
bibliographischen Angaben. Vgl. auch A.Ronconi, *Somnium Scipionis*. Introduzione e commento, Florenz ²1967. Zur deutschen Übersetzung vgl. die Ausgabe Cicero, *De re publica libri – Vom Gemein-
wesen*. Lateinisch und deutsch, hg. von Karl Büchner, Zürich ²1960
(Bibliothek der Alten Welt. Römische Reihe).
2. «Haec caelestia semper spectato, illa humana contemnito» (VI,20).
3. «Suis te oportet ipsa virtus trahat ad verum decus» (VI,25).

4. «Siquidem bene meritis de patria quasi limes ad caeli aditum patet, quamquam a pueritia ... decori vestro non defui, nunc tamen tanto praemio exposito enitar multo vigilantius» (VI,26).

5. «... sic habeto non esse te mortalem sed corpus hoc; nec enim tu is es quem forma ista declarat, sed mens cuiusque is est quisque, non ea figura quae digito demonstrari potest. Deum te igitur scito esse ...» (VI,26).

6. «Hanc tu exerce in optimis rebus. Sunt enim optimae curae de salute patriae» (IX,29).

7. «... velocius in hanc sedem et domum suam pervolabit» (VI,29).

8. Vgl. G.Colli, *La Sapienza greca*, Band 1, Mailand 1977, S. 126-127.

9. Vgl. G.Colli, a.a.O., Band II, S. 66-67.

10. C.Pascal weist darauf hin, dieses Motiv sei in einem Gedicht des «Philologen» Eratosthenes (275-195 v. Chr.) vorweggenommen. Im nur fragmentarisch überlieferten Gedicht *Hermes* – so Pascals These – werden Kindheit, Apotheose und himmlische Fahrt dieses Gottes dargestellt; es sei die Rede von der Milchstraße, von der Sphären-musik und den himmlischen Tönen, die sie hervorbringt (*Le credenze d'Oltretomba nelle opere dell'antichità classica*, Band II, Catania 1912, S. 34-55). Es kann kaum zweifelhaft sein, daß Cicero Erastothenes recht gut kannte – bekennt er doch, seine geographischen Schriften genau studiert zu haben in der Absicht, eine Schrift zum selben Thema zu verfassen (vgl. *ad Attic.*, II,6,1).

Die Juden

1. Ich beschränke mich an dieser Stelle auf sehr allgemein gehaltene bibliographische Hinweise (das Thema der Jenseitskonzeptionen im Alten Testament ist Anlaß stets neuer Studien):

E.F.Sutcliffe, *The Old Testament and Future Life*, London 1946 ([2]1947);

R.Martin-Achard, *De la mort à la résurrection d'après l'Ancient Testament*, Neuchâtel-Paris 1956 (englische Ausgabe unter dem Titel: *From death to life*, Edinburgh 1960);

K.Schubert, *Entwicklung der Auferstehungslehre von der nachexili-schen bis zur frührabbinischen Zeit*, in: «Biblische Zeitschrift», 6 (1962), 177-214;

B.Vawter, *Intimations of Immortality and the Old Testament*, in: «Journal of Biblical Literature», 91 (1972), 158-171;

L.Wächter, *Der Tod im Alten Testament*, Stuttgart 1967;

N.J.Tromp, *Primitive Conceptions of Death and Nether World in the Old Testament*, Rom 1969 (bedeutend vor allem wegen der Erläuterung der Terminologie, mit der Tod und Jenseits bezeichnet wurden, und den Vorstellungen, denen sie Ausdruck verlieh).
Zu den einzelnen im Textteil angeführten Werken vgl. die entsprechenden Anmerkungen.

2. Aufschlüsse aus erster Hand u.a. bei: P.B.Bagatti und J.T.Milik, *Gli scavi del Dominus Flevit*, Jerusalem 1958; P.Virgilio C.Corvo, *Ricerche archeologiche al Monte degli Ulivi*, Jerusalem 1963; L.Y.Rahmani, *Ancient Funerary Customs and Tombs*, in: «Biblical Archaeology», 44 (1981), 229-235; ibid. 45 (1982), 43-53, 109-119, 171 bis 177.

3. In diesem Sinn W.F.Albright in seinem Beitrag *The Alphabetical Cuneiform Texts from Ras Shamra*, erschienen in: «JSS», 5 (1960), 1-49, und O.Eissfeld in dem Beitrag im «Journal of Biblical Literature» 75 (1956), 257.

4. Vgl. z.B. N.J.Tromp, a.a.O., S. 21-128.

5. Vgl. Caquot in: «Syria», 37 (1960), 75-93; unter den uralten Texten, die in der Stadt Ugarit (Ras Shamra) zum Vorschein kamen, findet sich auch ein Gedicht über Refaim, doch ist es sehr lückenhaft überliefert und für unseren Zweck kaum brauchbar: Ch.Virolleaud, *Les Rephaim: Fragments de poèmes de Ras Shamra*, in: «Syria», 22 (1941), 1-30; die Grundtendenz des hebräischen Wortstamms, auf den der Begriff Refaim zurückgeht, besagt wohl: «Fehlen von Kraft und Dauer». Abbadon findet sich auch in den essenischen Handschriften von Qumran und in der apokryphen koptischen Literatur (in der Form Abbaton), unter der sich ein Text mit dem Titel *Abbaton, der Engel des Todes* erhalten hat (vgl. L.Moraldi, *Apocrifi del Nuovo Testamento*, Band 2, S. 1913f.

6. Die entsprechenden biblischen Textbelege sind: Jes 14,9; 26,14.19; Ps 88,11; Hiob 26,15; Spr 2,18; 9,18; 21,16.

7. Zu Kohelet vgl.: O.Loretz, *Qohèlet und der Alte Orient. Untersuchung zu Stil und theologischer Thematik des Buches Qohèlet*, Freiburg 1964; L.Di Fonzo, *L'Ecclesiaste*, Turin 1967; P.Sacchi, *Ecclesiaste*, Rom 1971; E.Horton, *Kohelet's Concept of Opposites*, in: «Numen», 19 (1972), 1-21; L.Moraldi, *Giobbe-Ecclesiaste*, Mailand 1977.

8. Zu Ben Sirach vgl. die Untersuchung von G.L.Prato, *Il Problema della Teodicea in Ben Sira*, Rom 1975. Das Werk enthält eine umfangreiche Bibliographie.

9. Unter der ausgedehnten Literatur zum Thema ragen besonders hervor die Arbeiten von W.Bousset, *Jüdisch-Christlicher Schulbetrieb in Alexandria und Rom*, Göttingen 1915, und von V.A.Tcherikover –

H.Fuks, *Corpus Papyrum Judaicarum*, Cambridge (Mass.) 1957 bis 1960.

10. Zum Buch der Weisheit und dem hier anstehenden Problem vgl. S.Lange, *The Wisdom of Solomon and Plato*, in: «JBL», 55 (1936), 293-302; A.Dupont-Sommer, *De l'immortalité astrale dans la «Sagesse de Salomon»*, in: «Revue des Etudes grecques», 62 (1949), 80-87; J.Geyer, *The Wisdom of Solomon. Introduction and Commentary*, London 1963; R.J.Taylor, *The Eschatological Meaning of Life and Death in the Book of Wisdom 1-5*, in: «Ephemerides Theologicae Louvanienses», 42 (1966), 72-137; F.Zimmermann, *The Book of Wisdom: its Language and Character*, in: «Jewish Quarterly Review», 57 (1966), 1-27, 101-135; J.M.Reese, *Plan and Structure in the Book of Wisdom*, in: «Catholic Biblical Quarterly», 27 (1965), 391-399; Ders., *Hellenistic Influence on the Book of Wisdom and its Consequences*, Rom 1970.

11. Zu diesen Büchern vgl. die Studien: P.A.Sisti, *I libri dei Maccabei*, 2 Bände, Rom 1977-1980; J.A. Goldstein, *I Maccabees. A New Translation with Introduction and Commentary*, New York, 1976; G.Bernini, *Daniele*. Versione, introduzione, note, Rom 1977; L.F.Hartmann und A.A.Di Lella, *The Book of Daniel*, New York, 1978.

12. Vgl. auch 2 Makk 7,9.11.23.29.36. Auch dieses Buch – das zweite der Makkabäer – hat einen jüdischen Weisen zum Autor, der vor Christi Geburt lebte, wurde jedoch nicht in den Kanon der jüdischen Bibel aufgenommen. Zu den Fragen, die die Periode der Makkabäer betreffen, vgl. die oben angeführten Autoren und weiterhin R.H.Pfeiffer, *History of New Testament Times, with an Introduction to the Apocrypha*, New York 1949, S. 499-522.

13. Filostratos, *Leben des Apollonius von Tyana*, herausgegeben von D.Del Corno, Mailand 1978. Zu den Sadduzäern vgl. J.Le Moyne, *Les Sadducéens*, Paris 1972.

14. Die verschiedenen Teile, aus denen die Schrift sich zusammensetzt, sind vom dritten vorchristlichen bis zum ersten nachchristlichen Jahrhundert zu datieren. Zum Text und den mit ihm in Zusammenhang stehenden Fragen vgl. R.H.Charles, *The Book of Enoch or 1 Enoch translated from the Editor's Ethiopic Text*, Oxford 1912 (mehrere reprographische Nachdrucke); und ferner *The Apocripha and Pseudepigrapha of the Old Testament in English*, hg. von Ders., (Neudruck) 1973, Band 2, S. 163-281; P.Sacchi, *Apocrifi dell'Antico Testamento*, Turin 1981, S. 413-677.

15. Im Zweiten Buch Baruch (1.-2. Jahrhundert n. Chr.) heißt es: «Die Verwesung ergreift jene, die ihr zugehören. Der Staub aber wird aufgerufen und eine Stimme wird sagen: Gib wieder, was dir nicht

gehört, gib alles frei, was du zu seiner Zeit gehütet...» (2 Baruch 42,7-8).

16. Auf derselben Linie bewegt sich folgender Passus des bereits zitierten Zweiten Buches Baruch: «In Wahrheit ist alles, was heute ist, ein Nichts, gewaltig aber wird sein, was da kommt... Die Zukunft ist Ziel unserer Sehnsucht, unsere Hoffnung richtet sich auf das Kommende: Zeit, die nicht vergeht, ein Zeitalter, das dauert auf ewig, eine neue Welt voll Unverweslichkeit, ... die Behausung der anderen aber – und ihrer sind viele – wird sein das ewige Feuer» (2 Baruch 44,8.11-12.15).

17. Ich folge der Ausgabe von R.H.Charles, a.a.O., S. 425-469. Der Text wird oft auch zitiert als Zweites Buch Henoch, obgleich es sich um eine von dem gleichnamigen Buch des Alten Testaments völlig unabhängige Schrift handelt.

18. Unter dem Namen Esra sind vier Bücher überliefert. Zwei davon wurden in den biblischen Kanon aufgenommen (eines davon unter dem Namen Nehemia), die beiden anderen zu den Apokryphen gerechnet. Im Vierten Buch Esra wird erzählt, nach dem Fall Jerusalems, dem Brand des Tempels und der babylonischen Gefangenschaft sei das Gesetz des Mose verlorengegangen. Bei der Rückkehr aus dem Exil nun zieht sich Esra, von Gottes Geist bewegt, mit fünf Schreibern zurück und diktiert in vierzig Tagen 94 Bücher: 24, das heißt also sämtliche des jüdischen Alten Testaments, zur allgemeinen Lektüre, 70 aber ausschließlich zum Gebrauch der Weisen und Schriftgelehrten (4 Esra 14,27-48). Im Zuge dieser Überlieferung wird Esra die Entstehung der apokryphen Literatur zugeschrieben.
Das Vierte Buch Esra besteht aus einer Vielzahl von Einzelquellen: ein Teil ist christlichen Ursprungs (und zwar die Kapitel 1-2 und 15-16, bekannt auch unter dem Namen Fünftes und Viertes Buch Esra). Einen beträchtlichen Anteil nimmt dabei eine jüdische Apokalypse des ersten bis zweiten nachchristlichen Jahrhunderts ein (Kapitel 3-14). Zu den genannten Kapiteln gesellte sich unlängst ein neuentdecktes Manuskript, das man in den Textzusammenhang von 6,35-9,25 einzuordnen versucht hat: es handelt sich um die *Visio Beati Esdrae*. Für das Vierte Buch Esra folge ich der Ausgabe von R.L.Bensley, *The Fourth Book of Ezra*, Einführung von M.R. James (Texts and Studies 3/2), Cambridge 1895 (Neudruck 1967). Vgl. auch B.Violet, *Ezra-Apocalypse (IV Ezra)*. Erster Teil: *Die Überlieferung* («GCS» 18), Berlin 1918.

19. Text veröffentlicht bei O.Wahl, *Apokalypsis Esdrae – Apocalypsis Sedrach – Visio Beati Esdrae*, Leiden 1977. Das Werk weist einen

leicht erkennbaren, wohl eher späten Einschub aus christlicher Zeit von geringem Wert auf.

20. Weniger augenfällig, aber durchaus vergleichbar ist der Anklang, der sich im Vierten Buch Esra (4 Esra 7,1-12) findet: das Motiv des engen Weges, der zwischen Feuer und Wasser zur verheißenen Stadt führt.

21. Ich stütze mich im folgenden auf die Studie von M.Delcor, *Le Testament d'Abraham. Introduction, Traduction du texte grec et commentaire de la recension grecque longue*, Leiden 1973.

22. Das Vierte Buch Esra erwähnt vier Eingänge zum Himmel; vgl. 4 Esra 3,19.

23. Der Verfasser des Vierten Buches Esra führt ein fiktives Gespräch zwischen Gott und Esra über die geringe Zahl der Geretteten ein. An dessen Ende redet der Protagonist Erde und Menschengeschlecht im Ton eines tiefen und begründeten Pessisismus an: «Oh Erde, was nur brachtest du hervor?... besser, der Staub hätte niemals das Licht erblickt und die Gabe der Einsicht empfangen. So aber wächst mit der Zahl unserer Jahre auch die Einsicht, und wir empfinden Qualen, weil wir das Geschick kennen, das uns erwartet. Weinen und klagen mögen die Menschen, die Tiere aber frohlocken... denn wahrlich, glücklicher sind sie als wir: sie erwarten kein Gericht, kennen nicht unsere Qualen und finden jenseits des Todes keine Hoffnung auf Rettung. Uns aber, was frommt es, ob wir gerettet oder mit Pein geschlagen werden? Alle, die geboren werden, haben teil an Ungerechtigkeit und Schuld. Vielleicht wäre uns besser, es gäbe keine Vergeltung nach dem Tod» (4 Esra 7,49-69).

24. Die Posaune hat hier eine einzigartige Funktion: Verzehrt die Flamme, die sie ausströmt, eines Menschen Werk, so zeigt sich, daß er zum Ort der Pein gehen muß; hält sein Werk aber der Flamme stand, so ist er würdig des Erbteils der Gerechten.

25. Kein Kommentar des Testaments erwähnt diese Bitte. Tatsächlich fand das Gebet für die Verstorbenen keine allgemeine Zustimmung. Von der positiven Stellungnahme des Zweiten Buches der Makkabäer war schon die Rede; ähnlich zustimmend auch Buch Henoch (14,4) und weiterhin das Buch der Geheimnisse des Henoch (Kap. 7); das Vierte Buch Esra hingegen bestreitet den Wert einer solchen Fürbitte: «Niemals wird einer für einen anderen zu bitten vermögen; jeder trägt vielmehr seine eigene Gerechtigkeit und Schuld» (4 Esra 7,105).

1. Für den gesamten Abschnitt über das Neue Testament stütze ich mich auf folgende kritische Ausgabe des griechischen Textes: *The Greek New Testament*, hg. von K.Aland, M.Black, C.M.Martini, B.M.Metzger und A.Wikgren, Stuttgart [2]1971; für die Evangelien ziehe ich außerdem die kritische Ausgabe heran: *Synopsis Quatuor Evangeliorum, locis parallelis evangeliorum apocryphorum et patrum adhibitis*, edidit K.Aland, editio tertia, Stuttgart 1965; ferner die *Synopse des Quatres Evangiles en français, avec parallèles des apocryphes et des pères*, herausgegeben von P.Benoit und M.-E.Boismard, 2 Bände, Paris 1966-1972.

2. Wie mir scheint, zeigt der christliche Begriff des «Gastmahls» keine Beziehung zum «eschatologischen Bankett» eines Teils der jüdischen Literatur mit den mythologischen Tieren Behemot und Leviathan (4 Esra 6,52; 2 Baruch 73,1-74,4). In den Evangelien hat «Gastmahl» eine grundlegend andere Bedeutung.

3. Paulus äußert die gleiche Sehnsucht auch an anderer Stelle (vgl. 1 Thess 4,15).

4. In verschiedener Hinsicht könnte man sagen, Paulus entwickle eine Lehre im Sinn der Vergeistigung fort, die, wie wir sahen, schon im Judentum anzutreffen ist (vgl. auch 2 Baruch 49,2-50,4 und Henoch 104,4-6); doch ist offenkundig, daß die Lehre des Christentums, ganz auf die Person Christi bezogen, von wesentlich neuartigen Motiven und Perspektiven bewegt wird.

5. *Brief an Reginus*, wiedergegeben im Kodex I von Nag Hammadi, 45,14-46,8). Im Hinblick auf Sonderungstendenzen in den Anfangsjahren des frühen Christentums läßt sich auch der Fall der beiden Christen deuten, die Paulus tadelt, weil sie behaupten, «die Auferstehung habe schon stattgefunden» (2 Tim 2,18), und ebenso auch das Evangelium des Philippus, 56,24-27,19 (hierzu L.Moraldi, *I Vangeli gnostici*, S. 53 und 188-189).

6. Entstanden aus dem hebräischen Begriff Ge-Hinnom, «Tal des Hinnom», ist Gehenna der Name eines Tals bei Jerusalem, das eine Zeitlang – unter der Herrschaft der Könige von Juda – durch die Darbringung von Kindern als Menschenopfer entehrt wurde (Opfer des Moloch). Später wurde er zum Synonym für einen «verfluchten Ort», der Missetätern und ihrer Bestrafung vorbehalten war.

7. In einem Gleichnis wird gesagt, daß der Schuldige nicht aus dem Kerker freikommen wird, bis er «die ganze Schuld» bezahlt hat (Mt 5,26 und Lk 12,59).

8. Die verschiedentlich bei Origenes ausgedrückte Meinung von der Zeitlichkeit der Sündenstrafen spiegelt eine stets weitverbreitete Empfindung wieder. Zur sehr prononcierten Auffassung des Origenes vgl. den Aufsatz mit Quellenteil von H.Crouzel, *L'Hadès et Géhenne selon Origène*, in: «Gregorianum», 59 (1978), 291-331.

9. Vgl. auch 1 Tim 6,15; Röm 5,15-19; 6,6-11; 1 Kor 15,21-22.45-49; 2 Tim 2,11-13.

10. Seele, Unsterblichkeit, Vergeltung sind drei bei Origenes erörterte und im christlichen Sinn vertiefte Themen: vgl. hierzu die ausführliche und tiefdringende Studie von H.Crouzel, *Mort et immortalité selon Origène*, in: «Bulletin de Littérature Ecclésiastique», 79 (1978), 19-38, 81-96, 181-196.
Auffällig ist die nur zögernde Rezeption dieser Lehre vom besonderen Gericht nach dem Tode jedes einzelnen, das nur spät von der christlichen Tradition übernommen wurde, die dazu neigte, die Vergeltung ausschließlich dem Endgericht nach Christi Wiederkunft zuzuschreiben. Tertullian zum Beispiel hielt das besondere Gericht für ein Privileg der Märtyrer, nicht so hingegen Clemens von Alexandrien und Origenes: es handelt sich um eine Kontroverse, die lange anhält und wie es scheint – ungeachtet der sehr klaren Aussagen des Neuen Testaments zu diesem Punkt – auch heute in einzelnen Kreisen noch nicht völlig verstummt ist.

11. Für alle Apokryphen des Neuen Testaments, die ich im folgenden zitiere, stütze ich mich auf die vollständigste Ausgabe (sie bietet Textkritik und Bibliographie auf dem neuesten Stand) aus der Reihe «Classici delle Religioni», UTET, Turin: L.Moraldi, *Gli Apocrifi del Nuovo Testamento*, 2 Bände, 1971. Zum Traktat über Joseph s. Bd. 1, S. 313-352 mit der arabisch-lateinischen und sahidischen Fassung.

12. Zu den Vorstellungsbildern der Jenseitsreise vgl. die verschiedenen gnostischen Zeugnisse, zitiert in *I Vangeli Gnostici*, hg. von Luigi Moraldi, Mailand 1984, S. 104-114.

13. Der Verfasser gehörte vermutlich der besonders in Ägypten verbreiteten millenaristischen Bewegung an (vgl. Eusebios, *Historia eccles.*, VII, XXIV-XXV).

14. Vgl. L.Moraldi, a.a.O., Band 1, S. 503-517.

15. Irenäus lehrte, Christus sei vom Augenblick seines Todes bis zur Auferstehung «in den unterirdischen Regionen der Erde» gewesen (*Adv. haer.*, V, 31).

16. Zum Evangelium des Bartholomäus vgl. L.Moraldi, a.a.O., S. 749 bis 800; zum koptischen Fragment ebd., S. 410-419.

17. l. die in drei verschiedenen Redaktionen überlieferten Texte in der oben (Anm.11) zitierten Textsammlung *Apocrifi del Nuovo Testamento*, Band 1, S. 617-653.

18. Diese Fassung der *Apokalypse* des Petrus stützt sich auf das Fragment von Akhimim; sehr viel ausgefeilter ist dagegen die äthiopische Fassung: vgl. L.Moraldi, a.a.O., Band 2, 1545-1548, 1815 bis 1848.

19. Zu diesen *Sibyllinischen Orakeln* vgl. Moraldi, a.a.O., S. 1849-1854. Zur Apokalypse vgl. A.Oepke, in: «Theologisches Wörterbuch zum N.T.», Band I, 1933, S. 388-392; C.Lenz, in «Reallexicon für Antike und Christentum», Band I, 1954, S. 510-516. Zur gesamten Fragestellung des Origenes: H.Crouzel, *L' Hadès et la Géhenne selon Origène*, a.a.O.

20. Zeugnis bei Barhebräus in seinem *Nomacanon*, VIII, 9. Mag dieser Beleg von zweifelhaftem Wert sein, so ist offenkundig die Abhängigkeit des Origenes von der *Apokalypse* des Paulus Kap.13, wo das Schicksal der Seelen unmittelbar nach dem Tod beschrieben wird (*Homil. V in Psalmos*).

21. Vgl. Kathemerinon, *Hymnus*, 121-137 (CSEL, 61, 1926, 30).

22. Vgl. *Tract. in Johan.*, 98, 8 (*Corp. Christ.*, 36, 1954, 581).

23. Vgl. *Enchiridion*, Kap.12 (PL, 40).

24. Sozomenos, *Hist.eccles.*, VII,19 (GCS, 50, 331).

25. Grundlegende kritische Studien zur Textüberlieferung: C.Tischendorf, *Apocalypses apocryphae*, Leipzig 1866, S. 39-69; E.A.Wallis Budge, *Miscellaneous Coptic Texts in the Dialect of Upper Egypt*, London 1915, S. 534-574 (koptischer Text), S. 1043-1084 (englische Übersetzung); H. Brandes, *Visio sancti Pauli. Ein Beitrag zur Visionslitteratur mit einem deutschen und zwei lateinischen Texten*, Halle 1885; ferner Ders., *Ueber die Quellen der mittelenglischen Versionen der Paulus-Vision*, in: «Englische Studien», VII (1884), 34-65; C.Kraus, *Deutsche Gedichte des zwölften Jahrhunderts*, Halle 1894.

26. M.R.James, *Visio Sancti Pauli. Apocrypha Anecdota*, in: «Texts and Studies», Band II, 3, Cambridge 1893, S. 1-42 (Nachdruck 1967); E.Wieber, *De Apocalypsis S. Pauli codicibus*, Marburg 1904; St. John Seymour, *Irish Versions of the Vision of St. Paul*, in: «Journal of Theological Studies», 24 (1922), 54-59; R.Casey, *The Apocalypses of Paul*, in: «JThSt», 34 (1933), 1-32; G.Ricciotti, *L'Apocalisse di Paolo siriaca*, 2 Bände, Brescia 1932; Th.Silverstein, *Dante and the Visio Pauli*, in: «Modern Language Notes», 47 (1932), 387-399; *The Vision of Saint Paul: new Links and Patterns in the Western Tradition*, in: «Archives d'histoire doctrinale et littérature du Moyen Age», 26 (1959), 199-248.

1. Der Herrscher begünstigte die Verbreitung orientalischer Wissenschaft im Abendland, indem er den Christen zahlreiche arabische Schriften zugänglich machte. Die *Himmelfahrt des Propheten* ist nur eine von ihnen.

2. Die politischen und wissenschaftlichen Aktivitäten dieses gelehrten Arztes am kastilischen Königshof fallen in die Jahre von 1264-1294, spielten sich also unter der Herrschaft König Alphons des Weisen sowie unter derjenigen seines Sohnes Sancho V. des Tapferen ab.

3. Auch er befand sich, zusammen mit anderen toskanischen Verbannten, am Hofe von Alphons X.; seine lateinische Übersetzung leitet er durch eine Rechtfertigung ein, in der es unter anderem heißt, daß der Glaube an Christus Anlaß zu umso größerer Freude sei, wenn er mit den «Lügen» Mohammeds verglichen werde, und daß das Licht im Vergleich mit der Finsternis nur umso strahlender erscheine.

4. Im folgenden gebe ich keine bloße Zusammenfassung des berühmten Textes, sondern versuche ihn zugleich sorgfältig in die breite Tradition des Islam einzubetten – jedenfalls in den Punkten, die mir bedeutsam scheinen.

Für den Text der *Himmelfahrt* folge ich den angesehenen Studien von Miguel Asìn Palacios, *La Scala Musulmana en la Divina Commedia*, Madrid 1919 (^{2}1943); José Munoz Sendino, *La Escala de Mahoma: traducin del àrabe al castellano, latin y francés, ordenada por Alfonso X. el Sabio*, Madrid 1949; Enrico Cerulli, *Il «Libro della Scala». La questione delle fonti arabo-spagnole della Divina Commedia*, Vatikanstadt 1972 («Studi e Testi», 271); Th.Silverstein, *Dante and the Legend of the Mi'rag: the Problem of Islamic Influence on the Christian Literature of the Otherworld*, in: «Journal of Near Eastern Studies», XI (1952), 89-110, 187-197.

Was den Koran angeht, halte ich mich an die arabisch-englische Ausgabe, besorgt von Abdullah Yusuf Ali, *The Holy Qur-an. Text, Translation and Commentary*, Beirut 1968; ergänzend ziehe ich die italienische Übersetzung von M.M.Moreno, *Il Corano*, Turin 1967, heran. Im folgenden Abschnitt richte ich mich vor allem nach Cerulli, der eine französische Fassung aus der Biblioteca Bodleiana, Oxford, Laud. Misc. 534, wiedergibt, und der lateinischen Fassung des Cod. lat. 6064 der Nationalbibliothek zu Paris, die ich derjenigen des Cod. Vaticanus Latinus 4072 gegenüberstelle. Für die Übertragung der Koranzitate ins Deutsche wurde in Zweifelsfragen die

maßgebliche philologische Übersetzung von Rudi Paret (Stuttgart
1966) konsultiert.

5. Die berühmte Reise, zu der sich Mohammed in Gabriels Begleitung
anschickt, wird im allgemeinen mit derjenigen verglichen, von der
die XVII. Sure handelt. Diese beginnt mit den Worten: «Lob sei
dem, der des Nachts seinen Diener vom heiligen Tempel zum entfernteren Heiligtum entrückte, dessen Einfriedung wir preisen, um
ihn unsere Vorzeichen schauen zu lassen.»

6. Vgl. auch Abdullah Yusuf Ali, a.a.O., S. 691f.
Es ist nützlich sich zu erinnern, daß der Großteil der islamischen
Theologen den Weg des Propheten wörtlich nimmt, den daran
anschließenden Bericht jedoch für eine mystische Vision hält und
ausschließlich symbolisch interpretiert. Vgl. Abdullah Yusuf Ali,
a.a.O., S. 1464-1470.

7. Die Nummern, die ich jedem der längeren oder kürzeren Abschnitte
folgen lasse, verweisen auf die Paragrapheneinteilung der lateinischen Textfassung.

8. Al-Gazali nimmt diesbezüglich eine dreifache Unterscheidung vor:
«Der Mensch muß glauben, daß es eine Vergeltung für seine Taten
gibt und daß die Menschen unterschieden werden nach denen, gegen welche bei der Vergeltung Strenge geübt wird, jenen, denen
Nachsicht und Verzeihung gewährt wird, und jenen, die ohne vor-
herige Rechenschaft ins Paradies eintreten: diese stehen Gott am
nächsten» (vgl. L.Veccia Vaglieri und R.Rubinacci, *Scritti scelti di
al-Ghazali*, Turin 1970).

9. Ein vielverehrter Lehrer des Islam, Abu-al-Fadl al-Ahmadi (gestorben im Jahr 1536), stellte hierzu eine Lehre auf, die geeignet
war, jede Paradieseshoffnung völlig zufriedenzustellen: «Die Seligen werden das Paradies zum Lohn erhalten genau so, wie sie es
sich ersehnten, gemäß dem Bilde, daß sie sich von ihm machten;
als Idee, wenn sie es sich idealerweise gedacht hatten, als sinnliche
Wirklichkeit, wenn sie es sich vorstellten gemäß den Sinnen und
der Empfindung. Im Paradies werden die Körper der Seligen von
ihren Seelen umgeben sein – nicht umgekehrt, wie es in dieser
Welt geschieht –, und folglich werden sie auch stets jene Gestalt
annehmen, welche die Seele sich wünscht; ganz so tun es ja auch
die Engel. Im Paradies vereinigen sich die Seelen, um geistige
Söhne zu bilden, die sichtbar sein werden dem Körper und der
Gestalt nach. Die Gottesschau aber wird den Seligen in verschiedenem Maß zuteil: einer wird ihn nur mit einem Teil des Auges
schauen, ein anderer hingegen mit dem ganzen Auge, wiederum
ein anderer mit dem ganzen Antlitz oder dem ganzen Körper»

(*Vite e Detti di Santi Musulmani*, hg. von V.Vacca, Turin 1968, S. 370).

Der *Koran* selbst hatte bestätigt: «Gott hat den gläubigen Männern und Frauen Gärten versprochen, in deren Niederungen Bäche fließen, daß sie ewig darin weilen, und gute Wohnungen in den Gärten von Eden. Aber Gottes Wohlgefallen bedeutet noch mehr als all dies. Das ist das große Glück.»

10. Wahrscheinlich bezieht sich der Theologe des Islam, al-Gazali, auf diese Flüsse, wenn er schreibt: «Der Mensch muß glauben, daß aus einem Becken, dem Becken des Mohammed – Gott möge ihn segnen und ihn sein Heil schauen lassen –, die Gläubigen trinken werden, bevor sie ins Paradies eingehen, nachdem sie die Brücke überquert haben; und wer auch nur einen Schluck davon trinkt, wird nie mehr durstig sein. Seine Fläche ist länger als die Strecke, die man in einem Monat zurücklegt, sein Wasser weißer als Milch und süßer als Honig. Rings umher stehen Schalen, so zahlreich wie die Sterne des Himmels. Zwei Kanäle fließen dorthin . . .» (L.Veccia Vaglieri und R.Rubinacci, a.a.O., S. 157).

11. Und an anderer Stelle des Korans heißt es: «Die Gottesfürchtigen werden an sicherer Stätte wohnen, zwischen Gärten und Quellen – Wort des Höchsten! –, und wir werden sie schönäugigen Frauen vermählen» (XLIV,51-54).

12. Ein Beispiel dafür findet sich in der schönen Sure LV des Korans mit ihren stets wiederkehrenden Fragen: «Warum also leugnet ihr die Gaben unseres Herrn?»

13. Fabeltiere, die der biblischen Mythologie und entfernteren Quellen entstammen (vgl. Buch Hiob 40,15-32).

14. Hierzu heißt es übrigens im Koran: «Für sie alle aber (das heißt die Irrgläubigen und die Ungläubigen) ist die Hölle der Ort ihrer Verheißung. Sieben Pforten hat sie; an jeder von ihnen aber befindet sich eine besondere Schar von diesen» (XV,43-44).

15. Andere Figuren der biblischen Mythologie, Feinde der Gerechten, die am Ende der Zeiten erscheinen werden (vgl. Ez 39,4 und Offb 20,8).

16. Auch der Koran erwähnt die Waage des Endgerichts: «Gott ist es, der aus der Höhe die Schrift und die Waage des Gerichts herabsandte. Wer aber weiß, ob nicht gleich ihre Stunde bevorsteht?» (XLII,16); Gott «hat den Himmel aufgerichtet und die Waage hingestellt» (LV,7-9); «Deshalb ließen wir die Schrift und die Waage herabsteigen, auf daß die Menschen Gerechtigkeit übten» (LVII,25). Und al-Gazali bekräftigt: Der Gläubige «muß glauben an die Waage mit Waagschalen und Zeiger, und ferner, daß diese so gewaltig ist

wie die Ebenen des Himmels und der Erde und auf ihr, durch die
Macht des erhabenen Gottes, alle Taten der Menschen liegen werden. Die Gewichte aber werden an jenem Tage so fein sein wie
Staubkörner oder Senfkörner, um vollkommene Gerechtigkeit zu
üben. Die Blätter, auf denen die guten Werke verzeichnet sind,
werden in anmutiger Form auf die Waagschale des Lichts gelegt
werden, und durch die Gnade Gottes wird diese sich senken gemäß
dem Gewicht, das jene vor Gott besitzen; auf beschämende Weise
hingegen werden die Blätter der schlechten Werke in die Waagschale der Finsternis geworfen, und durch Gottes Gerechtigkeit
werden sie jene andere Waagschale in die Höhe steigen lassen»
(a.a.O., S. 157).

17. Die «Brücke» wird im Koran nicht erwähnt, bildet aber nach al-Gazali einen verbindlichen Bestandteil des islamischen Glaubens: «Der
Mensch muß glauben, daß die Brücke wahrhaft existiert. Es ist eine
Brücke, welche die Hölle überspannt, schärfer als des Schwertes
Schneide und feiner als ein Haar. Durch Gottes Urteil werden auf
ihr strauchlen die Füße der Ungläubigen, die darum ins Feuer hinabstürzen. Durch Gottes Gnade aber werden auf ihr sicher wandeln
die Füße der Gläubigen, die so zur Wohnung der Sicherheit, dem
ersehnten Ziel gelangen» (a.a.O.)

18. Die Fürbitte für die Gläubigen stellt nach al-Gazali einen Glaubens-
artikel dar: «Man muß glauben an die Fürsprache der Propheten,
dann der *Ulema*, sodann der anderen Gläubigen gemäß dem Rang,
den sie beim erhabenen Gott einnehmen. Und wer immer von den
Gläubigen ohne Fürsprecher bleibt, wird durch die Gnade des großen und gewaltigen Gottes aus dem Feuer befreit. Deshalb auch
bleibt kein Gläubiger auf ewig im Feuer. Wer immer im Herzen
auch nur ein Gran Glauben trägt, wird daraus befreit werden»
(*Scritti scelti*, a.a.O., S. 158).

19. Zu den verschiedenen Formen des Gerichts im Koran vgl. auch
Abdullah Yusuf Ali, a.a.O., S. 1838-1841.

20. Hierzu heißt es im Koran: «Wenn der unausweichliche Tag heran-
naht... und die verfallenen Leiber der Toten wie Staub weithin
verstreut werden»: das ist der Tag der Auferstehung und der Gerechtigkeit (LVI,5-6).

21. Eine arabische Sentenz, die unter anderem aufgrund ihres Alters
hohes Ansehen genoß, besagt: «Keine der Höllenstrafen ist härter
als der Ausschluß aus dem Paradies» (*Vite e Detti di Santi Musulmani*, a.a.O., S. 398).

22. Vgl. Abdullah Yusuf Ali, a.a.O., S. 699f.

23. Ich verweise den Leser auf die umfangreiche Studie Cerullis, der in zwei Bänden zum erstenmal die Zeugnisse von etwa 1220 bis zum Ende des 17. Jahrhunderts zusammenfaßt.
24. Zitiert nach E.Cerulli, *Il «Libro della Scala»*, a.a.O., S. 355f.
25. Eine Gesamtübersicht der einzelnen Probleme geben die eingangs zitierten Artikel von Th.Silverstein, der auch Palacios' Thesen eingehend analysiert und zurückweist.

Die Apokalypse des Paulus

1. Der Autor gibt eine Paraphrase von 2 Kor 12,1-5.
   Der griechische Text beginnt mit den Worten: «Apokalypse des heiligen Apostels Paulus: was ihm geoffenbart wurde, als er bis zum dritten Himmel aufstieg, ins Paradies entrückt wurde und unaussprechliche Worte vernahm.» Die lateinischen Handschriften stellen dagegen meist den Bericht von der Auffindung des Textes an den Anfang, während die syrische Version diese Erzählung ans Ende setzt.
   Einige der lateinischen Handschriften nehmen zudem die den Leser am meisten überraschenden Elemente der nachfolgenden Erzählung vorweg, wie etwa: «Wir müssen den fragen, der zum erstenmal erwirkte, daß den Seelen in der Hölle eine Ruhefrist gewährt wurde, das heißt den heiligen Paulus und den Erzengel Michael, als sie in die Unterwelt eintraten. Gott gebot Michael, Paulus zu begleiten, damit dieser die Strafen der Unterwelt sehe. Es ziemt sich daher, daß wir die Strafen der Hölle fürchten und die Freuden des Paradieses lieben, die Paulus geoffenbart wurden . . .»
2. Die folgende Synopse stellt eine Verbindung des griechischen Textes mit der lateinischen Handschrift in Paris dar, die ich hier wiedergebe. Die Namen der Konsuln jedoch sind andere: hier Theodosius der Jüngere und Kinesios, dort «die Konsuln Theodosius der Fromme, Kaiser der Römer, und Grazian, ein Mann von höchstem Ansehen» (anstelle von «Grazian» erscheint auch die Auflösung «Konstantius» denkbar). Als zeitliche Markierung nehmen einige Gelehrte 388 an.
3. Nach der griechischen Version behielt er nicht das Original, sondern die Abschrift für sich.
4. Der Autor deutet hier auch die grundsätzliche Harmonie zwischen den Geschöpfen und dem Kosmos an, ebenso die Zwietracht, die Folge menschlicher Sünde; beide Elemente sind Bestandteil der ein-

328

zigartigen biblischen Konzeption des Kosmos. Vgl. hierzu etwa Gen
3,17-19 und Röm 8,19-22. Vor diesem Hintergrund sind die Anru-
fungen der folgenden Kapitel zu sehen, in denen es um die Wiederherstellung der ursprünglichen Schöpfungsordnung geht.

5. *Während ein anderer...*: dieser Passus fehlt in der Pariser Handschrift; ich habe ihn hier als Einfügung aus der griechischen Fassung
übernommen.

6. Dieser Satz wurde der griechischen Fassung entnommen, da der
entsprechende Passus in der lateinischen unlesbar ist.

7. Die Formulierung «dritter Himmel» füge ich in Übereinstimmung
mit der syrischen Fassung ein. Letzten Endes aber geht sie auf den
zweiten Korintherbrief des Apostels Paulus (12,2) zurück.

8. Der Ausdruck «gemischt von den Fürsten...» wird verschieden
interpretiert. Im griechischen Text steht «gemischt mit dem Verderben der Sünder», im syrischen dagegen «vermischt mit den Gebeten
der Menschensöhne».

9. Von hier bis zum nächsten Hauptabschnitt bietet die syrische Version eine völlig abweichende Textfassung (die wahrscheinlich jedoch einige Elemente des Originals überliefert): «Und die Seele
wurde dort gebunden (das heißt: unbeweglich gemacht); und es
erhob sich ein Streit zwischen den guten und den bösen Engeln.
Und als der Geist der Abirrung dies gesehen hatte, heulte er mit
lauter Stimme und sprach: Wehe dir! Denn nichts fanden wir in
dir, das zu uns gehört; und nun stehen alle Engel und Geister dir
bei gegen uns – alle stehen nun auf deiner Seite, und du bist uns
entkommen.
Nun ging er aus mit einem anderen Geist, dem Geist der Verleumdung, und mit dem Geist der Unzucht; und sie begannen sich dieser
Seele zu nähern. Und als diese sie erblickte, weinten sie ihretwegen
und sprachen: Wie nur konnte uns diese Seele entkommen? Gewiß,
sie hat während ihrer Erdenzeit Gottes Willen getan, und deshalb
nun stehen ihr die Engel bei und helfen ihr, uns zu entkommen. Und
alle Gewalten und die bösen Engel näherten sich ihr und traten ihr
zur Seite. Doch nichts fanden sie in ihr, das ihnen angehörte, und
nichts konnten sie zugunsten ihrer Sache tun. Sie klapperten mit den
Zähnen über diese Seele und sagten: Wie nur konntest du uns
entkommen? Und es entgegnete ihnen, der ihr Geleit gab, und
sprach zu ihnen: Geht fort von hier, Toren! Ihr habt keinen Teil an
ihr. Zwar ward ihr sehr listenreich; ihr suchtet sie zu verlocken,
solange sie auf Erden lebte, doch sie gab euch kein Gehör.
Und danach vernahm ich die Stimme von tausend und abertausend
Engeln, die sprachen· Jauchze und frohlocke, o Seele, und sei stark,

329

fürchte nichts! Und Großes geschah an dieser Seele, denn sie hatte Gottes Siegel bewahrt . . .»
Zur Begegnung der Seele mit den Mächten des Bösen auf ihrem Weg von der Erde zum Himmel vgl. L.Moraldi, *Testi Gnostici*, Turin 1982 und *Vangeli Gnostici*, Mailand 1984, S. 104-115. Diese Sicht war der Gnosis geläufig, doch war sie auch verschiedenen eher der Orthodoxie zuzurechnenden Strömungen nicht ganz fremd.

10. Es ist der Ausspruch, den die Evangelien Jesus in Bezug auf Judas sagen lassen: «Besser wäre es für jenen Menschen, er wäre nie geboren» (Mt 26,24); die Verfluchung des Tages der Geburt findet sich in der Bibel an zwei verschiedenen Stellen: Hiob 3,3 und Jer 20,14.

11. Dieser ganze Passus bis zum Ende des Hauptabschnitts fehlt im lateinischen Text; meine Einfügung entspricht der syrischen Textfassung (Kap.14).

12. Im griechischen Text steht «Temeluchos».

13. *Tartarus* ist die am meisten verbreitete Lesart. Die koptische Fassung hingegen hat «Temeluchos» und die griechische «Tartaruchos».

14. Die Bedeutung des Wortes ist unklar. Der Sinn der Stelle geht deutlicher aus der syrischen Fassung hervor (dort Kap. 19): «Und er seufzte und klagte bitterlich und sprach zu mir: Mein Gebieter, wohl habe ich Grund, mich über das menschliche Geschlecht zu betrüben und zu trauern! Denn groß sind die Güter und ohne Zahl die Wohltaten, die Gott ihnen zudachte; und gleicherweise gewaltig sind die Verheißungen, die du ihnen verkündest. Doch sie betrügen sich selbst, denn sie achten nicht auf die Gebote unseres Herrn; deshalb werden nicht alle dieser Wohltaten für würdig befunden».

15. Die verschiedenen Versionen zeugen von einer sonderbaren Verwechslung zwischen *Helios* (Sonne) und *Helias* (Elija). Deshalb bieten viele Manuskripte die Variante: «. . . und sogleich kam mir die Sonne entgegen, um mich zu begrüßen . . .» Zum «Millenarismus» des Autors, ablesbar den folgenden Kapiteln, vgl. diesbezügliche Nachrichten des Eusebios von Cäsarea an Kerintos (*Hist. eccles.*, III, 28, 2-5; VII, 25, 3), an Papias (ebd. III, 39, 11-12) und an Nepos (ebd. VII, 24). Es handelt sich um eine in Teilen des antiken Christentums verbreitete und geschätzte Vorstellung.

16. Die syrische Fassung bietet hier eine sehr charakteristische Lesart: statt der Version *Acherusia limne*, «Acherusischer See», bietet sie den Passus: «dies ist die Weisheit der Eucharistie . . .» Obwohl offensichtlich auch der syrische Kopist den griechischen Text vor Augen hatte, der von «See» spricht, ist vielleicht denkbar, daß ihm die Bedeutung des griechischen Wortes «Acherusia» unklar gewesen

sein könnte und er es mit dem ihm geläufigeren Begriff «Eucharistia» verwechselte; da er aber keinen Zusammenhang zwischen Eucharistie und «See» sah, änderte er das griechische *limne* in *logos* um (das heißt, «See» in «Weisheit»). Oder man erklärt den rätselhaften Irrtum einfacher mit dem großen Textphilologen C.Tischendorf «ex miro interpretis errore».

17. In der syrischen Textfassung wird der Vorgang anders motiviert: «Es waren Asketen, die fasteten und ihre Gebete mit lauter Stimme vor sich hinsagten; doch ihr Herz war hochmütig vor Gott, so daß sie keiner einzigen *netunia* (das heißt, Bußhandlung) fähig waren. Ihr Herz war lastend geworden in ihnen, und sie glaubten, über das erhaben zu sein, was die Schrift über sie sagt – hast du es nicht vernommen, o Paulus – daß diese mehr als alle Menschen sich selbst rühmten, ihre Gefährten aber verachteten . . .» (Kap. 25).

18. Die syrische Fassung hat nichts mit der phantastischen Interpretation gemein, die an dieser Stelle gegeben wird (das Syrische ist dem Hebräischen verwandt, was den Schreiber hinderte, eine so komplizierte Interpretation zu übernehmen). Stattdessen heißt es dort einfach: «Wisse, ‹Halleluja› bedeutet auf hebräisch ‹Lobet den Seienden› (das heißt, Jahwe). Wahrhaftig, als erste singen durch ihn die Engel unaufhörlich in der Höhe und lobpreisen den, der uns das Heil sandte und alle Dinge für uns erschuf . . .» Das Kapitel schließt in der syrischen Fassung mit einer eigenen Lesart, die eine für monastische Kreise typische Denkweise verrät: «Wenn also dieser Mann (der nicht ‹Halleluja› antwortet) einen einzigen Antwortpsalm verschmäht, so darum, weil der Teufel ihn durch Hochmut verführt und er nicht gewahr wird, daß er Gott das schuldige Lob weigert. Denn wann immer der Mensch betet, spricht er mit Gott, und so beraubt dieser Mann sich selbst des Gesprächs mit Gott» (Kap. 30).

19. Eine Wiener Handschrift, die im allgemeinen alle Szenen in verkürzter Form bietet, fügt hier einen erweiterten und mit griechisch-lateinischen Reminiszensen angereicherten Passus ein: «Und er führte mich an einen gewaltigen Wasserfluß. Paulus aber fragte: Was ist das für ein Fluß? Der Engel gab zur Antwort: Dies ist der Ozean – die Sterne des Himmels kreisen über ihm, und er umspannt die ganze Erde. Dort aber sah ich einen furchteinflößenden Ort, lichtlos, von Finsternis, Trauer und Seufzern erfüllt. Der Name dieses Ortes ist Kokytos. In ihn münden drei andere Flüsse, Styx, Phlegeton und Acheron. Über den Sündern aber erhob sich etwas, das war vergleichbar einem Berg aus Feuer. Im Flusse hauste ein feuriger Drache, aus dessen Hals hundert Köpfe hervorwuchsen;

aus jedem Haupt aber ragten tausend Zähne, und jeder von ihnen war wie der eines Löwen. Sein Blick riß Wunden wie spitze Schwerter, sein Rachen aber stand allzeit offen und verschlang die Seelen. Sein Name war Partemon. Frösche in großer Zahl und jede Art von Würmern gingen aus seinem Maul hervor. Zwischen seinen Zähnen aber fanden sich alle Statthalter, die auf Erden mit den Fürsten zusammen Ungerechtigkeit geübt hatten...»

20. Höchstwahrscheinlich hat der Verfasser hier den Text der kanonischen Apokalypse des Johannes gegenwärtig: «Ich kenne deine Werke (und weiß), daß du weder kalt bist noch heiß. Wärest du doch kalt oder heiß! So aber, weil du lau bist und weder heiß noch kalt, so will ich dich ausspeien aus meinem Munde» (Offb 3,15-16).

21. In diesem ersten Teil des vierunddreißigsten Kapitels scheint die Pariser Handschrift – auf die ich mich hier stütze – unvollständig; die Ergänzungen basieren auf der syrischen Fassung und den lateinischen Handschriften, die eine etwas verschiedene Textversion bieten. So heißt es etwa in einer der lateinischen Handschriften: «Von neuem sah ich in dem Fluß aus Feuer einen alten Mann, der hereingeführt und gezerrt und bis an die Knie eingetaucht wurde. Darauf erschien der Engel Tartaruchus, der einen Dreizack in Händen trug und mit ihm die Eingeweide jenes Mannes durch seinen Mund herauszog» (so ähnlich auch die koptische Fassung). Die syrische Version dagegen lautet: «Und ich schaute von neuem und sah einen Fluß aus Feuer, noch viel reißender als der andere Fluß, und einen alten Mann; und die Engel führten ihn herzu und tauchten ihn bis an die Knie in diesen Fluß aus Feuer. Und es kam ein Gehilfe dieser Engel, der in Händen eine eiserne Rute mit drei Zacken trug und die Eingeweide dieses Mannes aus seinem Mund herausriß» (Kap. 35).

22. «Unter den Jungfrauen...»: Die koptische Version beschreibt ihr Vergehen folgendermaßen: «Es sind jene, die ihre Jungfräulichkeit preisgaben, noch bevor sie einen Gatten erhielten; vor der Zeit befleckten sie sich ohne Wissen ihrer Eltern.»

23. Die ganze Szene wird in der koptischen Fassung wiedergegeben wie folgt: «Und ich erblickte Männer und Frauen mit gesenktem Haupt, während große Fackeln vor ihren Gesichtern brannten und ungeheure Schlangen ihre Leiber umwanden und verschlangen. Ich fragte den Engel: Wer, Herr, sind diese, die so furchtbar leiden? Der Engel antwortete mir: Dies sind die Frauen, die sich mit teuflischer Schminke verschönten und dann zur Kirche gingen, nicht aus Liebe zu ihren Gatten, sondern weil sie auf Ehebruch sannen. Sie brachten

Gott gegen sich auf durch ihre trügerischen Salben und Schminken. Deshalb erleiden sie nun diese Strafen, die ewig währen.»

24. Der letzte Abschnitt der syrischen Fassung lautet: «Jene, welche wahrhaft den Glauben an Jesus Christus und an seine Auferstehung und Menschwerdung leugnen, sondern ihn für einen gewöhnlichen Menschen halten und behaupten, das Opfer des Leibes unseres Herrn sei nur Brot . . .» (Kap. 42). Der häufig zitierte Wiener Kodex enthält als einziger folgende Lesart: «Es sind die Heiden, die nicht getauft wurden, nicht an Christi Kommen im Fleische glaubten und den Leib und das Blut unseres Herrn Jesus Christus nicht empfingen. Deshalb werden sie bestraft ohne Ende.»

25. In der syrischen Fassung entfällt der Text über die Sabbatruhe in der Unterwelt völlig. Dennoch steht außer Zweifel, daß er sich in der ursprünglichen Fassung fand, wie die griechische und die verschiedenen lateinischen Versionen bezeugen. Seine Entfernung geht auf dogmatische Bedenken zurück. Diese Linderung der Höllenqual der Verdammten oder Sabbatruhe der Unterwelt wird in zahlreichen antiken Texten angenommen, auch in solchen liturgischer Art, wie zum Beispiel bei Augustinus (*Enchiridion*, 112f.; *De Civitate Dei*, XXI,24,3; PL,40,284-285; 47,738-739), Caesarius von Arles (*Homil. I de Paschale*: PL,67,1041-1043) und im bereits zitierten *Hymnus de novo lumine paschalis sabbati* (Kathamerinon, V,125f.; PL,59,826f.) des Prudentius. Auch die von Petrus Damiani berichtete Anekdote (die auf das Zeugnis des Erzbischofs Humbert von Silva Candida und des Abtes von Monte Cassino, Desiderius, zurückgeht) von den Vögeln, die von Samstag bis Montag über den Sümpfen von Pozzuoli kreisen und am Morgen des Montags beim Erscheinen eines krächzenden Raben plötzlich in den Fluten verschwinden, nimmt Bezug auf die Lehre von der Sabbatruhe (diese Vögel, so nahm man an, waren Seelen von Verstorbenen, die auf kurze Zeit von den Qualen der Hölle befreit wurden, vgl. PL, 145,427-428). Es handelt sich um einen frommen Glauben, der von der oben erwähnten *Apokatastasis* (wie etwa in den zitierten *Sibyllinischen Orakeln*) zu unterscheiden ist; gelehrt wird hier nur eine Unterbrechung der Strafen während des Samstags zur Feier der Auferstehung Christi, welche die göttliche Gnade den Verdammten auf Fürbitte des Paulus zugesteht. In der apokryphen Schrift *Apokalypse der Maria* – die in gewissem Sinn auf unsere *Apokalypse des Paulus* zurückgeht – bittet die Gottesmutter (vor dem Verlassen der Unterwelt, wohin Christus sie begleitet hat), tief bewegt von den Hilferufen der Verdammten, bei ihrem Sohn um Erbarmen für diese Seelen. Ihr Sohn erhört ihr Gebet und gewährt ihnen die wöchentli-

che Strafunterbrechung: «Um deinetwillen werde ich Gnade üben vom Abend des sechsten Wochentages bis zum Morgen des zweiten Tages» (28,1).

Diese Texte belegen wie auch derjenige der *Sibyllinischen Orakel* – und die Empörung ihres Kopisten – die Schwierigkeiten, die sich einer Erklärung der Ewigkeit der Höllenstrafen in der christlichen Tradition entgegenstellten. Über die historische Dimension des Problems informiert S.Merkle, *Die Sabbatruhe in der Hölle. Ein Beitrag zur Prudentiuserklärung und zur Geschichte der Apokryphen*, in: «Röm. Quartal. für christl. Altertumskunde und Kirchengeschichte», 9 (1895), 489-506; P.Lejav, *Le sabbat juif et les poètes latins*, in: «Revue d'Hist. et de Philos. Relig.», 8 (1903), 305-335; A.Landgraf, *Die Linderung der Höllenstrafen nach der Frühscholastik*, in: «Zeitschr. für wissenschaftl. Theologie», 1936, S. 299-370.

Von beiden verschieden ist die «Zeit der Wegfindung» von einwöchiger Dauer, die der Verfasser des Vierten Buches Esra erwähnt.

26. Die Pariser Handschrift, der ich folge, enthält die nicht mehr entzifferbaren Worte: decinemus † nos. Andere Handschriften schließen den Text mit der Zusicherung, die Höllenstrafen seien weit zahlreicher als die von Paulus beschriebenen, denn er habe nur einige davon ausgewählt. Im folgenden gebe ich als Beispiel einige der markantesten Schlußpassagen wieder: «Um der Liebe des Erzengels Michael, des Paulus, Meines Hochgeliebten, und all eurer heiligen Brüder willen, die in der Welt Opfer für die Verstorbenen darbringen, vor allem aber um Meiner Güte und Meines Erbarmens willen, gewähre Ich allen, die sich in den Strafen befinden, Ruhe in der Nacht zum Sonntag, und von der neunten Stunde des Samstags bis zum Anbruch des zweiten Tages der Woche eine Zeit der Erquikkung auf immer. Doch der Pförtner der Unterwelt, Tenal mit Namen (der Name seines Hundes ist Zerberus) hob sein Haupt über alle Martern der Unterwelt hin und ward sehr betrübt. Alle aber, die sich in der Unterwelt befanden, wurden von Freude erfüllt, als sie diese Worte vernahmen, und riefen aus: Wir preisen Dich, Sohn Gottes . . .» (so eine Handschrift in München und eine in Oxford). Die große Mehrzahl der Handschriften verbindet mit dieser Schilderung der Sabbatruhe in der Unterwelt die Mahnung zur Sonntagsheiligung für die Lebenden, denen eingeschärft wird, gerecht und in heiliger Klugheit vor Gott zu leben, voll glühender Friedfertigkeit und Nächstenliebe, und die Kranken zu besuchen, um nicht den gleichen Strafen anheimzufallen.

27. Mit diesen Worten schließen sowohl der lateinische als auch der griechische Text, doch handelt es sich zweifellos nicht um den

ursprünglichen Schlußpassus. Man vermutet, daß sich der Inhalt des Originals in der koptischen und teilweise auch in der syrischen Version erhalten hat.

Nach den in der lateinischen Fassung überlieferten Worten fährt der syrische Text folgendermaßen fort: «Dennoch bist du selig, Paulus, denn die dir gehören und deinen Worten folgen sind alle Erben des Reiches. So wisse denn, Paulus, wer immer durch dich zum Glauben kommt und deinen Worten folgt, ist selig und ewiger Lohn ist ihm bestimmt.

Darauf verließ er mich. Und als er sich von mir entfernt hatte, führte mich der Engel, der bei mir war, hinaus und sprach mit großem Ernst: Paulus, dir wurde das Geheimnis dieser Apokalypse anvertraut; enthülle es den Menschen und teile es ihnen mit, wie es dir gut dünkt (Kap. 50). Und ich, Paulus, bedachte von neuem alles bei mir selbst und begriff und erkannte alles, was ich geschaut hatte. Danach aber schrieb ich es auf in diesem Buch.

Doch solange ich auf Erden weilte, fand ich nicht die Muße, dieses Geheimnis zu enthüllen. Dennoch schrieb ich es auf und legte es an den Fundamenten des Hauses jenes gläubigen Mannes nieder, bei dem ich in Tarsus wohnte, einer Stadt in Kilikien. Als ich dann aus dieser Welt hinweggenommen wurde, trat ich zum Thron meines Herrn, der zu mir sprach: Paulus, habe Ich dir all diese Dinge offenbart, damit du sie in der Mauer eines Hauses verbirgst? Schicke zur Erde und mache all dies offenbar, damit nicht auch sie in diese bitteren Qualen kommen» (Kap. 8). Danach folgt die Erzählung von der Auffindung der Apokalypse, die in den lateinischen Fassungen am Schluß des Textes steht.

Nach der koptischen Textfassung dagegen führte der Engel Paulus am Ende zum Ölberg, wo er die anderen Apostel versammelt fand und ihnen berichtete, was er gesehen hatte: ewiger Ruhm ist den Gerechten bereitet, den Sündern aber Verderben und Untergang. Die Apostel beauftragen Paulus, Timotheus und Markus, diese Apokalypse niederzuschreiben zum Heil und Nutzen aller, die sie vernehmen. Christus zeigt sich ihnen auf einer Wolke, grüßt sie alle und spricht dann zu Paulus: «Sei gegrüßt, Paulus, ruhmreicher Verkünder des Wortes! Heil dir, Paulus, Prediger des Bundes! Sei mir gegrüßt, o Paulus, Bollwerk und Grundstein der Kirche! Hast du deinen Mut gestärkt an dem, was du schauen durftest? Und bist du völlig durchdrungen von der Wahrheit dessen, was dein Ohr vernahm?» Christus fordert nun alle dazu auf, das Geheimnis seiner Gottheit zu predigen; zuletzt aber ergreift eine Wolke die Apostel und trägt jeden von ihnen in die Region, die ihm zur Verkündigung des Evangeliums angewiesen ist. Jeder muß seinen eigenen «Lauf» vollenden: «Meine Kraft wird mit euch sein.» Der Text schließt mit der Aufforderung, diese Apokalypse sorgsam aufzubewahren und in Ehrfurcht zu lesen.